JN411020

# 100세 클럽
# 가입을 위하여 II

*For Joining the 100-Year-Olds' Club* II

100세 클럽 가입을 위하여 II

*For Joining the 100-Year-Olds' Club* II

초판 1쇄 인쇄일 2019년 11월 28일
초판 1쇄 발행일 2019년 12월 5일

**지은이** 김종박
**펴낸이** 양옥매
**디자인** 정해원
**교 정** 조준경

**펴낸곳** 도서출판 책과나무
**출판등록** 제2012-000376
**주소** 서울특별시 마포구 방울내로 79 이노빌딩 302호
**대표전화** 02.372.1537 **팩스** 02.372.1538
**이메일** booknamu2007@naver.com
**홈페이지** www.booknamu.com
ISBN 979-11-5776-808-0(03810)

이 도서의 국립중앙도서관 출판시도서목록(CIP)은 서지정보유통지원 시스템 홈페이지(http://seoji.nl.go.kr)와 국가자료공동목록시스템 (http://www.nl.go.kr/kolisnet)에서 이용하실 수 있습니다.
(CIP제어번호: CIP2019048043)

# 100세 클럽 가입을 위하여

Ⅱ

책과나무

# 책머리에

살다 보니 바야흐로 '인생칠십 고래희'(人生七十古來稀)라는 칠순을 제가 실제로 맞는 해가 됐습니다.

금년은 기해년, 누구에게나 복을 갖다준다는 황금돼지의 해이기도 해서 저에게 스스로 복을 만들어 주는 차원에서 칠순 자축기념의 수필집을 내기로 몇 년 전부터 결심하고, 저의 나이테에 새겨졌거나 새겨질 살아온 날을 회고하고 남은 날을 전망해 보고자 세 번째 수필집인 『100세 클럽 가입을 위하여』(2016)의 연장선으로 4번째와 5번째의 졸수필집을 동시에 출간하게 됐습니다.

저는 젊은 시절 수필가가 됐을 때, 생애 총 10권의 수필집 발간의 야심찬 목표를 세웠으나 본디 문재(文才)가 없고 또한 게을러서 허송세월만 보내 버린 이 시점에 이르게 되다 보니 불가피하게 5권으로 그 목표를 줄였습니다.

어느덧 나이가 들어 칠순이 되니 바삐 흘러가는 세월 속에서 정보의 홍수를 감당하기에 실로 버거워 글을 쓰는 과정에서 어쩔 수 없이 지식 많은 분들이나 인터넷으로부터 자료를 원용하거나 인용하였음을 겸허히 밝혀 두는 바입니다.

끝으로, 나이가 들어 시니어 그룹에 드신 분들은 건강관리를 잘하시고 즐거운 하루하루를 보내시어 100세 클럽에 가입하시는 삶을 사시기를 참마음으로 기원하면서 네 번째 수필집의 펜을 놓습니다.

감사합니다.

2019년 11월 가평군 설악면 어비산록 한불재(齋)에서

김종박 씀

목차

## 셋째 마당 진짜와 사이비



## 넷째 마당 홍익인간

첫째 마당

# 신중년으로 살아가기

언젠가는 UN이 정한 중년(66세~79세)이

우리나라의 신중년으로 확장되는 그런 날이 왔으면 하고

소망해 보는 건 필자의 생각이 너무 순진한 건가?

지구촌의 대세(大勢)인 '100세 시대'로 가기 위해선

그래야만 될 성도 싶어서….

## 나의 가평 생활

이곳 가평의 산 어비계곡의 자락
푸른 잔디마당의 내 집에 살면서

만물이 무르녹는 앞산 유명산의 꽃피는 봄이 오면
뒷산에서 진달래 먹고 취나물과 두릅 순 따고

염천지절의 여름에는
앞 어비천에서 발을 담그고 살진 물고기도 잡고

오색 단풍으로 치장하는 가을에는
지천의 알밤과 잣 솔방울을 한가로이 주워 보고

온 천지가 하얀 눈이 되는 겨울이 오면
우리 동네 행복마을 비탈길에서 늙은 아이 썰매를 탄다.

석 달만 지나면 우리 부부가 가평 생활한 지 2년이 되어 간다. 2년 가까이 됐다니 실감이 나지 않는다. 지내 놓고 보니 정말 빨리 지나가 버린 것 같다. 그간의 세월 흐름의 속도는 실로 변함이 없었건만 그렇게 느껴지는 걸 보면, 나도 이제 늙어 가는가 하는 상념에 잠기게 된다. 왜 이렇게 세월이 빨리 지나가나? '눈 깜짝할 사이에 한 해가 또 가네 그려….'라고 말씀하셨던 어르신들의 넋두리 소리를 시골서 초등학교의 어린 나이에 아련히 들은 기억이 나는가 하면, 4년 전 돌아가신 어머님도 그런 푸념적인 소리를 곧잘 하셨던 생각이 나니 세월의 무상함을 느끼면서 어르신들이나 어머님의 당시 처지를 어느 정도 헤아리게 되었으니 말이다.

혹자는 가평에 무슨 연고가 있어 늘그막에 내려가서 기거하게 된 것이 아닌가 하고 생각할 수도 있을 텐데, 지금은 꽤 익숙한 곳이 됐지만 가평은 한마디로 말하면 나로서나 아내에게도 낯설고 물선 곳이었다. 가평에 오게 된 것은, 가평 설악면에서 살게 된 것은 다름 아닌 집사람의 건강 때문이다. 폐암수술 후의 집중 케어, 그것도 특히 공기가 좋은 곳에서 온 정성을 쏟아 5년여의 긴 시간이 소요되는 철저한 관리를 온몸으로 반드시 해내야 했기 때문이다.

어린이를 가르치는 일을 천직으로 알고 평생을 바쳐 온 아내. 그 일을 정년퇴임하고 좀 여유를 가지면서 살려는가 기대했었는데, 졸지에 뜻밖의 폐암선고를 받고 만 것이다. 지금은 한가로이 이를 이야기할 수 있지만 당시는 이 일을 어쩌나, 어쩌면 사망선고일지도 모른다는 커다란 불안감이 엄습하자 왈칵 눈물이 나고, 갑자기 눈앞이 캄캄해지는가 했더니 웬걸 저 밑의 검은 나락으로 떨어지는 황당함을 겪었는데, 나중에 이를 알게 된 딸 아들 등 가족 모두가 그러한 상황을 같이 겪었던 것이다. 그럴수록 침착하자, 바로 옆 아내 본인의 심정은 어떻겠느냐 말이다.

좀 정신을 추스르니 폐암 중에서도 1기b에 해당하니 괜찮다고 하시며 '정기 건강검진으로 이렇게 일찍 발견했으니 로또 맞았어요.' 하는 의사선생님의 말씀에 안도감이 들었던 것, 아내 본인은 본래 의지가 강하고 나를 포함하여 주위에 걱정을 끼치기 싫어하는 성격이어서 의외로 담담한 태도였다. 나중에 생각하니 의사선생님 말씀대로 정기 건강검진을 받은 우리에게 정말 행운이었던 것으로 건강검진의 확행이 얼마나 중요한지를 뼈저리게 알게 된 순간이기도 하였었다.

사실 정기 건강검진 결과 폐 부분에 이상이 있으니 2차로 정밀검진을 받아야 한다는 권고를 해 왔고, 우리 부부는 과거에도 유사한 사례가 있었으나 그냥 넘겼어도 별 탈이 없었으므로 그냥 넘기려고 했다. 그런데 생명공학 분야의 박사 학위 소지자인 아들 한해가 결과서를 자세히 읽어 보고서는 엄마가 평소 기침도 자주 하고 하니 정밀진단을 받아 보아야 한다고 강하게 주장하는 게 아닌가. 우리 부부는 아들 의견에 한번 따라 보자고 한 게 정말 잘된 결과를 보게 된 것이다.

강남의 어느 병원에서 한 2차 정밀검진에서도 암이 아닌 폐렴 증세가 보이니 안심이 되지마는 만에 하나 모르니 다시 한 번만 더 시도해 보자는 한 의사의 판단이 결국은 폐암을 발견하게 됐던 것. 아내의 암수술은 고통을 수반했지만 모든 대처가 좋은 방향으로 진행된 것이 무엇보다도 다행이었다고 생각됐다. 우리 부부는 하늘이 도와서 박사 아들이 엄마를 살려 냈다고 안도의 훈훈한 농을 걸기도.

암으로 판명된 이상, 암병소(癌病素)가 있는 오른쪽 폐 3분의 1을 절단하는 수술을 하기 전에 혹 임파선 전이가 됐을지 몰라 임파선조직 검사를 했다. 임파선엔 다행히도 이상이 없어서 바로 수술을 하게 됐다. 난 수술 하루 전날 고교 동창들과 갔던 히말라야 안나푸르나 트레킹을 마치고 돌아와 수술동의서에 서명했고 수술도 잘되었다.

아내가 아픈데 해외 트레킹을 간다는 게 마음에 걸렸으나 암 판명 전 이미 결정된 것이니 취소하면 약속한 친구들에게 폐가 된다며 계획대로 다녀오라는 아내의 배려로 난생처음 네팔을 갔던 것이다. '3,210m의 푼일전망대와 4,130m의 안나푸르나 베이스캠프에서 신비의 설봉들을 한없이 바라보면서 암 환자인 아내의 건강을 진심으로 기도했었는데….' 하면서 수술실에 들어간 아내의 수술이 무사히 잘 끝나기를 경과진행표를 숨죽이며 보면서 또한 조용히 기도하기도.

아내는 며칠간의 회복 기간을 거쳐 퇴원했다. 조기 발견한 덕에 암치료에 흔한 고통스러운 항암치료를 받지 않아도 됐다. 얼마나 다행스러운 일인가. 가끔 체크하기 위해 통원하면서 한두 달 숨을 돌리는 가운데, 암 환자들의 케어 생활을 알아보고 5년 이상 걸리는 장기 케어에 대해 가족들과의 수차 상의 끝에 지난해 봄 초 아내가 원했던 여기 가평에 오게 된 것이다.

본격 거처를 정하기 전에 우선 적응 차원에서 가평군 송산리에 있는 C실버타운에서 지내보기로 했다. 청평호수 끝자락이어서 산수도 수려하고 공기도 좋고 시설이나 프로그램들이 괜찮아서 아내가 특히 마음에 들어 했다. 아들의 장모인 안사돈과 함께 시간 나는 대로 설악면 관내를 둘러본 아내는 유명산 입구에서 얼마 떨어지지 않은 가일2리 어비산 계곡의 이곳을 택했던 것이다. 현지에서 부동산업과 관련 건설업을 하고 있는 안사돈의 자문과 권고가 주효했음은 물론이다.

우리는 전문가인 안사돈 내외에게 집 짓는 일을 맡겼고, 암 투병 중임을 잘 알고 있는 그분들은 아내의 의견을 대폭 수용하는 측면에서 환경 친화적인 면에 신경을 써 아담한 새집을 지었던 것. 넉 달여 간 집짓는 과정에 실제로 참여한 모양이 되었기에 아내의 애착심은 남달라서 꿈에 그린 로망의 새집이라며 각별해했다. 남들은 전원주택이라는 새집에서 암을 이겨 내고 완치하여 살고 싶은 순수한 의욕에서라고 말하니, 나도 기분이 좋을 수밖에….

우리는 7월 초 길일을 택해 이곳 어비계곡 행복마을로 이사를 왔다. 15년간 살았던 서울 행당동 집을 떠난 것이다. C실버타운에서도 나왔다. 떠나오게 된 행당동 집엔 몇 달 뒤 아들 내외가 이사 와서 살게 되었다. 새집에서 새로운 마음으로, 암을 이겨 내고 암 완치 판정을 받는 집으로 만들리라. 이사 온 첫날밤, 우리 내외는 편안한 잠자리에서 무언의 다짐을 해 보았다.

푸른 잔디의 앞마당, 하얀 페인트 울타리, 집 옆 공간엔 작은 텃밭, 집 뒤에는 밤나무, 소나무, 잣나무 등 뭇 나무가 우거진 숲이, 앞마당에서 앞을 보면 어비천이 흐르는 뒤로 크고 작은 나무로 우거진 숲들이 연이은 자태로 병풍을 친 모습이 눈에 들어온다. 한마디로 우리 집을 둘러싼 아파트군(群)이요, 휜소한 차 소리들뿐인 서울 도시와는 완전히 다른 세상 바로 그것이다. 그러니 지내면서, 살면서 자연 마음도 편해진다.

더불어 우리의 몸도 더욱 건강해지고 아내의 기침도 사라졌다. 아침에 일어나 마당을 걷거나 길섶이나 산자락에 자리한 펜션이나 캠핑장을 보면서 어비천을 따라 나 있는 도로를 거닐어 보면 코끝에 닿는 공기의 촉감과 맛이 다르다. 자연 그대로 상쾌함, 바로 그것이다. 이러한 상황을 계속하면서 몇 달을 지내고 보니 이사 잘 왔다는 생각이 절로 든다. 당사자인 아내도 동일한 생각이란다. 산자수려하고 공기가 맑으니 주말이나 공휴일에 그 많은 인파가 여기의 어비계곡이나 유명산 자연휴양림을 끊임없이 찾는 것이리라.

한번은 이사 온 지 얼마 안 돼, 이곳을 인사차 들른다고 사위 내외가 외손자들을 데리고 왔었다. 차에서 내리자마자 둘째인 강민이는 마당의 푸른 잔디로 마냥 뛰어나가 소리치며 즐기는 게 아닌가. 그리고는 송민이 형과 물놀이 등 지치지도 않은지 줄곧 놀아 대니 앞마당은 손자들의 즐거운 자연 놀이터가 되고 말았다. 도시서는 접할 수 없는 손자들의 천연 놀이터 말이다. 손자들에게 신나는 놀이터를 제공해 주다니 얼마나 즐거운 일인가.

그 후로도 그러한 즐거움은 여러 번 지속되었고, 캠핑을 좋아하는 사위는 밤하늘의 별구경을 하고 싶다고 마당의 잔디 위에다 텐트를 치고 자기 애들과 오롯이 지내는 경우도 있었다. 첫해의 이러한 즐거움을 모르던 친손자 해솔이도 아들 내외와 같이 와서는 금년부턴 그러한 대열에 즐겁게 동참하게 됐음은 불문가지이다.

전원주택을 지어 서울서 떠나 지내다 보니, 친척은 물론 나나 아내의 친구 등 지기(知己)들이 궁금해하며 방문하는 경우가 종종 있게 되었다. 마당 옆 데크에서 주위 자연을 벗 삼아 차 한 잔 마시는 대화도 좋지마는, 집에서 식사라도 대접하게 되는 경우에는 식사 장소를 마루의 평상으로 정하고 손님, 지기들은 앞산을 보고 앉게 하고 우리 측은 등지게 앉게 하는 특별한 선물을 하고 있다. 식사나 음주를 하면서 한 폭의 동양화 같은 그윽한 앞산들의 풍광이 눈앞에 저절로 나타나니 자신도 모르게 신선(神仙)이 되는 귀중하고 기이한 체험을 하게 되니 말이다. 어디에서 그러한 체험을 할 수 있단 말인가.

나는 여기 가평에서 살면서 그러한 경험을 하게 되는 때가 가장 행복하다고 느껴진다. 그래서 방문하는 사람들에게 그러한 운치 있는 백미(白眉)의 선물을 드리고자…. 물론 이러한 선물은 94세의 장인어른, 88세의 장모님께도 해 드렸고 아내의 언니 처형 쪽이나 처남 쪽 사람들에게 먼저 해 드렸던 것인데 모두들 만족해했던 것이기에.

그런가 하면, 우리 내외는 집 가꾸기에도 재미를 붙이고 있다. 울타리 주위에 대추나무, 감나무, 산수유, 뽕나무, 복숭아, 밤나무, 모과나무 등 유실수와 장미, 개나리, 철쭉, 봉숭아 등 화훼류 및 딸기, 호박 등을 철 따라 심고 가꾸었다. 게다가 또한, 담과 옹벽 쪽엔 건강에 좋은 머위와 생명력이 강한 돗나물을 구해 곳곳에 심었더니 해를 넘긴 금년에는 돗나물과 머위가 퍼런 담과 옹벽을 연출해 주는 장관을 맛볼 수 있었고 지기들에게 나물을 나눠 주는 기쁨도 누릴 수 있었다.

나아가, 마당 옆의 조그만 텃밭도 우리 내외는 열심히 가꿨다. 작년에는 농사 경험이 없어서 상추, 배추 등 심는 것마다 벌레가 먹고 잘 자라지도 않았는데, 금년엔 땅도 부엽토를 첨가하는 등 토질도 관리하고 물 주는 노하우도 늘어나 고추, 방울도마도, 부추, 당근, 무, 쑥갓, 상추 등 꽤 재미있는 수확을 해서 아내가 아침상을 제법 신선하고 풍성하게 만들 수 있었다.

또한, 아래 큰 텃밭엔 사과나무, 모과목, 아로니아, 매실나무 등을 심는 외에도 도라지와 더덕 씨앗을 파종해서 잡초 뽑고 물 주기를 반복해서 정성을 쏟았더니, 가을이 되자 온통 보라색과 하얀색의 도라지꽃으로, 그리고 더덕 꽃도 상당히 피어나 열매를 맺었다. 그랬기에 도라지 씨앗과 더덕 씨를 채취해 보는 희한한 기쁨을 누려 보기도 하고, 수박과 멜론도 열려 따 먹어 보는 농부 초년생이 되기도 했으니….

이러니, 어느 때는 아내가 보이질 않아 집 안팎을 둘러보다가 텃밭에서 일하거나 옹벽의 흙을 다듬거나 앞마당의 잔디에 숨어 있는 잡초를 뽑거나 나무에 물을 주는 움직임을 발견하곤 한다. 모자 쓰고 장화를 신은 작업복 차림의 이젠 익숙한 모습이요, 행복한 모습의 아내이다. 가만히 있는 것보다 그렇게 부지런히 움직이는 것이 그저 자기로선 좋다는 것인데 어쩔 땐 너무 열심히 푹 빠지는 거 같아 건강이 걱정될 때도 있을 정도이다. 건강하려고 왔는데….

부부는 천생연분(天生緣分)이라던가? 아내 못지않게 나에게도 일거리가 있으니. 이곳은 사시사철 변하는 모습을 보면서 움직일 거리가 생긴다. 아내와 같이하는 집 가꾸기 외에도 만물이 무르녹는 봄에는 뒷산에 가면 두릅 순과 다래 순 등을 따고, 염천지절의 여름엔 시원한 앞 어비천에서 발을 담그고 고기를 잡아 보기도 하고, 땀 흘리며 어비산이나 인근 유명산 정상에도 올라가 본다. 그런가 하면, 오색 단풍으로 치장한 가을엔 지천의 알밤을 줍거나 운이 좋으면 가평 잣 솔방울도 주워 볼 수도 있고 온 천지가 하얀 눈으로 뒤덮이는 추운 겨울에는 우리 동네 비탈길에서 가벼운 썰매를 탈 수도 있으니.

이야기가 나왔으니 말인데, 마당의 잔디가 웃자람하게 되면 나는 기다렸다는 듯이 제초기로 풀을 깎아 준다. 미국 영화 등에서 본 저택의 론 그라운드의 잔디 깎는 모습의 축소판이라고나 할까. 처음엔 좀 힘들었으나 이젠 재미있다. 깎고 난 말끔한 모습을 보면 내 마음도 말끔해지는 기분이 들기 때문이다. 또한, 무거운 돌을 날라다 갈라진 옹벽을 보수한다든가 나무 심기 그리고 아침이나 오후에 텃밭과 잔디와 나무 등에 주기적인 물 주기를 함으로써 아내의 집 가꾸기에 보탬을 주면서 일하는 즐거움도 동시에 느껴 오고 있는 것이다. 한번은 준비성 없이 무리하게 괭이질을 하다가 손 인대를 다쳐 팔목 안대를 하는 등 고생을 한 적도 있었으니 안전 관리는 언제나 어디서나 중요한 것.

헌데, 아내와 같이 텃밭일이나 집주변을 정리하면서 뻐근해지면 데크의 벤치에 마주 앉아 데크 벽에 게첨해 놓은 아내의 그림과 나의 자작시를 보며 쉬면서 커피 한 잔을 마시거나 막걸리나 맥주로 목을 축이는 한가로운 여유로 유유자적하는 것도 좋으나, 그보다 더 금상첨화(錦上添花)는 어인 일인지 한밤중 잠이 깨서 마당 쪽의 태양광이나 저 멀리 가로등 불빛만 살아 있고 상쾌한 바람이 스치고 깨끗한 공기만이 깃을 튼 온통 적막 속에서도 또렷하게 빛나는 수많은 뭇 별들과 둥근달을 하염없이 바라보면서 호젓이 한 잔의 가평 잣막걸리를 마시면서 즐감하는 것. 그 맛과 멋이란 '별유천지 비인간(別有天地非人間) 천상천하 유아독존(天上天下唯我獨尊)' 바로 그것이니…, 휜소한 서울 도심에선 감히 느낄 수 없는 정말 그러한 운치이리라.

서울에서 한 시간 거리라는 교통 여건이 가평을 택한 매력을 우리 내외에게 준 것이 사실인데, 우리 동네에 우리가 세 번째로 와 터 잡았었다. 그 후에도 늘어나 총 8가구로 되었기에 서로 상부상조하자는 뜻이 자연스럽게 모아졌고 '행복마을'로 칭하자는 아내의 의견이 받아들여져 아내가 그린 행복마을이라는 간판을 작년 말경 마을 입구에 세웠었다. 또한 택호도 정해서 부르기로 합의해서 밤나무가 있는 우리 집은 밤나무집, 은행나무가 있는 우리 옆집은 은행나무집, 동양화에서나 볼 수 있는 멋진 소나무를 심은 뒷집은 소나무집, 맨 끝집은 잣나무집 하는 식이다.

첨엔 전연 모르는 사람들이 살면서 서로 간 대화를 나누다 보니 아내처럼 동병상련의 암 환자들이 대부분이었으니 마음의 벽 허무는 일이 훨씬 쉬웠다. 우리는 상주하는 개념으로 살고 있으나 대부분은 주말에만 찾아와 이용하는 별장용 전원주택으로 활용하는 거 같다. 그러니 평일엔 단초롭고 조용한 편이다. 내가 서울에 볼일이 생겨 머물게라도 되면 마누라는 호젓한 산속 집에 홀로 지내는 것이 무서워진다고 해서 가능하면 유명산행 막차를 타고라도 귀가하는 게 지금은 습관이 되었다.

그리고 이왕 가평에서 살게 되었으니 '행복마을'이라는 작은 공동체를 넘어서 지역의 공동체에도 우리 내외는 참여하기로 하고 가끔 마을회관에서 개최되는 모임에 나가 마을 사람들과 얼굴을 익히기도 한다. 설악면에서 개최하는 면민의 날 행사나 가평군민의 날의 다양한 행사에 구경 겸 동참해서 즐감하는 기회를 갖기도 하면서 지낸다. 요즘 지방지자체는 줄어드는 인구 때문에 고민 중인 것과는 아랑곳없이 설악면에서는 매년 인구가 2천 명씩 늘어난다며 고무돼 있기도. 오지였던 설악면에 서울양양고속도로의 설악IC가 생긴 덕분일 것이다.

언제부턴가 친구나 지기 등을 만나게 되면 집사람은 좀 어떠냐고 물어 오는 것이 인사처럼 돼 버렸다. 나는 공기 좋은 가평에서 지내서 그런지 좋아지고 있다고 대답하곤 한다. 실제로도 그렇고. 사실 가평서 지내다 서울에 가게 되면 목이 턱턱 막히는 등 서울의 공기가 안 좋다고 이곳 사람들은 얘기하곤 했었는데, 우리 내외도 이제 공감이 간다. 헌데, 2년이 다 되어 가는 시점에서 그러한 대답을 계속할 수 있어서 나는 매우 행복하다. 안사람도 마찬가지다. 그리고 앞으로도 계속 행복할 것이다.

요새 인구(人口)에 회자(膾炙)되기 시작하는 '제이 턴(J turn)'을 감행한 셈이니, 사랑하는 아내의 암이 완치되는 그때까지는 나는 기꺼이 가평 맨이 될 것이고. 그래야만 할 것 같기에….

# 나를 내려놓기

"얼굴이 좋아졌네. 뭐 좋은 일이라도 있는 거 아녀?"

"좋은 일은 무슨, 진짜로 좋아 보여?"

"한참 안 보다 자세히 보니 정말 얼굴색이 좋아 보인다니까."

"그랴, 암튼 고마워요. 요새 모든 걸 내려놓고 살아서 그런가…."

모처럼 친구들이나 지기들을 서울서 만나다 보면 으레 나누는 대화 가운데 한 대목이다. 처음엔 오랜만에 만나니 반가워서 인사치레로 그냥 던져 보는 췌언(贅言) 정도로 넘겼었는데 듣는 횟수가 많아지다 보니 나도 생각이 좀 달라져 친구들이나 지기들의 말이 아마 옳을 수도 있겠다는 어쭙잖은 생각이 듦으로서 표제의 글을 써 보려고 컴퓨터 앞에 앉은 것이다.

뭇 누구나 자라서 성인이 되면 기본적으로 갖춰야 하는 게 있다. 요즘은 어찌 돼서인지 젊은 세대 중엔 그렇지 않는 세태도 보이지만, 직업을 갖고 결혼해서 아이를 낳아 가정을 꾸리며 사회 사람들과 더불어 살아가는 것 말이다. 나도 성인이 돼서 그러한 범주(範疇) 내에서 살아왔음은 물론이다. 나는 사회에 입문하기 전의 젊은 시절에 공인으로 살고 싶은 평소의 소망이 있었기에 공무원을 직업으로 택해 30년 가까이 근무한 경력을 갖고 있다. 세월이 흘러 벌써 15년 전쯤의 일이 돼 버렸지만….

같은 궤의 일을 십 년이 넘게 일하다 보면 자신도 모르게 그 일에서 쌓여진 더께 때문에 몸과 마음에 뭔가 품(品)이 배는 모양이다. 살다 보면 사주가나 관상인(觀相人)이 아니더라도 대부분의 사람들은 과거에 전연 모르고 지냈던 사람을 우연히 접하고선 그 사람 됨됨이를 대충은 알아볼 수 있는 경험을 상당히 하였을 것으로 내가 체험한 경우를 미루어 보아 짐작되고도 남는다고나 할까. 말하자면, 관심을 가지면 한눈에 보아도 예컨대, 신부나 목사는 신부나 목사 품이, 스님은 스님 품이, 선생은 선생 품이, 교수는 교수 품이, 기자는 기자 품이, 공무원은 공무원 품이 느껴진다는 뜻이다.

나도 강산이 거의 세 번 정도 변하는 동안 공무원 생활을 해서인지 강제명퇴 당한 지 10여 년이 지났는데도 과거에 접한 적이 없었던 초면 인사와의 대화 과정에서 혹시 공무원 하시지 않았냐고 물어 오는, 깜짝깜짝 놀라게 하는 경우를 종종 맞곤 했었다. 말씨나 느껴지는 품격 등 나의 어딘가에 그러한 감(感)이 배어 있어서일 것이다. 무심코 넘기다 생각보다 자주 그러한 상황을 당하고 보니 왜 그러한 현상이 나오는지 나에 대해서 깊이 천착(穿鑿)해 보게 되었다.

사색(思索)을 계속하다 보니 언젠가 이러한 생각이 퍼뜩 지펴져 왔다. 아마도 나도 몰래 오랜 동안 몸에 배어 버린 권위주의 품의 냄새를 느껴서일 거라고 말이다. 사실 나는 권위주의를 싫어한다고 자부해 온 사람들 중의 한 사람으로 치부해 왔는데 실제로는 그렇지가 못했던 것이리라. 공무원 생활할 때나 그만둔 뒤에도 나는 권위주의는 청산되어야 할 나쁘고 몹쓸 행태(行態)로서 나한테서 권위주의의 행태가 새어 나오지 않도록 매사에 조심하는 거를 수칙모토(Motto)로 했었다. 헌데, 그 모토를 잘 지키지를 못한 것이다.

그러한 모토를 조심성 있게 잘 지키다가도 술이라도 한잔하게 되면 어느새 거만스럽고 같잖은 우월자가 되어서 주위를 의식하지 않고 혼자서 큰 소리로 말하며 떠들어 대거나 심한 경우에는 초면인데도 반말을 쏟아 내는 짓거리를 해댔으니 말이다. 나는 상대방을 무시하려는 마음은 아니었는데도 불구하고 상대방으로선 충분히 무시당하는 심정이었을 것이다. 술자리가 아닌 일반적인 대화에서도 어쩔 땐 은연중 나의 몸에서 이러한 행태가 슬그머니 삐져나왔던 것이니, 어쩌면 치유 불능 상태에 이른 것일지도 모른다는 걱정이….

그래도 작심하고 노력하고 노력했더니 다행히도 나이도 들고 해서인지 나의 몸에서 이제 권위주의는 거의 사라졌다고 생각된다. 몇 년 전부터는 생면부지의 사람들이 나의 과거의 직업(job)을 공무원이라고 짐작하는 것은 그저 공무원품으로 느껴지기 때문에 그러는 것이라고 말해 오기 때문이다.

어찌 보면 나한테서 권위주의 행태가 사라진 것도 내려놓기의 시작으로서 '나를 내려놓기'의 중요한 한 부문에 속한다고 생각된다. 과거의 오랜 세월 왜 나를 내려놓지를 못하고 무거운 상태로 살았을까? 나를 내려놓는다는 생각조차 못 할 정도로 왜 그렇게 각박하게 살았을까? 자신을 내려놓고 사는 것은 도량이 넓고 이타심으로 채워진 거룩한 성현(聖賢)들이나 하는 것이고 나 같은 범인(凡人)에겐 해당되지 않은 일이라서 그랬었나?

사실 바쁘게 돌아가는 경쟁만능의 현실 세계에서 그러한 생각을 할 틈을 갖질 못했다. 나보다 못한 것이 분명함에도 빨리 승진하여져 멀리 달리고 있는데 열심히 노력해도 평균을 유지하지도 못하는 한심한 행시출신(行試出身)으로서의 한없는 절망감, 세월은 흘러가는데 근본이 흙수저에 특정 지역 출신이라는 한계성, 중산층은 됐는데도 더 부유한 자(者)만 눈에 크게 보여서 더 가졌으면 하는 박탈감에서 허우적거리는 뒤틀린 시각, 노력의 대가와 평행하지 않는 불평등한 사회가 큰 문제라는 등 갖은 부정적인 상념들과 욕구불만으로 뇌를 가득 채우고 있었으니….

그것은 의욕이 강해서라고 애써 미화할 수도 있겠지만 엄밀히 따지자면 정상(正常)에서 벗어난 '과도한 욕심'으로 봐야 옳을 것이다. 잘나지도 못한 놈이 운이 좋아 행시에 합격하고선 행시 수준 이상으로만 세상을 보고 그 이하의 수많은 변수의 세상을 보려고도 시도하지 않은 그 자체가 정말 잘못된 오만(傲慢)이었기에 말이다. 명퇴 후 집에서 칩거하다 직장 생활의 관성이 남아서인지 그냥 그대로 무료하게 지낼 수 없어서 주택관리사 시험을 치러 주택관리사 자격증을 취득해 공동주택 관리소장을 6년간 하며 시간을 보내는 등 은퇴 후에도 직장 생활의 연장선상에서 삶을 이어 갔기 때문에 나 자신에 대해 깊숙이 생각해 보지 못했던 것이 사실이다.

그러다가, 생각지도 못한 가평의 어비산 계곡으로 뜻밖의 이사를 오게 됐다. 졸지에 폐암을 선고받은 아내의 집중 케어를 위해 공기 맑은 청정지역을 물색하다가 가족회의 끝에 이곳 어비산 자락이 낙

점됐기에 말이다. 이곳에서 몇 달 지내니 아내의 건강도 호전됐다. 납처럼 무거웠던 나의 마음이 종이처럼 가벼워졌음은 물론이다. 육중한 콘크리트 아파트 벽 속의 방에 갇혀 짓눌려 지냈던 오랜 서울살이를 뒤로하고, 아침에 일어나면 방에서도 지근거리에 산자수려한 경관이 눈앞에 시원스레 펼쳐지니 절로 가슴이 확 트이는 게 아닌가.

맑은 공기를 폐부 깊숙이 들이키며 집 진입로에 연결된 도로를 옆의 어비천을 완상하며 걷기도 하니 항상 상쾌했다. 조석으로 벌겋게 빛을 발하는 일출과 일몰 모습을 취해 바라보기도 하고 밤에는 어릴 제 고향에서 보았었던 수많은 별들로 수놓인 밤하늘을 바라보는 것도 커다란 흥미를 안겨 준 것. 이러한 가평 생활이 이어지니 어느새 답답함으로 무거웠던 마음이 종이처럼 가벼워지는 게 아닌가. 그간의 훤소(喧騷)한 서울살이의 스트레스가 사라진 것이다. 신기하게도 기분 좋게 마음이 비워진 것!

마음속에 오랫동안 단단하게 깃을 틀었던 소모적이고 쓸모없는 과도한 욕심 덩어리가 청소됐다. 맑은 공기의 맛이 지속적으로 체화되어 빚어낸 가평살이의 결과로 풀이된다. 일찍이 부부는 일심동체라던가. 그래서인지 아내가 호전되니 나도 좋아져 쌓였던 스트레스가 가슴에서 사라지고 자연 마음이 비워지니 이 또한 나를 내려놓기를 가속화시키는 계기가 됐다고 생각된다.

마음이 말끔히 비워지니 몸도 목욕한 후처럼 개운하고 가뿐해졌다. 그러한 삶이 연속되다 보니 건강 상태도 좋아져 덩달아 얼굴도 좋아지는 것이 아닐까. 그래서 아마도 만나는 친구나 지기들이 내 얼굴이 좋아졌다고 하나 보다고 여겨진다. 나로서는 기분이 업되는 그야말로 좋은 징조임에 틀림이 없는 것 같다.

지나고 보니, '나를 내려놓기'에는 몇 가지 의미가 담겨 있다고 생각된다. 먼저, 앞에서 얘기한 대로 마음이 비워졌다는 것이다. 마음이 비워졌다는 것의 반면(反面)은 또한 열린 마음이 됐다는 뜻이기도 하다.

가평살이가 나의 마음을 비우게 해서 그 결과로 마음이 비워지니 매일매일의 삶이 즐겁고 삶 자체가 의미 있다는 생각이 들게 됐다. 그리고 더불어 열린 마음이 되니 종전엔 안 보이던 것이 폭넓게 보여 정상(正常)이 되니까 여유로움이 찾아와 안온하게 됨과 동시에 사는 것 자체가 소중하게 여겨진다. 매일매일을 정상으로 새롭고 유쾌하고 성실히 살아서 지속적으로 성실하고 정상적인 삶을 쌓아 가야 한다는 지극히 상식적인 앎을 이순대가 되어서야 비로소 터득하게 됐으니….

다음으로, 매사에 감사하는 생활이 됐다는 것이다. 성경에도 '범사에 감사하라.'는 말이 있듯이 매사에 감사하게 됐다. 나 자신이 현재 살아 있음에, 내 자신의 존재 자체에 우선 감사한 마음이 든다. 내가 죽은 몸이 된다면, 내가 이 세상에 없고 저세상으로 가 버린다면 세상에 아무리 좋고 축복된 그 무엇이 산적해 있어도 무화(無化)로 아무런 의미가 없지 않은가 말이다.

내게 사랑하는 아내가 있음에 감사하고 손자들까지 딸린 소중한 가족이 있음에 감사하고 외로움을 달래 주는 벗들이 있음에 감사하고 오늘 식사를 하고 쉬고 잠을 잘 수 있음에 감사하고 살뜰한 집이 있음에 감사하고 산자수려한 가평살이에 감사하고 나아가, 수필을 쓰고 생각하는 삶의 존재에 감사하는 마음이 되니, '나는 생각한다, 고로 존재한다(corgito ergo sum).'는 데카르트(Rene Descartes, 1596~1650)의 명언도 사색의 존재로서의 감사하는 마음에서 비롯한 것은 아니었을까 하는 그러한 감사하는 마음까지도 절로 드는…. 무릇 범사에 감사하라는 참의미를 제대로 새록새록 음미해 보게 되었다고나 할까.

그리고, 행복은 마음먹기에 달렸다는 깨달음이다. 위의 감사함과 같은 궤에서 행복하다는 뜻이다. 즉, 나 자신이 현재 살아 있음이 행복하고 사랑하는 아내가 곁에 같이 있으니 행복하다는…. 좀 비약적인지는 모르겠으나, 어쩌면 보이지 않는 마음이지만 마음에 행복하다는 메시지로 반복된 최면성 주문을 스스로 하게 되면, 그러한 노력을 지속하게 되면, 결국은 저절로 흥겨운 노래가 불러지는 행복감에 처하게 된다고 생각되는 것 말이다. 그러한 데에는 비용이 하나도 들지 않으면서도 그 효과는 최고로서 서두르지 않고 꾸준하게만 지속하면 되는 일종의 심리적인 면에 지나지 않은 것이기 때문이다.

끝으로, 사람은 무어니 해도 더불어 살아야 한다는 것이다. 익히 알고 있듯이, 누구나 혼자서는 살아갈 수 없다. 이 세상에 사람으로 태어난 이상 더불어 사는 것은 시공간적으로 피할 수 없는 하나의 숙명이기 때문이다. 작게는 엄마 아빠와 더불어 살고, 가족과 더불어, 좀 더 나아가서는 친구와 더불어, 동료와 더불어, 내가 살아가는 터전인 동네, 동호회, 단체, 사회 등 연결된 공동체의 모든 구성원과 직 · 간접으로 수많은 관계를 맺으며 더불어 살게끔 원천적으로 구조화되었기 때문이다. 한 걸음 더 나아가 더불어 살기를 확장하면 지구촌에 존재하는 생명체들인 짐승들이나 식물들까지도 공존해야 한다는 말이다. 이렇게 더불어 살기를 생활화하지 않으면 안 된다는 것이 삶의 진리가 된 지 오래다는 걸 결코 잊어서는 안 될 것이다.

나를 내려놓으니, 마음이 비워지고 그 비워지고 열린 마음속에 못된 과도한 욕심이 재침(再侵)하지 못하도록 꾸준히 감사함과 행복함 그리고 더불어 살기로 가득 채움으로써 항상 얼굴색에 좋은 여유와 화기가 돌도록 하여야 한다고 오늘도 나는 오롯이 다짐해 본다.

## 마누라의 당부 사항

“오늘은 술 마시지 마세요? 일찍 들어오시고.”

“알았어. 조그만 마실게….”

친구 만나는 일이 있어 며칠 만에 집을 나서는 데 아내가 여느 때처럼 던지는 말이다. 다른 때에 비하면 그 소리가 늦게 나와서 오늘은 그 소리를 안 하는구나 했는데 역시나이다.

기억을 뒤로 더듬어 보면 30여 년 전 집사람을 만나 어머님을 모시고 젊은 마음의 희망에 벅차 가정을 꾸렸을 때에는 셋이서 출발했었는데, 그사이 누리와 한해를 낳아 30년이 넘도록 다섯이서 한집에서 오순도순 정답게 살다가 딸 누리가 시집가니 네 명이 남고 아들 한해가 장가가서 자기들끼리 지내니 다시 원래의 셋이 된 가정으로 복귀됐었는데 한해가 결혼한 같은 해에 어머님이 먼 길로 소천하시니 결국에는 현재와 같이 집사람과 나 둘만 남게 되고 말았다.

장성해서 하나둘 자리를 뜨게 되니 평온했던 집안이 허전해지기 시작했다. 연로하신 어머님마저 안 계시게 되니까 집안이 썰렁함을 더해 텅 빈 적막간산이 돼 버리고 우리 둘도 허전함과 외로움으로 물들여지기 시작했었던 거 같다. 한때는 맞벌이하는 딸 누리가 아들 송민이를 낳게 되자 딸 내외의 짐을 조금이나마 덜어 주자는 차원에서 손자가 두 살 먹을 때까지 우리 집에서 함께 지내도록 해서 많을 때는 일곱 명까지 시끌벅적한 집이었는데 말이다.

나를 이 세상에 있게 하신 어머님이 저세상으로 영원히 가신 후, 우리 집은 많은 변화의 사건을 겪게 된 거 같다. 우리 내외도 이순(耳順) 고개를 넘어서자 집사람도 정년퇴임을 맞게 되고 지천명(知天命)에 졸지의 강제명퇴를 당해 집에 오롯이 있게 된 나와 오랜만에 낮에도 같이 부부로서 지내게 된 것도 그 변화의 하나이다. 모처럼 오붓하기도 했었으나 어찌 보면 아내나 난 익숙한 오랜 직장살이에서 역지사지의 가정살이로 자리매김하는 새로운 환경에 서서히 적응해 가는 연습을 치러 낸 것 같다.

그러다가 아내가 뜻밖의 청천벽력 같은 폐암선고를 받았으니 어떻게 보면 아내로선 새로운 제2의 인생을 살아야 하는지도 모를 일이 벌어지고 만 것도 변화의 큰 사건의 하나라고 본다. 허나 어쩌랴! 오늘날은 의술도 비약적으로 발달돼서 저의 부친이 살던 시대에선 사망선고였던 암도 극복되어 가는 좋은 시대이다 보니까 가족 전체가 힘을 모아 암을 이겨 내고야 말겠다는 강한 신념으로 무장해서 더 나은 집중 케어를 위해 공기가 맑다고 알려진 가평의 어비산 자락에 환경 친화적인 집을 지어 이사 와서 살게 된 것도 우리 집안의 큰 변화인 것이다.

그러다 보니, 내가 서울의 친구라도 만나게 되어 집을 마누라 혼자 지키게 되면 하늘만 보이고 가끔은 짐승의 울부짖는 소리도 들리는 어비산 자락의 집에 혼자 남는 게 휑하니 허전하고 일면 두렵기도 하고 또한 술을 좋아하는 내가 많이 걱정되기도 해서 이른 귀가를 재촉하는 것이리라. 해로하고 있는 아내가 익히 알고 있듯이, 나는 술을 좋아한다. 자칭 애주가(愛酒家)인 것이다.

애주가라고 해서 난 매일 음주하는 스타일은 아니다. 술이 생각나면 며칠 만에 들게도 되고, 밖에 나가서만 마시는 것이 아니라 텃밭에서 잔일이라도 하거나 힘을 쓰고 땀 흘리는 일을 하게 되면 갈증을 느낄 때 술 한 잔이 생각나 집에서 그냥 혼자서 맥주를 마시게 된다. 그러면 피로가 저절로 풀리고 일하는 보람도 배가(倍加)됨을 느낀다. 어쩔 땐 식당에서 점심 먹으면서 반주로 막걸리를 걸칠 때도 있다. 반복되는 무미한 생활이다가도 기분이 좋아진다. 때론 밤에 잠이 오지 않아 소주로 목을 축이고 나면 이내 잠에 빠져들게도 된다.

허나 무어니 해도 마음 맞는 벗들과 몇 달 만에 만나 얼굴을 맞대고 그간 궁금했던 벗들의 얘기랑 세상 돌아가는 이야기도 유유자적 나누면서 마음 푹 놓고 더불어 마시는 경우가 술맛이 제일 좋은 거 같다. 오랜만에 진짜 세상 사는 맛을 느끼는 것이라고나 할까. 진한 행복감에 젖어들어 카타르시스를 온통 만끽하는 거 말이다. 그 옛날 공무원 시절 무게 잡는 엄격한 상사와의 딱딱한 술자리, 줄곧 부동자세로 어쩔 수 없이 술을 받아 마셔야만 하는 자리에선 시종일관 잔뜩 긴장되어 언제 끝나나 하면서 술맛이 되게 없었던 경험을 많이 했었던 나로서는 나이 들어 모든 걸 훌훌 벗어 버린 지금, 이렇게 부담 없는 친구들과 더불어 술 마심이 그저 좋은 것이다.

그래서 오늘도 친구들과 만났다. 으레 하듯이 기분 좋게 음주를 즐감했다. 사실, 상일이와 웅찬이, 나 셋이서 만난 지가 퍽 오래됐다. 고교 시절부터 만나 왔으니 반세기가 다되어 가는 것 같다. 지금은 나이가 들어선지 나처럼 모두 은퇴 후의 삶을 살고 있다. 일 년에 서너 번 정도 만나는 정도니 자주 만나는 편은 아니지만 친구와의 깊은 정은 서로 꾸준히 이어 가는 금난지교(金蘭之交)라고나 할까.

왕십리나 사당동 쪽에서 만나다가 내가 가평으로 이사한 후에는 잠실 쪽에서 만나는 경우가 많아진 편이다. 그리고 종전에는 일차에서 환담하며 마시다가 자리를 옮겨 이차까지 거나하게 마시고는 술을 깨고 가자고들 해서 삼차로 노래방에 들르는 것을 불문율로 이심전심 정해 오랜 세월 준수해 왔었는데…. 헌데, 이순의 나이 대(代)로 들어서서인가, 작년부터 일차 마시기로 끝내는 경우가 생겨난 것이다. 가평 가는 나의 교통편을 생각해서 마음이 넓은 두 친구들이 배려해 준 덕분이었다.

그렇게 되니 나에겐 자연스레 종전보다 주량상 덜 마시게 된 모양이 됐다. 종전에는 최종 노래방까지 돌고서 느려진 몸으로 부리나케 서둘러도 빠듯하게 한밤 12시경 귀가하거나 12시를 지나서 귀가하는 것이 비일비재했었는데…. 그럼에도 불구하고 모자란 듯하면 옛날의 관성이 남아 있어서 둘이서는 좀 더 마시다가 그래도 예전보다 일찍 헤어진다고 한다. 아마도 나처럼 두 친구들의 마나님도 나이가 들어가는 두 친구들에게 빠른 귀가를 채근하기도 하였으리라.

그래서 오늘은 다행히 잠실역 부근에서 유명산행 막차를 탈 수 있었다. 그리하여 이른 귀가는 아니지만 귀가(歸家)라는 면에서 마누라의 당부 사항을 차질 없이 이수(履修)한 셈은 되었다.

헌데, 이왕 말이 나왔으니 이야기를 하자면, 마누라가 나에게 술 먹지 말라고 그렇게 간곡히 당부하는 데에는 그만한 이유가 있음을 잘 알고는 있다. 마누라가 볼 때는 "술 많이 먹는 순서대로 저세상으로 간다. 그러니 빨리 가고 싶으면 그렇게 하라."고 나에게 엄포성의 겁주는 말을 소리 높여 평소에도 수시로 해 왔기 때문이다.

곰곰 생각해 보면 틀린 말은 아니다. 나아가 고마운 말이기도 하다. 그런 말속엔 끝나는 날까지 나하고 함께하고자 하는, 남편인 나에 대한 순전(純全)한 사랑이 배어 있음도 안다. 사실, 사랑하니까 그러한 말을 하는 것이 아닌가. 나이가 드니 나도 가능한 한 마누라의 당부 사항을 지키려고 한다. 전주에서 중학 시절을 고모 집에서 하숙한 나는 3년 동안 동고동락한 나와 동갑인 고종사촌 동생이 과도한 음주로 인해 몸이 망가져서 금년 초, 그만 저세상으로 가 버린 불행한 상(喪)을 실제로 당하고서, '내 나이 또래가 가 버리다니….' 빈소에서 염치불문하고 대성통곡을 했었던 나이기 때문이다.

마누라의 당부 사항을 유념하면서도 나로선 술과 이별할 수 없으니 이 또한 어이하리. 술은 언제나 기분 좋음과 카타르시스를 선사하는 진실로 나의 참벗이기 때문이다. 허나 이젠 나이도 있고 하니 건강을 생각해서라도 줄이려고 한다. 절주(節酒)하면서 조금씩만 마시려고 한다. 사실상 절주(絶酒)는 나에게 실현 불가능한 어려운 일이니까 말이다.

서울서 살았을 땐 밤이 깊어도 시간에 별 구애를 받지 않았으나 어비산 자락 귀가에 절대 필요한 유명산행 마지막 버스 시간이 임박해 오면 마누라의 당부 사항이 압박의 무게를 가해 오고 술을 먹거나 다른 볼일을 보다가도 놓칠세라 조바심이 잔뜩 나곤 했었고 실제로도 서둘렀으나 초창기 몇 번은 놓쳐서 생각지도 못한 고생을 치른 일이 있었다.

가평의 어비산 자락에 살게 되니, 서울의 잠실에서 유명산행 마지막 버스 시간 맞추기도 나에게는 변화된 삶의 경험상 소중한 한 부분이 돼 버린 것이리라.

# 손자 해솔이

해솔이는 우리 부부의 친손자로서 이제 세 살배기이다. 손주는 어떻게 보아도 너무 귀엽고 사랑스럽다고들 하는데 우리 해솔이도 마찬가지여서 그러한 궤(軌)에서 예외는 아니다. 우선 '해솔'이라는 이름부터 귀엽고 사랑스럽다. 말하자면 '해솔'은 순 한글이름으로서 잘 자라고 커서는 사회와 나라에 밝은 '해'와 사시사철 푸르른 '솔'과 같은 사람이 되어 주기를 기원하는 뜻에서 자기 아빠가 정성을 들여서 지어 준 아름다운 이름인 것이다. 할아버지와 할머니 눈에 비친 귀엽고 사랑스런 친손자 해솔이의 이름만큼이나 아름다운 모습들을 한번 스케치해 보고자 한다.

대부분의 어린애들이 장난감을 좋아하듯이, 우리 해솔이도 장난감을 무척 좋아한다. 하루의 많은 시간을 지치지도 않고 장난감차와 함께 지낸다. 수없이 많은 요즈음의 유아용 장난감 중에서도 차를 그렇게 좋아한다. 해솔이는 장난감 차들을 '빠방이'라고 즐겨 부른다. 자기 나름의 애칭으로서 아마도 '빵빵' 클랙슨 소리를 흉내 내어서 그렇게 부르는 거 같다.

손자 해솔이가 장난감 차가 있으면 신이 나서 무어라고 떠들면서 잘 노니까 아들 내외는 자기 자식인 해솔이에게 장난감 차 사 주기를 또한 좋아한다. 장난감 차는 아들 내외에게는 최고의 관심 사항으로서 근무하다가도 밖에 나올 일이 있거나 출퇴근 시 눈에 들어오는 장난감 차종을 머릿속에 입력시키거나 인터넷 검색을 통해 직구를 해서라도 해솔이가 좋아하는 차들을 틀림없이 구입해 주는 것이다.

처음 한두 개 사 주었던 것이 지금은 방 여기저기에 각종 장난감 차들로 수북이 쌓여 있다. 가평서 지내다 들를 일이 생긴다거나 손주를 보고 싶거나 해서 행당동 집에 들르게라도 되면 못 보던 차들이 늘어나 있음을 보게 된다. 승용차, 택시, 승합차, 찝차, 캠핑 카, 패트롤 카, 구급차, 앰뷸런스, 냉동차, 이사용 사다리차, 기차, 렉카, 트럭, 크레인, 포 크레인, 덤프트럭, 레미콘 차, 유조차, 소방차, 버스, 타요 버스, 탱크로리, 캐리어 카, 탱크 등 차종도 많고, 큰 사이즈, 작은 사이즈의 차량들이 즐비하고, 빨간색, 초록색, 노란색, 분홍색, 하얀색, 검은색, 핑크색 등 색깔도 가지가지이다.

해솔이가 타고 앉아서 운전하며 방 안을 신나게 돌아다니거나 아들 내외가 쉬는 토 · 일요일에는 부모 등 성인이 뒤에서 손을 잡고 밀어서 밖에 나가 바람을 쐴 수도 있는 큰 사이즈의 멋진 것이 있는가 하면, 어린 해솔이 손바닥에 꼭 쥐고 다닐 수 있는 앙증맞은 아주 작은 차들도 있다. 요새는 작은 차가 더 인기 있단다.

그리고 첫손자인 송민이 돌 기념으로 우리 내외가 선물했었던 조립용 플라스틱 미끄럼틀이 돌고 돌아 강산도 변한다는 10년이 지난 작년에 다시 이곳 행당동 집 제자리로 복귀되더니, 걷기를 못 했던 때는 바라만 볼 뿐이었는데 해솔이가 이젠 매일매일 미끄럼틀 위에로 천천히 올라가 자신이 타고 내려오는 것도 하지만 그보다는 스스로 올라가 빠방이를 반복해서 아래로 쿵 미끄럼 태워 주며 즐기는 것을 훨씬 더 좋아한다. 그렇게 하는 놀이가 마냥 즐거운 모양이다. 10년이 흐른 지금에도 손자들의 연이은 놀이기구 몫을 톡톡히 해 주는 별거 아닌 미끄럼틀 덕에, 우리 내외로선 보기만 해도 흐뭇하기만 하다.

한 걸음 더 나아가, 해솔이는 장난감 차를 너무 좋아해서 노리개로 항상 손에 지니고 다니기도 한다. 심지어 밥을 먹을 때도 베이비시터인 이모할머니의 도움을 받아 한두 대 정도 상 앞에 모셔 놓고 쳐다보면서 밥을 먹기도 한다. 그러면서 차 너도 밥을 먹으라고 손짓할 정도이다. 어느 때는 자면서도 빠방이 타령을 한다. 꿈속에서 빠방이가 또 나타났나 보다.

하나둘 사 주고, 잘 놀면 더 좋은 것으로 사 준다고 얼러 대며 사주다 보니 1년이 지난 지금은 아들 내외가 거처하는 곳이 때론 장난감 차 박물관을 연상시키기도 한다. 해솔이가 매일 가지고 노는 장난감 차에는 해솔이의 해맑은 정이 소롯이 배어 있는가 하면 특히, 차를 손에 꼭 쥐고 곤히 자고 있는 평화스러운 해솔이의 모습을 보면서 즐감하는 아들 내외의 부모로서의 애틋하고 속 깊은 사랑도 은연중 담겨 있는 것 같으니….

그런가 하면, 우리 해솔이는 또한 공룡도 좋아한다. 온갖 공룡을 스스로 만지며 가지고 놀기를 좋아한다, 첨엔 뿔이 달린 요상한 겉모습 등에 무섭다고도 엄살을 했지만. 이젠 신기한 듯, 무슨무슨 사우루스… 중얼거리면서 재미있게 노는데, 커다란 티라노사우루스는 아빠 꺼 공룡, 쭈글쭈글한 스피노사우루스는 할머니 꺼 공룡 그리고 작은 모노클로니우스는 자기 꺼 공룡이란다.

가지가지의 공룡 수도 많아 한 무더기이다. 즉, 무서운 티라노사우루스, 타르보사우루스, 목이 긴 브라키오사우루스, 아파토사우루스, 두꺼운 머리를 가진 파키케팔로사우루스, 지붕 도마뱀인 스테고사우루스, 등에 작은 뿔이 난 피나코사우루스, 가시 도마뱀인 스피노사우루스, 깊이 골이 진 이빨의 하이퍼실로포돈, 세 뿔달린 트리케라톱스, 뿔 하나인 모노클로니우스, 날카로운 발톱의 데이노니쿠스, 날개는 있으나 이빨이 없는 해남이크누스 등인데 이 중엔 8천만 년 전에 우리 한반도에서 유유자적 서식했던 공룡도 있다고 한다.

노리개로 공룡 모형을 만들어 어린이들에게 재미와 상상력까지 불러일으키게 하는 오늘날의 상술의 시도는 기발하고 참신하다는 생각까지 든다.

그리고 나아가, 유아용 그림책 보는 것을 좋아하기도 한다. 며느리 한나가 자기 아들에게 책 읽어 주기에 애를 써서인지 귀가해서 틈이 나면 해솔이가 으레 그림책을 가지고 와서 읽어 달라고 아양을 떨며 채근하기도 한다. 그럼 곧잘 읽어 주고 가르쳐 준다. 책 보여 주고 읽어 주기는 빠방이나 공룡보다 먼저 이루어진 것으로 태어난 후 몇 달 돼서부터인데, 시간이 지날수록 해솔이가 이해하는 속도가 빨라지는 등 매우 흥미 있어 하므로 계속 업그레이드된 새 책들로 옮겨 가는 중이란다.

처음엔 넓었던 방들이 좁아 보일 정도로 해솔이 것으로 꽉 차 있다. 해솔이가 커 감에 따라 늘어난 각종 장난감 차량들, 온갖 공룡들, 요리 장난감, 의사놀이 기구들, 어린이용 운동기구들, 여러 가지 책자들, 해솔이 기념사진들, 그리고 해솔이의 갖은 옷가지와 유아용품들이다. 어린애 하나에 이러한 것들이 이렇게 필요하다니 보면 볼수록 장관이라 할 만하다.

헌데, 사내아이인데도 걸맞지 않게 때론 요리하기를 좋아한다. 빠방이를 가지고 하도 오래 놀다가 지루하고 싫증이 났는지, 불쑥 장소를 옮겨 요리 장난감을 챙기더니 빵 만들기를 시작한다. 만들어진 빵을 자기도 맛있다고 시식한 후 할머니에게로 들고 달려와 먹어 보라고 하면서 할아버지인 나에게도 권하기도 한다. 늘 하는 대로 우리 내외가 냠냠 맛있게 먹는 시늉을 하자 몹시 신나 한다. 지칠 만도 한데 고무되고 흥분해서 음식을 들고 우리에게 왔다 갔다를 여러 차례 반복하는 걸 보니 무척이나 재미있는 모양이다.

금년 언젠가 아들 내외가 가평 우리 집에 왔을 때 해솔이가 푸른 잔디마당에서 노닐었었는데, 새로운 놀이 시도 차원에서 공차기 시범을 내가 먼저 보이고 공차기를 시켜 보았다. 예상한 대로 처음엔 실수도 하고 서툴렀었다. 서울 행당동 집에 돌아와서 아들 한해가 시간 나는 대로 연습을 시켰나 보다. 요즘은 이제 자신이 붙어서인지 방에서도 처음보다 큰 모션으로 야무지게 뻥뻥 차 댄다. 어쩔 땐 땀까지 흘리며 재미있어 하는 모습이다. 그럴 때면 항상 아들 내외는 흐뭇하게 웃음을 지어 보이면서 행복해한다.

혼자서 어린이용 프로의 TV를 보기도 하고 소리 나는 뽀로로를 가지고 열심히 소리 따라 부르기도 하고 때론 의사놀이도 하지만, 어린 애들이 그러하듯이 해솔이도 언제나 놀기를 좋아해서 같이 놀아 주기를 원하니 맞추어 놀아 주기도 한다. 작년까지만 해도 그렇지를 못했는데 세 살이 되니, 말도 곧잘 하고 어린이 노래도 흥얼거리면서 불러 댄다.

금년 초부터 근처인 대현산에 소재한 금봉어린이집에 하루 세 시간 정도 보내고 있는데, 처음엔 집에서 베이비시터와만 지내는 등 거의 혼자 놀아서인지 등원도 좀 싫어하고 울기도 해서 새 환경에의 적응이 쉽지 않았었다. 등원 초기 맞벌이 부부의 부담을 좀 덜어 주기 위해 우리 내외가 해솔이를 어린이집에 몇 번 데려다주면서 그러한 사실을 읽을 수 있었던 것. 그 후엔 이모할머니가 데려다주고 데려오고를 지속해 오고 있다.

헌데, 몇 달이 지나자 달라졌던 것이다. 또래와 어울리는 걸 배워 재미있어 하고 장난감 등 자기 물건을 지키려고 스스로 방어하는 태도, 즉 사회성과 자수성(自守性) 등이 생겨난 것이다. 한번은 한 살 위이자 딸아이의 둘째인 강민이가 집에 놀러 와서 해솔이 장난감 차를 보고 모두 차지해서 놀아도 불안한 듯 멀뚱멀뚱 그저 쳐다보기만 하고 제지를 못했었던 작년과는 달리 강하게 내 꺼라며 접근하거나 만지지도 못하게 하는 게 아닌가. 어린이집에서 또래랑 어울리며 터득한 게 틀림없었다.

열 달이 넘은 지금은 친구들과 곧잘 어울리며 말도 잘하고 노래도 잘 따라 부르고 선생님 말씀도 잘 들으며 잘 지낸다는 위 어인이집의 전문(傳聞)이다. 며칠 전엔 “산타 할아버지가 알고 계신데….” 노래를 그 작은 입으로 곡조도 맞게 끝까지 불러 대니 나는 깜짝 놀랐었다. 말도 잘한다는 어린이집 말이 맞는다는 느낌이 들면서 왠지 영리하다는 생각도 더불어 들었던 거다.

위에서 언급한 대로, 아들 내외가 맞벌이를 하기에 낮엔 어린이집에 있는 시간을 제외하고는 베이비시터인 이모할머니가 해솔이를 장시간 거두고 있는데, 노는 것, 먹는 것, 말하는 것, 잠자는 것, 씻는 것 등 일체를 기본적으로 애정을 가지고 성실히 케어해 주고 있어서 앞에서 얘기한 장난감 가지고 놀고 지내기 등의 모든 활동이 잘 훈련된 것 같다고 생각된다.

우리 내외는 가평에서 가끔 상경해서 해솔이를 곁에서 보거나 조금씩 놀아 주기를 해 왔었는데, 해솔이를 낳아 퇴원 후 2년 가까이 집에서 줄곧 케어해 주시던 베이비시터 이모할머니가 사정이 생겨 더 이상 이 일을 할 수 없다고 해, 어쩔 수 없이 새 이모할머니를 모시게 되는 바람에 교체기의 원활성을 도모코자 이번에는 지난 10월 말부터 근 이십 일 넘게 행당동 집에 머물면서 지원차 손자 해솔이 케어에 동참하게 됐던 것이다. 새 이모할머니도 전 이모 못지않게 해솔이를 귀여워하며 잘 케어해 주셔서 매우 다행이다.

이번 베이비시터 교체기를 통해서 우리 내외는 손자 해솔이와 상당히 오랫동안 진솔한 교감을 갖게 되는 유익한 시간이 돼서 이른바 요새말로 자못 '할빠'와 '할마'가 되었던 것은 아닌가 하고…. 과거에도 그랬었지만 이제는 할머니, 할아버지인 우리 내외를 보면 금방 알아보고 방긋 웃으며 뛰어나와 훨씬 더 반가워하는 모습이다.

더군다나, "이거 뭐야?" 하고 말을 배우기 시작하면서 아내한텐 처음부터 '할머니'라고 곧잘 불렀지만 나를 보고는 어쭙잖게 '하부지' 하였었는데 이제는 '할아버지'라고 정확히 불러 댄다. 이번 이십여 일간의 교감생활(交感生活)이 그렇게 만든 것이리라. 정말 귀엽고 사랑스럽고 참 대견하다.

헌데, 피를 나눈 세대들은 어딘가 닮는다는 말이 있다. 복스럽게 잘생긴 우리 손자 해솔이 얼굴을 보면 여러 닮은 모습이나 흔적이 보인다. 즉, 얼굴 형태에서 자기 친 · 외할머니 모습이, 얼굴 어느 부위에선 엄마인 한나 모습이, 잘 안 보이던 아빠 한해 모습도 눈 주위에서 이제 보인다.

그래도, 아무리 보아도 할애비인 나의 모습은 찾을 수 없다고 말했더니 항상 가장 가까이서 살필 수 있어서인지 며느리 한나는 나의 모습도 있다고 한다. 한 세대를 걸렀지만 피를 나눈 관계의 연속선이니 닮은 모습이 해솔이 얼굴 어딘가에 숨어 있거나 닮은 특질(特質)이라도 분명히 있으리라. 내가 보기에 손자 해솔이 얼굴이 귀엽고 귀티나고 다 잘생겼지만 그중에서도 백미(白眉)를 꼽는다면 양 귀인 거 같다. 누가 보아도 부처님 귀로 보이니까 말이다.

볼 때마다 커 가는 걸 실감하니 건강히 자라는 편이지만 가끔 병치레가 있는 때도 있어서 마음이 안 좋을 때도 있다. 그럴 때마다 어린애들이 커 가는 과정에서 모두들 다 겪게 되는 일상(日常)으로 쳐 본다.

우리 친손자 해솔이가 항상 건강하고 무럭무럭 바르게 자라나서 지구촌 시대에 대한민국의 구성원으로서 자기 이름 '해솔'과 같이 밝은 '해(SUN)'와 사시사철 푸르른 '솔(PINE)'과 같은 사람으로서의 인격과 지혜를 겸비한 아름다운 성인으로 성장하기를 우리 내외는 가슴에 손을 얹고 간절히 기원해 본다.

# 아내의 병

오늘도 분당선 수내역 부근에 있는 B정형외과의원을 아내와 다녀왔다. 오래도록 앓고 있는 고통스런 아내의 어깨 통증을 치료하기 위한 건데, 3주째다. 일주일에 두서 번은 갔다 온다. 월요일은 내가 동반하지만은 그 외에는 본인 혼자서 다니고 있다.

그 의원을 찾는 사람들 중에는 간혹 젊은이도 보였지만 대부분은 우리 내외와 같은 연령대이거나 그 이상의 사람들이 부부끼리 오는 모습들이 눈에 많이 들어온다. 나이가 들면 몸도 노화되기 마련이고 그러다 보면 자연히 여기저기 고통스런 통증이 발생하게 되니 어쩔 수 없을 것이리라. 들어서면 접수 후 넓은 홀의 의자에 앉아서 좀 기다리다가 부르면 원장실에 가서 상담 겸 진료를 받고 옷을 갈아입은 뒤 주사를 맞거나 도수 안마를 받게 되는데 오늘도 그랬다.

그 의원은 보호자용 대기의자도 여러 겹 설치돼 있어 비교적 규모가 큰 데다 안정감을 주는 깨끗한 환경을 유지하고 있고 실력 있다는 두 분의 원장의사가 정직 성실한 인상에 상당수의 안마사들과 직원들도 친절함이 배어 있어서인지 아내처럼 찾는 사람이 많아 보였다.

찾는 대다수가 여유 있는 넉넉한 풍을 풍긴다. 그래서인지 처음이었지만 신뢰감이 갔던 것. 그리고 수내역 인근이라는 교통이 편리한 곳에 위치한 것도 사람들을 찾아오게 하는 데 한몫을 한 거 같았다.

헌데, 아내는 재직 시도 뜻이 맞아 대여섯 명이 자주 만나는 오래된 모임이 있었고 드물게는 부부 동반으로 만나기도 했었다. 서로 같은 직종에서 근무하면서 쌓인 동질적 신뢰감이 오랜 버팀목으로 작용했으리라. 한 달 전쯤인가, 퇴직 후에도 6개월마다 지금껏 이어지는 아내의 그 전직 교사 모임이 분당의 미금역 부근의 한 회원 집에서 있었는데, 그 모임의 대화 중 다들 자녀를 출가시킨 연령대의 나이인지라 통증 이야기가 화두로 나왔고 모임 장소가 미금역 부근인지라 그 장소에서 가까운 곳인 수내역 쪽에 통증 치료에 좋은 곳이 있어서 다니고 있다는 한 유경험자의 추천을 유념해 두었다가 우리 내외도 한번 응해 보았었던 것이다. 또한 한 걸음 나아가 경기도 분당권이지만 아들딸집에서 가까운 왕십리역에서 탑승 가능한 분당선을 이용할 수 있다는 것도 상당히 구미가 당겼음은 물론이다.

첫 번째 치료를 받고서 오래된 어깨 통증이 완전히 가신 건 아니었지만 시간이 지나자 어깨 통증의 강도가 좀 누그러졌던 모양이다. 당장의 큰 효과를 기대하지 않았으므로 아내는 그러한 상태로도 어느 정도 만족을 한 듯. 그러니 의사의 주문대로 계속 다니게 된 것이다.

살다 보면 무릇 누구나 한두 개나 그 이상의 지병(持病)이 있게 마련이다. 나도 그런 면에서 예외가 아니지만 나의 아내도 마찬가지이다. 아내는 서두에서 말한 어깨 통증 외에도 현재 관리 중인 병이 두세 개 더 있으니…. 그렇다고 아내가 생활하는 데 지장이 있을 정도의 그런 병약한 약골 체질이라는 건 아니다. 대체로 봐선 건강한 몸이지만 그렇다는 얘기이다.

아내는 지금 폐암 환자이다. 재작년 말경 정기건강검진 시 발견돼서 작년 1월 초 수술을 했으니 몇 달 지나면 수술 후 2년이 돼 간다. 수술 후 5년이 지나야 최종 완치 판결이 난다니 5년을 이대로 잘 이겨 내자고 아내는 물론 우리 가족들은 집중관리 중이다. 다행히 아직까진 양호한 편이다. 아내 본인도 이겨 내려고 노력하고 우리도 합심해서 이러한 상태를 이어 가도록 반드시 챙겨 나아갈 것이다.

지금은 마음이 놓여서 괜찮은 편이지만 2016년 말 아내가 뜻밖의 폐암 선고를 받았을 땐 우린, 우리 가족은 순식간에 앞이 캄캄했었다. 이야기를 들어 보면 의술이 많이 발전된 오늘날이라지만 암이라는 사실을 직접 현실로 접하게 되면 다른 사람들도 다들 그랬었다고 한다. 2년마다 실시되는 정기건강검진을 금년에도 우리 내외는 차질없이 받았는데, 아내의 경우 지병 이외에는 괜찮아서 건강하다는 종합소견이 나왔다. 나도 건강하다는 소견을 받았음은 물론이다.

허지만, 재작년 말엔 위에서 언급했듯이 캄캄했었던 기억이 지금도 새롭다. 정기검진 결과 유방과 폐 쪽에 이상소견이 있으니, 정밀검진을 받아야 한다는 것이다. 2차 검진을 받아 보니, 다행히 유방쪽은 괜찮았으나 폐 쪽에 문제가 있다고. 평소에도 진한 기침을 자주 하는 편이어서 안심이 안 되는 면이 있었기에 폐는 병원을 옮겨서 다시 정밀 검사를 받았던 것이다. 강남 소재의 S병원에선 처음엔 폐렴이라고 했다. 그러나 만일을 모르니 한 번 더 PET-CT 검사를 해 보자고 시도한 것이 결국 암을 찾아냈던 것.

암이 아닌 폐렴이라고 위안받으며 피하고 싶었는데 올 것이 오고야 만 것이다. 담배를 하지 않은 아내이니 간접흡연이 그 원인이라고 했다. 간접흡연이 실제론 더 무섭다나. 어릴 젠 장인이 피워 대는 담배골초의 집안에서, 결혼 후에는 애연가인 어머님과의 삶에서 간접흡연 피해의 주 영향을 받았나 보다. 그리고 아내는 분필을 사용하는 오랜 교편생활에서 말미암은 원인도 있는 듯….

암을 발견해 낸 의사선생님은 정기 건강검진을 통해 이렇게 1기b의 조기발견이 됐으니 그래도 로또 맞은 거나 진배없다며 우리 내외를 위로해 주시며 흔쾌히 아내를 암 환자로 정식 등록해 주셔서 비용도 크게 절감되었다. 또한 크게 절개하지 않아도 되는 현대의 최첨단 로봇수술을 받느라 아내는 한 이틀 정도 고생을 했지만 회복도 잘됐다. 수술 전 임파선 전이가 됐을지도 모른다며 검사했으나 괜찮아서 바로 수술을 했던 것이고 오른쪽 폐 3분의 1을 절단했다고 한다.

암치료 방면에 문외한인 나는, 우리 가족은 당연히 머리가 빠지는 극도의 통증을 수반하는 항암치료(抗癌治療)가 이어질 줄로 알았으나 기우였다. 얼마나 다행스러운 일인가. 아내의 경우는 초기여서 항암치료는 필요 없고 추후 의사의 지시에 따르는 진료만 받으면 된다고 했다. 나아지는 진행 경과 체크로서 처음엔 자주 병원에 들르는 편이었지만 그러는 사이 기침도 완전히 사라지고 텀이 길어지더니 지금은 6개월에 한 번 정도 들르고 있다. 좋아지고 있다는 증표인 것이다.

수술 후 1년이 된 금년 2월경 피검사, X선 검사, CT, MRI 등 하루 종일 걸리는 종합정밀대검사를 받았으나 전이증상을 발견할 수 없었다는 좋은 결과가 나왔다. 의사의 지시에 따른 케어를 다해서 호전되고 있고 더군다나 가끔은 절제된 가슴 부위가 텅 빈 것 같아 허전하다고 하면서도 본인이 나아짐을 체감하고 있으니 정말 다행인 것. 아내의 몸 상태가 좋아지기 위해서 낯설고 물선 이곳 공기가 좋다는 가평 어비산 계곡까지 이사 와 살고 있는 것이니 당연히 그래야만 할 것이다.

설상가상(雪上加霜)이랄까. 아내는 폐암수술 후 얼마 안 돼, '황반변성'이라는 안과질환 판정도 받았다. 초등교장을 끝으로 대과 없이 정년퇴임으로 교직을 마친 아내로선 이제 여유를 가지고 여생을 좀 향유하려고 하는 찰나에 거듭된 병마와 싸워야 하는 시련을 맞게 되니 안타까움이 더한 거 같았으나, 원래 의지가 굳어서인지 의연하게 대처해 나아가는 것을 곁에서 보면 한편으론 대견스럽기도 하다.

나이가 들어 면역성이 떨어져서인지 갑자기, 눈앞의 물체들이 찌그러지고 깨어져 보이더라는 것. 집 가까운 안과에 갔더니 큰 병원으로 바로 가 보라고 권고해서 아들 친구가 안과의사로 있는 강동의 K대병원으로 가서 검사한 결과, 왼쪽 눈이 생전 잘 들어 보지도 못한 '황반변성'이라는 것이다. '황반이 노화, 유전적인 요인, 독성, 염증 등에 의해 기능이 떨어지면서 시력이 감소되고, 심할 경우 시력을 완전히 잃기도 하는 질환'이라며 그냥 놔두면 실명되고 마니 주기적으로 눈에 주사를 맞는 치료법으로 다스려야 한단다.

우리 내외는 의사의 지시에 따라서 두 달에 한 번 정도는 K대병원의 안과에도 다니고 있다. 눈 주사를 맞을 때마다 심리적인 두려움을 느끼는 것 같다. 눈 주사를 맞고 나면 호전되는데 두어 달 지나면 효과가 없어져 처음 겪었던 찌그러지고 깨어져 보이는 현상이 다시 조금씩 나타나기 시작한다고 한다. 상당한 시간이 흐른 지금, 폐암은 무서운 병이지만 완치가 가능하다는 데 '황반변성'은 그렇지를 못하니 이제는 생명이 다하는 날까지의 지병으로서 으레 그러한 처방을 받을 준비가 된 상태로 우리 내외는 그 병원에 다니고 있는 것이라고….

또한, 아내에겐 생애 내내 지니고 가지 않으면 안 될 것이 또 있으니 대사성 질환인 고혈압이다. 고혈압을 낮추는 약 먹은 지가 벌써 오래됐다. 88세의 장모님이 고혈압 환자인데 가족력에서 비롯한 면도 있는 거 같다. 우리 아들 한해도 젊은 놈이 고혈압 증세가 좀 있으니 말이다. 다행히 나는 혈압만은 항상 정상이다. 아내는 매일 규칙적으로 약을 복용해서 더 악화시키지 않으려고 애쓰고 있다. 고혈압약 먹는 것을 생활화해 가고 있는 것을 보면 어쩌면 고혈압을 어쩔 수 없는 친구로 생각하는 것 같다. 이왕 완치가 안 되는 거라면 그렇게 하는 것이 오히려 현명한 것 같으니.

그러고 보면 나도 환자의 반열에 든 지 오래다. 중이염환자인 것이다. 나는 어릴 제 순창군 동계의 순 촌 동네에서 태어나 그곳에서 초등학교를 마쳤는데, 초등 입학 전부터 더운 여름이면 한쪽 귀에 농이 흐르고 소리도 잘 안 들리게 된 중이염을 앓았던 기억이 난다. 지금 같으면 조기에 완치시킬 수도 있는 병이었지만 말이다. 당시 어머님은 백방으로 고쳐 주려고 애쓰셨지만 동계면내(東溪面內)에는 의원 하나 없는 시절이라 주위 어르신들이 경험상 얘기하는 대증요법에만 의존해서 낫지 않은 고질병(痼疾病) 상태로 지냈다.

그러다가 서울로 고교 진학하게 돼서 내가 고쳐 달라고 보채니 경복고(景福高) 1학년 여름방학을 이용하여 종로에 있는 이비인후과에 가 보게 되었는데, 아픈 오른쪽 귀는 이미 고막이 삭아 없어져서 수술로 인공고막을 만들어 넣더라도 청력 회복은 불가능한 데다 수술도 않고 그대로 두면 뇌막염이 될 수 있어 잘못하면 사망할 수도 있다는 의사의 무서운 말에 그 당시 거금을 주고 수술했었다. 그렇게 뇌막염은 막은 거 같으나 근치(根治)가 되지 않아서 수술 후 50년이 지난 지금도 주기적으로 이비인후과에 다니는 신세는 면하지 못하고 있는 만성 중이염 환자(中耳炎患者)가 돼 버리고 만 것이다. 한쪽 귀로만 듣고 살아오지만 겉은 정상으로 보여서 그나마 다행이라고 나를 스스로 다독거리면서 말이다.

과거 고막상실의 중이염으로 인하여 군 면제도 받았던 것이고, 나는 지금도 혹시 강의를 듣게 되는 경우에는 학창 시절에 늘 그랬듯이 항상 오른쪽 좌석에 앉아야 잘 들리고, 어쩔 땐 사람들과의 대화 도중 오른쪽에서 하는 말은 잘 못 알아듣는 경우가 많으니…, 이젠 왼쪽 귀만을 이용하는 생활에 익숙하게 되었다. 아내의 고혈압의 경우처럼 생이 다하는 날까지 오랜 귓병을 나의 친구라고 여기며 살게 되고 만 것이라고나 할까. 또한 나이가 드니 슬슬 나타난 전립선비대증이나 허리 통증도 생애 내내 나의 어쩔 수 없는 몸 친구로 같이 지내야 할 거 같으니.

헌데, 삼수(三修)를 하는 등 어려운 젊은 시절을 허약하게 보내서인지 서울대학에 입학하고 보니 어인 일인지 나에게 폐결핵이 발견돼서 피리독신 등 독한 약을 3년간 복용해 완치 판결을 받았는데도 지금도 한쪽 폐 끝은 굳어져 있어 X선 사진이 잘 안 나오는 때도 있다.

폐암과 폐결핵을 앓거나 앓았으니 폐와 관련해서 우리 부부는 동병상련(同病相憐)을 앓은 것이니 어쩌면 천생배필(天生配匹)이 아닌가 하는 별 희한한 생각이 들기도.

요즘에는 만성병이 중세의 페스트처럼 만연하고 있다고 한다. 지금은 성인의 3분의 1 정도가 암, 당뇨, 혈관질환 등으로 고생하고 있으며 그 숫자는 점점 더 늘어나고 있는 추세란다. 그 원인으로 지목된 것들은 만성 스트레스, 운동 부족, 식생활 변화, 대기와 물의 오염 공해 등이라 할 수 있는데, 공기 좋고 물 맑은 가평의 유명산 옆 어비천 물가에서 살게 되니, 만성 스트레스가 쌓이지 아니하고 텃밭 가꾸고 어비산 산행과 주위 산책도 하니 운동 부족도 사라지고 두릅, 돗나물, 머위 등으로 청정 식생활이 가능해지고 대기와 물의 오염도 적으니 우리 부부에겐 건강한 생활이 자연 이어지고 있다고 생각된다.

이미 있는 지병은 어쩔 수 없이 친구로 지낼 수밖에 없지만 그 이상의 병은 우리 내외에게 범접하지 못하는 자연환경을 만들어 가리라고 '100세 시대'를 맞아선지 오늘도 푸른 하늘과 산과 나무, 밭과 잔디마당을 하염없이 바라다보면서 그윽한 꿈을 꿔 본다.

# 잡초는 나를 미워할 것이다

가평에 내려와 지내면서 서울살이가 아닌 가평살이가 시작됐다. 사는 곳이 달라지면 생활하는 모습, 사는 모습이 달라져야 하는 것은 일반 생활의 법칙상 당연한 것이리라. 접하는 모든 것이 인지상정의 궤(軌)에서 이루어지기 마련이어서 그 궤에 적응하고 살아가지 않으면 안 되기 때문이다. 여느 사람의 눈에는 하찮은 것으로 보일지 모르지만 나에게는 가평에서 살기에 전에는 생각지도 못한 나름의 의미가 있는 생활 거리, 즉 소일거리도 생겨났다.

집 앞의 잔디마당의 잡초 뽑기가 바로 그중의 하나이다. 처음에는 별거 아닌 거였는데 시간이 지나니 어느새 나에게 새로운 의미가 되는 중요일과(重要日課) 중의 하나로 자리매김했음을 느끼게 됐었으니…. 그 시작은 이러하다.

공기가 맑아 폐암환자인 아내의 집중 케어에 좋겠다는 주위의 권고를 장고(長考) 끝에 받아들여 낯설고 물선 이곳에 왔던 것인데, 작년 7월 가평의 어비산 계곡의 한 산자락에 새집을 지어 이사 와서 산 지 한 달 정도 지났었다. 새집을 지으면서 이식된 앞마당의 잔디가 활착돼 살아나고 제법 푸른 본래의 모습을 갖춰 가니 생각보다 빠르게 제 모습의 론 그라운드 잔디마당으로 변모한 것이다. 보기에, 감상하기에 좋은 모습이 되었다는 말이다. 언젠가는 푸른 잔디마당의 아담한 집에서 살아 봤으면 했었던 아내의 평소 꿈의 로망이 이루어진 것이다.

나는 그동안 앞마당 한 귀퉁이에 설치된 수도시설의 수도꼭지에 마당 끝까지도 닿는 플라스틱 긴 호스를 꼽고 멀리서도 물을 주는 작업을 일주일에 서너 차례 줄곧 해 왔었다. 밝은 햇볕의 날씨도 좋았지만 아마 초보 수준의 나의 물 주기도 푸른 잔디밭으로의 모습을 보다 빨리 갖추게 하는 데에 일조한 거 같아 가슴이 뿌듯해지기도….

푸른 잔디가 되어 보기에 좋으니 그 위를 살짝살짝 걸어 보고픈 생각도 저절로 나는 게 아닌가. 그래서 아직 활착되어 가는 중이라서 조심조심 걸어 보니 발의 감촉이 좋아 어쩔 땐 그 감촉을 제대로 느끼기 위해 맨발로 걸어 보기도 했다. 그러한 나의 모습을 보고 아내도 따라서 해 보더니 감촉이 좋다고 했다. 서울의 도심 집에선 시도할 수도 없는 행복감을 둘이서 만끽하면서 말이다.

헌데, 눈에 들어오는 푸른 잔디만 온통 보면서 며칠 즐기다 보니까 푸른 잔디보다 유난히 더 푸르고 잘 자라 보이는 풀들이 곳곳에 있는 게 눈에 들어오는 게 아닌가. 나는 신기하기도 해서 걸음을 멈추고 자세히 들여다보았다. 그 주변의 잔디와는 색깔이 달랐고 더 자세히 관찰하다 보니 모습도 일반 잔디와는 많이 달라 보였다. 잔디가 아닌 잡초였던 것이다.

살며시 걷다 보니 마당 여러 곳에 그러한 잡초가 보였다. 아내에게 말했더니 아내는 보이지 않는다고 했다. 나는 초등 시절까지 하늘 그리고 논과 밭만이 시야에 들어오는 두메산골에서 살아온 촌놈 출신이기 때문에 자연스럽게 논밭의 잡초에 대해서 잘 알게 된 것. 특히, 논에 모를 심어 한참 자라게 되면 보통의 벼보다 새파랗고 훨씬 크게 자라서 농부들의 눈에 잘 띄는 놈들이 보이게 되는데 흔히 '피'라고 말하는 잡초가 그것이다.

농부들은 그러한 피들을 보기만 하면 물이 첨벙한 논에 들어가서 어떻게든 뽑아내 논두렁 등에 던져 내팽개쳐 버리고 만다. 죽여 버리는 것이다. 일반 벼들의 영양을 빼앗아 빨아먹어 혼자서만 배불리 자라나는, 벼에겐 해만 끼치는 못된 놈이라는 관념이 농사짓는 사람들에게는 뇌리에 전통적으로 각인돼 있기 때문이다. 나도 촌에서 자란 농부의 자식이기에 당시의 어린 초등학생이라면 논의 피를 잘 알듯이 자연스럽게 피를 알게 됐고 때로는 그 피를 뽑아냈던 기억도 지금껏 남아 있으니….

잔디마당에서 잡초를 보니 신기하게도 어린 시절에 보았던 논의 잡초, 피가 눈앞에 영상으로 나타나는 게 아닌가. 나아가, 장난이나 싸움만 일삼고 부모 말씀은 잘 듣지 않는 사고뭉치의 별난 애들을 흔히 '피 같은 놈'이라고 어른들이 야단치며 말하곤 했던 기억까지 떠올랐기에, 맨손이나 작은 기구를 이용해서라도 나는 보이는 잡초를 뽑기 시작했던 것이다.

그 후부터는 저녁 무렵 잔디밭을 살살 걸어 다니면서 눈에 띄는 잡초를 뽑았고 물을 주면서도 눈에 띄면 잡초를 뽑았다. 그런데도 며칠 지나면 또 보인다. 그간 안 보이던 곳에서도 무더기로도 보인다. 보이는 족족 뽑아 버린다. 그래서 가평살이의 한 일과가 된 것. 잡초는 역시 잡초인 모양이다. 아무리 뽑아도 시간이 지나면 또 보이니 말이다. 정말 끈질긴 자생력을 가진 것 같다는 생각이 저절로 들었다. 그러니 인간사회에서도 끈질기게 살아남는 부정적인 못돼 먹은 사람들을 비아냥거리는 투로 잡초 같은 사람이라고 하나 보다.

내가 잡초를 뽑아 버리는 데에는 또 다른 이유가 있다. 우리가 사는 가평 집에 송민이 강민이 외손자들이 놀러 오는 때가 있다. 놀러 오면 푸른 잔디마당에서 하얀 페인트를 칠한 나무 울타리까지 오가며 마음 놓고 마냥 즐겁게 천진스레 놀아 대는 게 아닌가. 형 송민이를 따라서 물총놀이에 정신이 없더니 재롱둥이 동생 강민이는 어느새 맨발로도 아장아장 뛰어다니며 즐거운 듯 소리쳐 댄다.

손자들이 잔디 위에서 하염없이 실컷 즐겨 노는 모습이 나에게는 우리 부부에게는 보기 좋고 그렇게 즐거울 수가 없는 것이다. 이러한 손자들에게 잡초가 있는 잔디밭에서 놀게 해서는 안 된다는 생각이 퍼뜩 들었던 것. 어이해서인지는 모르겠으나 그러한 생각이 들었다. 그래서 더욱 보이는 족족 잡초를 제거했던 것이다.

이왕, 앞마당 잔디밭의 잡초 제거 이야기가 나왔으니 잡초 제거 방법들에 대해 더듬어 보기로 하자. 첫째, 새로운 잡초종(種)의 방지와 새로운 잡초종의 오염 방지를 위한 예방적 방법, 둘째, 경운, 관개 및 일반 경작을 위해서 그리고 윤작, 재식밀도와 재배 방식 변경을 위해서 또한 피복식물, 부초 및 비닐 멀칭 등을 위해서 하는 재배적 또는 생태적 방법, 셋째, 제초용 농기구 사용이나 열을 이용하여 소각 및 소토하는 기계적 또는 물리적 방법, 넷째, 제초제 등을 사용하는 화학적 방법, 다섯째, 미생물, 곤충 및 가축 등 생물을 이용하는 생물적 방법, 여섯째, 앞의 여러 가지 방제법을 이용하여 체계적으로 방제하는 종합적 방법으로 나누어 볼 수 있다고 잔디학 텍스트에 나와 있음을 본다.

그중에서 내가 할 수 있는 방법을 굳이 거론하자면 셋째 방법으로서 그것도 장갑을 낄 때도 있지만 맨손으로 뽑거나 가벼운 소형 풀 뽑는 기구를 사용하는 정도에 머문다. 나의 경우는 관할 면적이 앞마당 정도의 소규모이니 맨손을 쓰는 방법으로도 커버가 가능하기 때문이다. 좀 더 나아가자면 새로운 잡초종이 나타나지 않도록 하는 예방적 방법에 신경을 써야 할 것 같다는 생각을 해 본다. 허지만 규모가 큰 골프장의 잔디밭이나 축구경기장 정도의 론 그라운드에서는 위의 방법들이 다 동원되어야 효과적인 잡초 방제가 이루어질 것임은 불문가지이리라.

보이는 족족 제거하는 제초 방법을 쓰다 보니 첫해가 지나갔다. 하지만 근절시키지는 못했고 어딘가에 숨어 있는 잡초가 있는 채로 파란 잔디가 누런 잔디로 변한 가을, 겨울이 왔고 그러니, 잔디 위론 가끔 작은 새들이 날아왔다 가고 스산한 바람이 소리 내며 지나가거나 하얀 눈 속에 잠자는 잔디밭으로 한겨울을 보냈다.

그러고는 만물이 소생하는 봄이 왔다. 우리 내외에겐 어느새 2년차의 가평 생활이 시작된 것. 집 주위 여기저기 봄의 전령인 진달래와 철쭉, 개나리, 매화와 개복숭아 꽃들이 제각기 만개하는 장관이 연출되는가 했더니, 앞마당엔 누런 잔디가 조금씩 푸르러지더니 완전 푸르른 론 그라운드로 변하는 모습을 봄처럼 지켜보는 재미도 찾아왔다. 봄의 내음을 맞으면서 아직 어린 잔디 속에 숨어 있는 잡초를 찾아내기 시작했다. 매일 잔디밭을 오가던 아내도 이제 잡초가 보인다고 한다. 작년엔 보이지 않던 잡초가 아내 눈에도 들어온 것이다.

지난 5월인 거 같다. 마당에서 잡초 뽑는 아내의 모습이 오롯이 목격됐다. 앉아서 뽑기도 하고 서서 뽑기도 한다. 우리 내외는 시도 때도 없이 잔디밭을 보거나 걸어 다니면서 눈에 띄는 잡초를 뽑아 댔다. 그러니 좀 떨어진 멀리서도 잔디 속에 숨어 있는 잡초를 가려내거나 이제 겨우 싹을 틔우는 애기 잡초도 분별해 내는 정도에 이른 것이다.

한여름이 됐다. 잡초가 무성해야 할 시즌인데도 우리 앞마당 잔디밭엔 잡초가 보이지 않는다. 잡초를 볼 수 없다니…, 우리가 너무나 열심히 한 것 아닌가. 그 잡초가 없다니, 보이는 족족 내가, 우리 부부가 뽑아 댔으니, 잡초가 보이지 않는 잔디밭을 여느 때처럼 거닐다가 불현듯 '잡초는 나를 미워할 것이다.'라는 상념이 뇌리를 스쳐 깜짝 놀랐다. 역지사지의 마음인가. 측은지심이랄까, 잡초에 대해 미안한 맘이 들은 모양이다. 허나, 잡초는 잡초이다. 잔디를 위해서 뽑아 버려야 할 대상이기에.

올여름은 앞마당의 잔디밭이 그야말로 손자들의 론 그라운드로 화했다. 즉, 앞마당의 잔디밭이 우리 손자들의 즐거운 꿈의 놀이터 장소가 된 것. 장성해서도 그들의 어릴 때의 소중한 추억의 보고가 되기를 기대해 보기도…. 송민이, 강민이 외손자뿐만 아니라 친손자인 해솔이도 잔디밭의 맛을 안 것이다. 형들을 따라다니면서 맘껏 뛰논다.

한번은 공을 주면서 차는 법을 시험 삼아 알려 주었었다. 처음엔 넘어지면서 차더니 시간이 가서 익숙해지니 폼을 잡으면서 저 멀리

공을 차면서 소리치며 즐거워하는 게 아닌가. 셋은 땀을 흘리면서도 시간 가는 줄 모르고 놀기를 지속한 후 마당 한 귀퉁이에 설치된 수도에서 씻고서 또 계속 놀아 댄다. 손자들의 해맑은 웃음들 속엔 즐거움이 마냥 묻어 있었다. 그러한 장소를 제공해 주고 바라다본 할멈 할배인 우리도 즐거웠음은 당연, 그러한 놀음이 있은 후 해솔이도 자주 놀러와 론 그라운드의 놀이를 함께했음은 물론이다.

무릇 세상엔 여러 종류의 사람들이 살고 있다. 최소한 남에게 피해를 주지 않고 살아가겠다는 저마다의 꿈을 갖고 살아간다. 비록 노력해도 이루지 못하는 경우도 있겠지만 말이다. 그저 세상에서 주목받지 못하는 보통 사람으로 살더라도 남에게 해를 끼치는 잡초 같은 사람이 돼서는 절대 안 된다는 다짐을 하면서 말이다.

그러한 뜻에서 잡초가 없는 론 그라운드에서 맘껏 즐기는 손자들의 모습들을 나는, 우리 내외는 늘 그려 보는 가평살이를 이어 가고 있기에 행복한 것이라고 감히 말할 수 있으니….

# 장인어른의 취미 생활

황금돼지의 해 기해년을 맞이하여 저의 장인어른은 95세가 되셨다. 90대 연령인데도 그 연령대에 비해 매우 정정하시고 건강하시다. 배필이신 장모님도 작년에 미수(米壽)를 지내시고 내년이면 90대 반열에 오르시게 된다.

몇 년 전부터 장모님은 치매를 앓기 시작했지만 아내가 말하기 좋아하는 '예쁜 치매'라서 거동하는 데 그리 불편하시진 않으니 오십을 넘어서 칠십이 넘은 나이대의 폭을 살고 있는 딸자식 내외들로서는 다행스럽게 생각한 지 꽤 됐다. 몇 년 전부터 성북구 종암동 소재의 한 실버타운에서 지금까지 살아오신다. 5남매를 두신 장인어른 내외는 위로 딸 둘 아래로 아들 셋을 두셨는데, 저의 처가 둘째 딸이어서 나는 둘째 사위가 됐더란 말이다.

우리 내외는 다른 딸자식들 내외의 경우처럼 가끔씩 장인어른 내외가 묵고 있는 실버타운에 들르곤 한다. 입실하면 누구나 보게 되듯이, 방에 들어서면 나의 눈에 으레 들어오는 것이 꼭 있다. 볕이 잘 들어오는 남쪽 창가에 무성한 이파리를 단 큰 키 자람의 화초들이다.

큰 규모의 깨끗한 화분들 속에서 항상 짙푸르게 싱싱한 화초들이 살면서 방문객을 반긴다. 작은 식물원처럼 푸른 삶들의 장식이 함께하니 노년의 방 분위기를 훨씬 살아나게 바꾸어 놓는다.

그뿐만 아니라 노인의 방에선 노네날이라는 노인들의 노취가 발생하기에 좀 역겨울 수가 있으나 많은 화초의 향이 커버해 주니 오히려 그윽하기만 한다. 찾아와서 볼 때마다 더욱더 싱그럽기만 하니 더욱 그러한 느낌이 드니 말이다. 항상 매일매일 장인어른의 정성 어린 보살핌을 잔뜩 받았기 때문임은 불문가지. 군자란, 행운목, 가녀린 선인장 등 여러 가지로서 때로는 철 따라 일부는 바뀌기도 한다. 어디에서도 그렇듯이 화분자리로 햇볕이 잘 드는 남쪽 창가에 한 두어 평을 자리매김해 놓았음은 물론이다.

이러한 모든 화분은 장인어른의 오랜 손때가 묻은 애정의 산물이며 직접 물 주며 애써서 길러 놓은 바, 화초 가꾸기는 당신의 변함없는 취미라며 올 때마다, 그리고 누구에게나 신나게 강조하신다. 이제는 재밌고 빠뜨릴 수 없는 늙은이의 하루 일과로서 당신만의 하나의 취미 생활이 되고 말았기에 생각지도 못한 사는 보람까지도 느끼신단다. 변함없이 그러한 말씀을 즐겁게 계속 들려주시면서 시간 가는 줄 모르고 화초들을 바라보시곤 한다.

곁의 안락의자에 같이 앉으신 장모님도 따라서 멀거니 화초들을 바라보신다. 하루 이틀에 된 모습들이 아니시다. 그러는 두 분의 자태가 매우 평안해 보이신다. 어쩔 땐 늙은 두 분의 모습이 화초를 닮은 듯 자못 청아하기까지 하다. 그럴 제면 백년해로하시는 두 분이 정말 하늘이 내리신 천생연분이라는 생각이 절로 들곤 한다. 요샛말로 '휴면 헌드레드', 즉 100세 시대가 왔다는 말이 회자되는데 두 분에게 잘 들어맞는 말이로구나 하는 무언의 천둥소리도 나의 마음 저 밑에서 울려 오는 희한한 때도 있었다. 그리고 노년의 두 분이 화초처럼 건강히 잘 지내시니 너무나 고맙다는….

설이나 추석 등 명절이나 두 분의 생신날에는 온 가족이 모이는 수가 많다. 손자와 증 손주들까지 모이게 되면 20여 명이 넘어 평소엔 넓게만 보이던 방 안이 가득 차 집 안이 좁아진 듯한 꼴을 겪게 되곤 한다. 그리고 다과도 들면서 오래간만에 만났으니 서로 가족 간에 이얘기 저 얘기 하면서 한바탕 화기애애한 이야기꽃이 피게 된다. 방 안의 화초처럼 인간의 꽃이, 가족의 꽃이 피게 된다고나 할까. 그러면 참여하는 우리도 즐겁지만 장인 내외분은 무척 즐거워하신다. 둘만의 조용하던 방이 왁자지껄 사람 소리가 나는 곳으로 변하니까.

서로를 조용히 보시면서 자신들 방안에 붙여 놓은 첫째 딸 가족부터 다섯째 막내아들 가족사진들까지를 죽 보신다. 하나하나 얼굴을 대조하면서 즐거워하시기도. 최근에 찍은 사진보다 옛날에 찍은 사진들이 많기에 막내아들의 아들인 어리디어린 손자가 삼십이 넘었고, 첫째 딸의 아들이 낳은 외증손녀가 초등 5학년이 됐으니 아주 옛날 전 가족이 찍은 사진엔 안 보이는 손주도 있게 됐다.

그러한 사진만을 매일 보다가 가족이 모두 모이는 날에는 사진과 실물을 대조하다 보면 커 버린 자식들이 대견하나 보다. 한편으론 그렇게 빨리 세월이 흘러 버렸나 하는 막간의 허한 눈빛이 엿보이기도 한다. 그 많은 자손들이 병치레 하나 없이 건강하게 잘 자라 줘서 당신들은 복받은 인생이라고 묻지도 않은 말을 뱉어 내면서 즐거워하신다.

남산 밑 한국의 집에서 두 분은 축복 속의 꿈같은 금혼식을 치렀었다. 거의 20년이 다 되어 간다. 그러고도 나이 드신 두 분이 서로 노노간병(老老看病)을 하시면서 해로(偕老)하시니 장인어른의 말씀처럼 정말 두 분이 복받은 인생임이 맞고도 맞는 말이리라.

언제부턴가는 지하층 사랑방을 빌려서 그곳에서 모두들 보다 넓고 한가롭게 지내기도 한다. 많은 사람이 모이면 장인어른의 7층 방이 좁아졌기 때문에 강구된 조치이기도 하다. 넓은 공간에 오게 되면 하는 게 있다. 온 가족이 참여하는 놀이로서 우리의 전통 윷놀이를 하는 것이다. 물론 장인장모님도 한 팀이 되서 참여하신다. 다섯 팀 또는 여섯 팀으로 구성하는데, 장인어른 내외는 손주들과 어울려 한 팀을 만들게 되는 경우가 많다.

원래부터 두 분과 같이하기 위해서 마련한 놀이이기도 하지만, 곧잘 어울려 잘하신다. 4대가 어울려 즐겁게 노는 것. 요즘 세상에서 보기 드문 일이라고 생각된다. 윷놀이에서 1등이라도 하시면 장인어른보다 장모님이 환히 웃으시며 더욱 좋아하신다. 놀이도 하면서 결국은 자녀 내외들의 효도까지 곁들인 셈이다.

장모님은 지금까지도 화투, 즉 고스톱을 좋아하신다. 처녀 시절 초등 교사셨던 장모님으로 말하면, 이곳 실버타운에 오시기 전 첫째 딸 내외가 사는 인천과 우리 내외가 살던 행당동에서 두 분이 이웃하여 자신의 집에 사셨을 때에는 경로당에 자주 가셔서 고스톱을 석권하셨던 기록도 보유 중이신 분이다.

그 외에도 성품이 자애로우신 장모님은 붓글씨에도 남다른 소질이 많으셔서 인천에서 지내실 때에는 실버서예전에 자신의 작품을 출품

하기도 하셨다. 현 거주지의 실버타운에도 장모님의 붓글씨 표구액자 한 점을 장인어른이 입주하시면서 방 벽에 걸어 놓으셨는데, 당신 내자의 걸작품이라며 애지중지하신다. 즉, 이사 다니실 때마다 손수 챙기셔서 빠뜨리지 않으시는 것이다.

그런가 하면, 장인어른의 진짜 취미는, 취미 생활은 따로 있다. 화초 가꾸기보다 더 좋아하시는 것이 있으니, 그것은 다름 아닌 '마작'이다. 무려 십 대 때부터 시작하셨다고 하니 아마도 80년 가까이 되신 거 같다. 그렇게도 재미있다 하시면서 때로는 중국놈들이 어떻게 그 재미난 마작놀이를 만들어 냈는지 참 기가 찰 노릇이라고까지 말씀하시기도 하니….

나는 마작은 전혀 모르고 배우려고도 하지 않는다. 헌데, 중국이나 홍콩 등을 가끔 여행하다 식사하러 식당에 가 보면 남녀노소 가릴 거 없이 마작을 즐기고 있는 식탁 테이블을 목격할 때가 많았다. 마작이 중국에선 그만큼 인기 있는 놀이로서 오래되고 광범위하게 보급됐다고 생각돼 장인어른의 마작마니아를 조금이나마 이해할 것도 같다는 생각을 해 본다. 접하는 누구에게나 빠질 만큼 가없는 재미가 일어나기 때문일 것이다.

무릇 누구나 취미 생활을 하는 건 좋다고 생각한다. 더구나 나이가 들어서 최소한 한 가지 이상의 취미 생활은 필요하다고 본다. 이왕 취미를 가질 바엔 혼자가 아닌 둘 이상이 즐길 수 있는 것이면 더욱 좋으리라. 직장일이 없어지게 되는 나이 듦의 생활에선 취미거리가 소일거리요 덤의 친구도 사귀고 그러한 벗들과 함께할 수 있는 자연스런 마당이 마련되기 때문이다. 나이가 들수록 대화를 나눌 수 있는 친구가 곁에 있어야 한다고 하지 않은가 말이다.

그러한 면에서 볼 때 장인어른은 탁월한 선택을 하신 것으로 판단된다. 80대 중반에 이곳 실버타운에 오셔서 얼마 되지 않아, 마작놀이를 스포츠 차원에서 어르신들의 여가 생활의 놀이로 추진하려는 회사 측의 움직임을 보고 호응해 마작동우회를 만드신 장본인이시다. 참여 의사를 보인 동년배나 후배들을 적극 지도해 마작동우들이 탄생됐고 거의 칠팔 년 동안 모임을 이끌고 계신다. 일주일에 서너 번씩 지하층 도서관의 원탁에 넷이서 팀을 이루어 마작놀이를 하게 되면 몇 시간의 오후가 어느새 지나간다고 한다.

무위고(無爲苦)로 따분하고 지루하기 쉬운 노년에 회원들에겐 마냥 즐거운 신천지가 열린 것이다. 약간의 소액을 걸고 심심풀이로 시작된 마작이 언제부턴가 회원들이 먼저 마작하자고 채근하는 생활이 됐다고 한다. 소액의 고리를 떼 모아 총무에게 기금을 모으게 하고 일정 금액이 되면 회원들의 외식대로 쓰게 돼 맛있는 점심을 드는 동아리 나들이도 한다고 한다. 특식을 먹는 한 달 만의 회식이 서로 간 기다려진다나. 마작을 알게 되면 누구나 그렇게 즐겁게 되니 다들 그렇게 되는 것이리라. 마작은 노년의 여가 생활에 재미와 윤기를 선물해 주는 매우 좋은 거라는 생각이 든다.

헌데, 장인어른의 마작은 전술(前述)한 대로 십 대 후반기부터 시작되셨다. 여러 행랑채에 시중드는 만원의 하인들이, 지주인 당신의 아버지를 알현하기 위해 저 먼 대문에서부터 머리를 조아리고 마루에는 감히 올라서지도 못하는 소작인들로 붐볐던 일제 강점기 만석군의 전주유씨 부호의 집에서 셋째로 태어나신 장인어른은 운 없게도 당신의 아버님이 당시 오늘날의 증권인 미두에 크게 빠지셔 전 재산을 날린 직후여서, 앞의 형님이나 누나가 갔던 전주고보나 전주고녀 등 상급학교를 갈 수 없게 됐고, 홧기가 가시지 않은 어린 마음에 김인수 친구가 가자고 한 중국의 선양인 신경으로 함께 망명(?)을 갔다고 하신다.

그곳에서 십 대 중반의 식민지 백성으로 오줌을 누면 그냥 얼어 버리는 혹독한 환경에서도 굴하지 않고 강인하게 버스차장을 하는 등 모진 고생을 다하면서도 배워야 한다는 친구의 뜻을 좇아 신경(新京) 실업학교의 야간반에 같이 다녔다고 한다. 그야말로 역경 속에서도 주경야독을 하신 거다. 그러면서도 잡기에 능한 장인어른은 중국인들이 좋아하는 마작을 배우게 됐고 그것을 취미로 즐기면서 이국에서의 고독감을 풀 수 있었다고 하신다.

해방이 돼 돌아와서 직장을 찾던 중 마침 신경실업을 나왔기에 3종 교원양성시험에 응시할 수 있었고 합격해서, 평생의 직업이 된 초등학교 교사의 길로 접어들었다고 한다. 사범학교를 나와서 교원의 길을 걷는 것이 정통인데 장인어른으로서는 그렇지를 못했던 것이다. 허나, 6학년 담임을 10여 년 동안이나 하시면서 스파르타 교육으로 가르쳐 당시로선 선망의 대상인 경기중을 한 해에 몇 명씩 넣었고 호남의 일류중학인 전주북중은 다른 반 세 반을 합친 숫자를 넣는 스타 교사가 되었다고. 비정통이 정통을 뒤엎는 거사를 일으킨 것이었다나. 아마도 높은 콧대의식의 잘난 체하는 성격도 한몫한 것 같다.

당연히 일류중학을 가게 하는 보증수표로 전주에서 소문난 과외선생이 되셨다고 한다. 그렇게 되자, 맨주먹으로 시작해서 요지의 상가를 열 채 넘게 구입하는 부를 쌓으셨단다. 지금도 때로는 그러한 선생의 직업의식이 남아서인지 자존심이 강해 자신을 내려놓지 못하시고 좌중에게 큰소리쳐 대는 과장 · 오버하거나, 맘에 좀 안 맞으면 버럭 화부터 내는 괴팍한 습관이 가시질 않으셨다고 본다.

허나, 호사다마라고나 할까. 마작광(狂)임을 알아챈 전문노름꾼 일당의 표적이 됐고 결국 그 마작으로 인해 노름꾼 일당의 꾐의 덫에 걸려서 그 많은 재산을 한숨에 날리게 된 크나큰 아픔을 겪으셨단다. 당신이 마작을 해서 재산을 날린 것은 당신의 아버님이 미두로 큰 재산을 날린 DNA를 물려받은 거라고 애써 자위하신다. 쉽게 번 돈은 쉽게 나가 버리나 보다고 가족에게 큰 상처만을 남기는 결과가 됐다고.

마작을 놓고 개과천선해 다시 교원의 외길로 들어선 장인어른은 정진해서 교원의 꽃인 진안초등의 교장으로서 성공리에 정년을 마치셨다. 지금도 당신의 교직봉사에 큰 자부심을 가지고 계신다. 그 후에도 마작을 놓아 버린 상태로 오랫동안 지내셨으나, 실버타운에 묵게 되면서 어르신들의 취미 생활 활성화대책 모색차원에서 마작을 하는 인사를 수소문하자 사람이 없자 당신이 기꺼이 응해서 이렇게 이루어진 거라고 방문할 때마다 장황히 설명하시곤 한다. 지금은 이러한 즐거운 마작의 장을 당신이 열었다는데 커다란 자부심을 갖고 계신데 대하여, 나는 당신의 취미 생활로 인해 노년에 아주 좋은 일을 하셨다고 생각한다.

그리고 어느새 실버타운의 고령순위에서 랭킹 3위 내에 들게 됐는데, 90이 넘으신 분들은 죄다 거동을 못해 집 안 침대에 누워서 지내는데 95세인 당신만이 실버타운 경내를 서서 걸어 다닐 수 있는 것은 과거 신경에서 겪은 역경을 견뎌 내고 꼿꼿이 서서 가르치신 40여 년의 교원 생활에서 오늘의 건강이 비롯된 거라고 자가 분석하기도 하신다.

자수성가형인 장인어른은 당신의 자녀들이 당신이 잘 키워서 교수, 사업가 등 사회의 중요 일꾼으로 성장한 것을 자랑스럽게 생각하며 자신의 자존심으로 삼고 계신 거 같다. 어느 면에선 나이 든 이로서의 너무 외곬된…. 나아가, 고시 출신인 둘째 사위가 장차관을 못하고 겨우 이사관 정도에 머무르게 되자 출세 못 하고 능력 없는 사위를 마음속으로 넌지시 못마땅해하시는 듯하다. 당신은 일제강점기 신경의 어려운 역경에서도 올곧게 살아남아 교장으로 마감한 일등교원이 되셨는데, 당신 생각엔 충분히 할 놈이라고 잔뜩 기대를 했었는데도 그렇게 해내지를 못했으니 속이 많이 상하신 것이리라.

허나 사실은 장인어른이 생각하시는 만큼 내가 그리 똑똑한 큰 그릇이 못 된다는 것을 나는 이미 알고 있다. 그러니 너무 기대를 하시고 숭늉을 너무 빨리 마셨던 게 장인어른의 큰 잘못이라고 생각해 주셨으면 한다. 그야 뭐 운수소관으로 생각하시면 더 좋겠고….

# 신중년으로 살아가기

21세기 초 들어서자 '인간백세(HUMAN HUNDRED)'라는 말이 조금씩 인구에 회자되기 시작하더니, 종전에는 꿈도 꾸지 못했던 100세까지 건강하게 삶을 유지하시는 분들이 매스컴에도 종종 등장하는 장수의 시대로 바야흐로 접어들었다. 그렇게 되다 보니, 몸 관리 건강관리만 잘하면 어쩌면 나도 100세까지도 살 수도 있겠구나 하는 장수와 관련된 의외의 희망적인 생각들이 우리 보통 사람들의 뇌리에도 어느덧 깃을 틀게 되었다고 본다.

전 세기인 20세기 필자의 선친이 살던 때에는 대대적으로 내려와 전통적인 더께가 켜켜이 쌓여 굳어져 버린 '인생칠십 고래희(人生七十古來稀)'라는 낡은 관념 틀 속에 묻혀 살아왔었다. 이 말은 당나라 수도 장안의 동남쪽 끝에 곡강(曲江)이란 연못이 있고 경치가 아름다워 장안의 백성들로 붐볐는데 이 곡강 변에서 시인 두보(杜甫, 712~770)가 '곡강이수(曲江二首)'라는 시를 남겼는데 이 시에서 비롯하여 '인생칠십 고래희(人生七十古來稀)'가 오늘날까지 전해져 오고 있는 것이다.

허지만, 요즘의 국민 평균수명이 근 80세를 넘어서고 보니 지금은 이러한 70세 정도는 동네 경로당에 가면 풋내기 어린애 취급을 당하는 사례가 빈번해진 시대로서 빠른 시일 내에 생존연령 면에서 아주 격세지감을 느끼게끔 변해 버린 소용돌이의 환경에 우리 현대인들은 내던져지기에 이르렀다는 말이다.

말하자면, 장수하는 삶, 그것도 건강하게 장수하는 삶이 우리 바로 곁에 와 있다는 사실에 우리 모두 주목하지 않을 수 없게 된 것이고, 과거에 비해 은퇴 후 30~40년의 연장된 수명을 어떻게 지혜롭게 감당할 것인가, 감당해 나아갈 것인가가 그 연령대에 처한 사람들 모두를 포함하여 국가가 풀어 나아가야 할 큰 과제로 바짝 다가온 것을 느끼게 된다.

이러한 현실적인 면들을 면밀히 주시하고 심각하게 고민해 온 정부는 나이가 들어가는 세대 중에서도 은퇴라는 삶의 궤적을 갖는 5060세대를 새롭게 '신중년'이라 칭하면서 인생 제2막의 삶에 '활력 있는 나이 듦(Active Ageing)'을 영위할 수 있도록 하는 실질적으로 도움이 되는 정책적 방안 찾기에 다각적으로 주력하고 있는 것으로 보이기도 한다.

헌데, 2015년 국제연합(UN)에서는 전 세계 인류의 체질과 평균수명에 대한 측정결과 연령표준을 새로이 규정하여 선언하였던 바, 17세까지를 미성년자, 18세에서 65세까지를 청년, 66세에서 79세까지를 중년, 80세에서 99세까지를 노년, 100세 이후를 장수노인으로 하였다. 위에서 언급한 '인간 100세'를 움직일 수 없는 지구촌의 추세로 받아들여 과감히 인정한 것으로 보인다.

허나, 우리나라의 경우 인간의 생애(生涯)를 나이를 기준으로 세분해 보아 유년기–소년기–청년기–장년기–중년기–노년기로 나누고서 오늘날 인구의 연령별 분포 및 사회적 통념을 고려할 때, 대체로 6세까지를 유년기, 19세까지를 소년기, 35세까지를 청년기, 55세까지를 장년기, 64세까지를 중년기, 65세 이상을 노년기로 분류하는 것이 통례가 되고 있다고 고루한 전통적 입장을 견지하고 있는데, 이를 따르자면 현재 지공거사(地空居士)인 나는 노년기에 접어든 지 벌써 5년째를 맞고 있으니 심신으론 아주 젊은데도 어쩌면 지구상에서 퇴출되어야 할 운명일지도… .

그럼에도 불구하고 정부에서 5060세대를 '신중년'으로 선언하고 동세대에게 조그마한 희망의 단초라도 제공하기 위해선지 정책적 지원을 펼친다고 하니 조금이나마 고무적인 생각이 안 드는 건 아니다. UN의 전향적(前向的)인 입장을 받아들여 그대로 정책 시행으로 갈 경우 이에 따른 재정적으로 부담해야 할 추가적 비용 문제가 엄청날 것임을 감안해서 점진적으로 전개해 보려는 차원에서 정부 나름대로 새롭게 '신중년 개념'을 천명한 것이리라.

어쨌든 정부에서도 '인간 100세'의 장수시대를 정책적으로 반영한 것으로 해석되는 '신중년(the Middle Age)'을 2017년 선언한 것은 같은 연대에 속한 사람들에게는 다른 세대보다 더한 반가움과 기쁨으로 다가왔을 거라고 여겨진다. 물론 나도 마찬가지였다.

요즘은 '노인'이라는 말을 가급적 안 쓰려는 세태이고, 또한 사회적으로 60세 이상 75세를 '신중년'이라 부른다는 얘기도 들린다. 75세 이상 노년은 '실버 세대'라 한다나. 허지만 언젠가는 UN이 정한 중년(66세~79세)이 우리나라의 신중년으로 확장되는 그런 날이 왔으면 하고 소망해 보는 건 필자의 생각이 너무 순진한 건가? 지구촌의 대세(大勢)인 '100세 시대'로 가기 위해선 그래야만 될 성도 싶어서….

이러한 시각(視角)의 연장선에서 영국의 런던정치경제대학교(LSE) 사회학과 교수를 지낸 캐서린 하킴(Hakim)은 지구촌 차원에서 적용될 수 있는 의미 있는 '매력 자본(Erotic Capital)'이라는 개념을 만들어 냈다고 생각된다. 한마디로 말해서 나이가 들수록 무어니 해도 매력(魅力)이야말로 능력이요, 경쟁력이라는 말이다. 이왕이면 신중년에 걸맞는 매력을 지니고 한번 멋있게 나이 들어가 보자는 것.

물론 그녀가 말하는 매력은 '잘생긴 외모'만을 뜻하는 것은 아니다. 유머 감각이라든지 활력, 세련됨, 상대를 편안하게 하는 기술 등, 다른 이의 호감을 살 수 있도록 하는 다듬어진 멋진 기술들을 포괄적으로 말하는 것이다. 이런 멋진 기술은 나이가 들었다고 쇠퇴하지 않고 오히려 더 좋아질 수도 있는데, 그것이 바로 신중년 세대로서의 보배인 경륜이요, 나이 듦의 지혜와 여유가 아니겠는가?

그럼 어떻게 하여야 멋지게 나이 드는 '신중년'이 될 수 있을까? 그녀가 야심차게 제시한 〈매력 신중년(新中年) 5계명〉만이라도 충실하게 실천해 보게 되면 매력을 갖춘 멋쟁이로 변신한다고 하니 의지를 가지고 꾸준히 실천해 보는 게 매우 중요할 것으로 생각된다.

첫째, 일부러라도 자주 웃을 것! 지하철의 경로석에 앉은 이들을 유심히 관찰해 보면, 거의 모든 이들의 인상이 생기가 가시고 찌푸려져 있음을 발견하게 된다. 웃자, 자주 웃자. 아니, 늘 웃는 얼굴을 하자. 일부러라도 그렇게 해 보자. 나이 들어 부드럽게 웃는 얼굴을 만드는 것이야말로 가장 중요한 매력 포인트이기 때문이다.

둘째, 이러쿵저러쿵 따지지 말 것! 나이 들어 세상사에 불평과 불만이 많은 것처럼 흉한 것은 없다고 한다. 그것은 젊은이들의 몫이다. 불편한 게 있어도 그냥 넘어가자. 마음에 여유를 가지자. 이러쿵저러쿵 따지며 가르치려 하지 말자. 웬만하면 작은 것은 양보하며 웃어넘기자. 그래야 자연 멋지게 된다. 그러다 보면 멋지게 나이 드는 자의 인생을 달관하는 경지도 맛볼지도 모르니 말이다.

셋째, 삼갈 것, 품격 잃는 짓을 삼갈 것은 확실히 삼갈 것! 건널목을 무단횡단 하는 것이 나이 든 이의 특권은 아니다. 음식도 깔끔히 먹고, 술 마신 후에 들떠서 큰 소리로 해롱거리지도 말자. 하고픈 말이 있더라도 중요한 것이 아니면 가급적 삼가고, 볼품사나운 흉한 행동도 삼가야 한다. 노인이라고 다 같은 노인이 아니다. 유행을 외면하지 말고, 외모도 좀 가꿔야 한다. 그렇게 함으로써 살아오면서 본인도 모르게 켜켜이 쌓인 인생의 품격이 은은히 드러나도록 하자.

넷째, 사랑으로 충만할 것! 절대 악다구니 쓰지 말자. 세상을 선한 눈으로, 사랑의 마음으로 보는 것을 생활화하자. 마음을 사랑으로 가득 채우자. 생을 관조(觀照)하면, 너와 나 모두가 불쌍한 존재임을 깨닫게 될 것이다. 나아가 출세도 별 볼 일 없고 때로는 부질없는 것임을 깨닫게 된다. 그러면 목에 힘이 빠진다. 자신도 모르게 표정이 따뜻해지고 말이 따사로워지는 체험을 하게 될 것이다.

다섯째, 오늘을 실컷 만끽할 것! "왕년에 내가…." 그렇게 말하지 말자. 또한 축 처져 미래를 걱정하지도 말자. 나이 든 노인에겐 내일은 없다. 오늘 최선을 다하며 오늘을 맘껏 즐겨야 한다. 그래야 멋져 보인다. "아름다운 젊음은 우연한 자연 현상이지만, 아름다운 노년은 예술 작품입니다. 어제는 역사이고, 내일은 미스터리이며, 오늘은 선물입니다." 이 말은 미국 루즈벨트 대통령 부인인 에레나 여사의 연설로 알려져 있다. 그렇다. 오늘, 즉 현재에 충실하며 실컷 만끽하도록 하자!

또한, 신중년을 위해 도움이 되는 것을 인터넷에서 검색해 보니 〈멋지게 나이 드는 사람들의 8가지 특징〉도 신중년 생활을 하는 데 유념해 둘 만하나니. 즉 첫째, 마른 몸이 아닌 강(强)한 몸을 위해 운동하기. 둘째, 스트레스 관리를 잘하기. 셋째, 후회와 원한을 버리기. 넷째, 매일 새로운 것을 배우기. 다섯째, 메이크업을 자연스럽게 하기. 여섯째, 매사 긍정적으로 생각하기. 일곱째, 충분히 수면하기. 여덟째, 건강에 좋은 것을 즐겨 먹기.

이외에도 인터넷을 스스로 검색하거나 주위의 젊은이들의 도움을 받아서라도 검색해 보면 정부나 지자체에서 신중년을 대상으로 베푸는 프로그램이나 일자리박람회 등이 의외로 다양하고 적지 않음을 알게 된다. 신중년에 속한 사람들은 노력해서 이러한 필요한 정보들을 얻어 내 활용함으로써 지역사회나 이웃에 도움을 주거나 운 좋게 얻어진 일자리에 직접 참여하는 방안도 괜찮으니 매사에 적극적으로 임해 보는 것이 좋다고 생각된다.

그런가 하면, 1920년생이니 작년이 백수(白壽)인 노 철학자 김형석 교수는 "만일 인생을 되돌릴 수 있다면 60세로 돌아가고 싶습니다. 젊은 날로 돌아가고 싶지 않아요. 그때는 생각이 얕았고, 행복이 뭔지 몰랐으니까요. 65세에서 75세까지가 삶의 황금기였다는 것을 그 나이에야 생각이 깊어지고, 행복이 무엇인지, 세상을 어떻게 살아야 하는지를 알게 되었습니다."고 그의 저서 『남아 있는 시간을 위하여』에서 말하고 있음과 동시에 금년 2019년 초 KBS의 인간극장 〈백 년을 살아 보니〉에서도 같은 말씀을 한 것에 주목할 필요가 있으니.

진솔한 실제 삶의 진한 무게가 느껴지는 그분의 말씀에서 오늘날의 신중년 세대가 인생의 황금기라는 교훈적 참의미를 곰곰이 음미, 재음미해 보는 유익하고 소중한 기회를 가져 볼 수 있기 때문임은 불문가지이다. 따라서 5060세대를 신중년이라고 한 정부의 선언에 별반 구속받지 않고 80세 전까지를 중년으로 천명한 UN의 중년에 대한 시대적 의미를 되새겨서 나의 '신중년'으로 내 스스로 선언하여 앞으로의 장기간을 보다 젊고 즐겁고 매력 넘치는 제2막의 인생으로 살아가 보려고 다짐해 본다.

둘째 마당

# 인생은 70부터

'인생은 70부터'라는 나의 첫해의 시작을
더욱 복스럽게 만들고 있다는 상서로운 생각이
저만치서 떠올랐다, 금년의 원단(元旦)에….
그리고 금년 내내 그러한 상태가 지속되었으면
하는 오롯한 마음으로 지내고 있다.

# 인생은 70부터

바야흐로, 휴먼 헌드레드(Human Hundred)
인간 100세가 인구에 회자되는
장수시대가 와서인지

이 세상에 태어나 살다 보니
경인생의 나는 고희를 맞았는데에도

금년은 기해년!
복을 갖다 준다는 황금돼지의 해이니

인생은 70부터라는 신조어대로
새로운 삶의 한살이를 살아가 보련다.

과거엔 '인생은 50부터다.' 또는 '인생은 60부터다.' 하더니 인간백세(Human Hundred)가 인구에 회자되고 나서부터는 '인생은 70부터다.'라고 업그레이드된 말로 바뀌어 불리고 있다. '부터'를 사전에서 찾아보니 '체언의 뒤에 붙어, 어떤 일이나 동작 따위가 처음 시작되는 대상임을 나타내는 보조사'라고 풀이되어 있다. 그렇다! 처음 시작되는 것이다. 우리의 인생을 다시 한 번 새롭게 시작하자는 것이다.

누구나 살다가 으레 70살 고개를 넘으면 이제 나는 다 살았다는 자연스런 체념이 들기 마련이다. "가끔씩 세수 뒤에 거울을 들여다보면 센머리에 턱밑으로 얇아진 피부는 꼬기꼬기한 명주 수건같이 잔주름이 자꾸 늘어만 가고, 한쪽 뺨으로는 검버섯이 기어오르고 있으니, '노인!', '노인!' 하는 내 주변의 말투를 탓할 것도 없는 것 같다. 인제 올 것이 온 것이 아니랴."라고 69세에 쓴 지난 세기 60년대경 장수하신 이숭령 교수의 수필의 한 토막이다. 이처럼 과거엔 60살 살았으면 다 살았다고 좀 더 과거엔 50살이면 다 살았다고 했었던 말들인데, 요즘엔 표제의 말이 나오고 있고 세상 사람들의 대체적인 인식도 그냥 하릴없이 재미로 던져 보는 말이 아니라 우리나라의 국민 평균수명이 80세를 넘어서인지 그럴 수도 있겠다는 마음으로 어느새 바뀌어 가고 있는 거 같다. 확실히 장수시대를 맞고 있는 것이다.

지난 세기까지만 해도 우리의 조상들이 그래 왔듯이 '인생칠십 고래희(人生七十古來稀)'라 했었다. 61세 회갑을 지내면 온 집안이 기뻐서 자랑스러운 회갑잔치를 떠들썩하게 할 정도의 천수를 다한 나이의 시대에서는 70살이면 정말 오래 사는 것이고 그 사례도 더욱 드물었기에 그러한 말이 전래되어 오늘날까지 내려왔다고 해석되어야 한다는 말이다. 그러나 21세기의 이제는 그 말은 그 생명을 다해 버린 사언(死言)으로 휴지통에 던져지게 된 신세가 됐고 '인생백세 고래희(人生百歲古來稀)'라는 신조어로 새롭게 대체해야 할 거 같다는 생각이 들게 됨은 나만의 앞선 생각일까….

그런 의미에선가 금년 2019년은 나에게는 각별하게 다가왔다. 바야흐로 금년 2019년은 내가 70세가 되는 해이기 때문이다. 옛 선인들이 그토록 되어 지기를 부럽게 바랐었던 '인생칠십 고래희(人生七十古來稀)'가 됐다는 말이다. 더구나, 금년 기해년은 60년 만에 돌아온 황금돼지의 해, 무릇 모든 이들에게 부자의 꿈을 심어 주고 부자의 복을 주는 해라고들 하면서 젊은이들은 결혼을 선호하는 해로, 기혼자들은 어떻게든 엄마 아빠가 되려고 하는 해라고들 한다.

어릴 제 누구든 한 번쯤은 저금통을 가졌을 것이다. 당연히 해맑게 웃고 있는 돼지저금통이다. 우리 손자 해솔이의 노리개 저금통도 당연히 돼지저금통이다. 그윽한 웃음을 한없이 쏟아 내고 있는 황금색, 황금저금통 말이다. 커서 돈을 잘 벌려는지 잘 갖고 논다. 그 천진스러운 모습이 마냥 귀엽기만 하다. 어찌 보면 뚱뚱하고 둔하고 못생겨 미련스럽게 보이는 돼지라는 놈은 이만큼 우리의 삶에 가까이에서 항상 벗하는 길운(吉運)의 동물이 됐다는 이야기이다.

그래서인지 '인생은 70부터'라는 나의 첫해의 시작을 더욱 복스럽게 만들고 있다는 상서로운 생각이 저만치서 떠올랐다, 금년의 원단(元旦)에…. 그리고 지금도 그러한 생각은 진행 중이며 금년 내내 그러한 상태가 지속되었으면 하는 오롯한 마음으로 지내고 있다. 사실 난 4년 전에 지공거사(地空居士)가 됐었는데, 공짜 지하철을 타는 나이가 됐으니 돈이 안 들어서 좋겠다는 마음보다는 이제 삶의 전면에서 물러나고 사라져야 할 인생의 쭈그러진 뒤안길 신세가 돼 버렸다는 처연함에 젖어 기분이 한동안 마구 다운됐었던 퇴행적인 경험을 했었다.

헌데, 나이가 그때보다 더 들은 70 고개가 됐는데에도 그러한 마음은 아랑곳없고 그저 푸른 호수의 잔잔한 물결처럼 담담하기만 하니, 인간 100세의 '인생은 70부터'라는 시쳇말에 한층 고무되어서인지도 모르겠다. 그럼 어떻게 70부터 살아야 할까?

새롭게 시작하는 거라고 했으니 뭔가를 시도해야만 하는 것이 70대의 도리일 것 같다. 새로 시작한다고 해서 70세 되기 직전까지의 나를 무(無)로 돌려 버리라는 것은 아니고 이미 쌓여진 삶의 집적(集積) 위에다 새로운 무언가를 쌓아 올려 가라는 뜻이라고 본다. 다들 직업 등이 같지 않은 등 다양한 삶을 살아왔으니 자신의 처지에 따라서 알맞은 방법은 여러 가지로 다를 수가 있을 것이리라.

먼저, 나는 '건강한 삶'을 살고자 한다. 물론 70세가 되기 이전에도 건강은 제일 중요한 거로서 챙겨 왔음은 불문가지다. 건강한 삶을 산다고 해서 무슨 뾰족한 방법이 있다는 얘기도 아니다. 지금까지는 3쾌측, 쾌식(快食), 쾌면(快眠), 쾌변(快便)의 건강을 챙기면서도 대체로 건강했으므로 건강에 대한 실제의 깊은 생각이나 실천 없이 그저 해 왔었다. 매달 한 번 정도 등산하고 때로는 며칠 만에 산책하기도 하면서. 그러니, 70세보다 젊어서 그래도 괜찮았던 거였었고 운이 좋아서 다행스러웠었다는 생각만 있었다. 저어 온고지신(溫故知新)이랄까.

지금까지 해 온 방법들에서 좀 더 업그레이드시키려고 한다. 나이가 들면서 노쇠해지기 마련이고 움직임이 없게 되면 결국 끝장이 나고 만다. 따라서 움직임을 멈추어선 안 되므로, 3쾌를 지속하면서, 가벼운 등산은 계속하고, 가능하면 둘레 길을 트레킹하는 것을 정규화하려는 것인데, 줄곧 해 온 등산을 나이에 맞게 맞춤화하는 거라고 보면 틀림이 없는 것이다. 그리고 일일운동도 시도해 본다.

운동이라고 표현했지만 팔자걸음을 고쳐 일자걸음으로 걸어 기를 모으는 장생보법과 양 발바닥의 용천혈 문지르기, 배꼽의 신궐혈 자극하기와 하단전 복심호흡하기의 일상화를 의미하는 것이다. 우연히 어떤 책에서 알게 돼 실행해 보니 기대치도 않은 상당한 효과를 보게 됐다. 나의 연령대에 맞는 일일운동이라고 생각이 돼서 특별히 실천하게 된 것. 말하자면 앞의 온고지신의 재음미에서 우러나온 셈이다.

헌데, 아홉수가 어렵다고들 말하던데 그래서인지 작년 초엔 고종사촌 동생이 저세상으로 가더니, 말인 12월엔 사촌 누나가 이승을 이별하고 저세상으로 가 버린 눈물 나는 사건이 있었다. 내가 적이 충격을 크게 받았었음은 물론이다. 둘 다 나와 동갑내기로서 초·중등을 동문수학했던 아주 가까운 친척이었기에…, 나도 언제 두 사람처럼 될지도 모른다는, 지금껏 한 번도 생각해 보지 못했던 황망스런 생각이 불현듯 가슴에 떨리게 엄습해 왔었고 새삼 건강한 삶의 중요성에 대한 큰 깨달음의 계기가 되었던 것이다.

다음으로 나는 '행복한 삶'을 살고자 다짐한다. 무릇 세상 사는 사람이라면 누구나 행복한 삶을 원하지, 불행한 삶을 원하는 사람은 없다. 나도 그러한 맥락에서 행복한 삶을 살고 싶은 것이다. 대체로 보아서 70세가 되기 전에도 나는 비교적 행복한 삶을 누려 왔다고 생각한다. 따라서 지나친 욕심인 줄은 모르겠으나, 그러한 연장선이 나에게 계속되기를 바라는 것이다. 행복한 삶을 유지하려면 매일매일 나는 행복하다는 다짐을 스스로에게 염송(念誦)해야 한다. 자기 자신의 심연(深淵)에 반복된 암시를 던져 심리적으로 침전화·내재화시키는 각고의 노력을 해야 한다는 말이다.

그러려면 우선 진실하게 감사해야 하는 마음이 선행되어야 한다. 즉, 범사에 감사해야 한다. 나 자신이 지금 존재함에 감사해야 하고, 아내와 아들 내외와 손자가 있음에 감사해야 한다. 친척과 친구 그리고 이웃이 있음에, 모임과 사회와 단체 등 공동체가 있음에, 나라가 있고 지구촌이 있음에, 더 나아가 우주가 있음에 그리고 그러한 각 요소들이 유기적으로 잘 돌아감에도 감사하게 되면 저절로 행복이 깃들게 되는 것이라고 다짐하고 암시함을 지속함으로써 행복해지는 것이다.

그렇게 하는 것이야말로 행복에 대한 최소한의 기본적인 노력이라고 할 것이기에. 이 세상에 노력하지 않고 얻어지는 것은 하나도 없다고 본다. 최소한 다짐이라도 해 보고 애쓰는 것, 즉 노력이 수반되어야만 행복이, 참 행복이 우리들에게 바야흐로 들어오는 것이다.

끝으로, 나는 '글 쓰는 삶'을 살고자 한다. '인생은 70부터'의 나의 삶에서 건강한 삶과 행복한 삶에다 한 가지를 덧붙이고자 한다. 다름 아닌 '글 쓰는 삶'을 지속하는 것이다. 비록 문재(文才)가 없음에도 난 글쓰기를 숙명처럼 지속해 왔다. 직업인 공무원생활과 병행하느라 아쉽게도 글다운 글, 즉 수필을 써 보지를 못하고 허송세월을 보내고 만 것이 사실이지만 말이다. 그저 잡문 수준에 머무르고 만 수필집 세 권을 썼던 게 전부다.

이번에도 칠순을 맞아 그냥 넘길 수 없어 지금도 쓰고 있는 것. 치기 어린 젊은 시절 수필을 시작했을 때 평생 열 권의 수필집을 내기로 거창한 목표를 세웠으나 능력이 모자라고 게을러서 목표를 달성하지 못하고 지금에 이르고 말았다. 늦게나마 나이가 드니 문재상의 원천적인 한계가 있음을 뼈저리게 자각하고 열 권에서 다섯 권으로 줄이고 칠순 기념으로 두 권을 더 출간하려고 지금도 쓰고 있는 것이다.

쉽게 말해 붓 가는 대로 쓴다는 수필이라지만 실은 그렇지를 못하다는 것을 수필을 쓰는 이라면 누구나 모두 경험할 것이다. 적어도 문학작품이 되려면 글 속에 감동을 주는 뭔가가 담겨야 함이 상식일 터인데 그게 정말 어려운 작업이라는 것이라는 걸 통감하기 때문이다. 그러한 수필을 쓰기 위해선 우선 사색은 기본이고 많이 읽고 많이 보고 많이 들어서 풍부한 지식과 지혜가 겸비된 향내 나는 사변적 판단력도 갖춰져야만 하기 때문이리라. 그리고 이의를 다는 사람도 있을지 모르겠으나 나로선 시(詩)보다는 수필문학은 호흡, 즉 문장이 길어야 한다고 생각하곤 한다.

칠순 기념으로 수필집 두 권을 내고서 나의 수필 생활을 마치고 생을 다할 때까지의 글쓰기는 시를 쓰는 삶을 살려고 한다. 그렇다고 문재가 없는 내가 수필을 어느덧 완성해서 수필을 닫는다는 거로 치면 큰 오산이고 나이가 들어도 글쓰기를 지속하려면 호흡이 길지 않은 시가 그래도 나에게 맞겠다고 생각돼, 시 쓰기에 도전해 보고자 하는 측면에서 새롭게 그렇게 한다는 얘기다. 만일 시를 써도 수필의 경우처럼 잡시만 써 대도 어쩔 수 없지만….

그래도 공자(孔子, B.C551~479)가 이른 '시 3백 편을 한 말로 묶어 말하면 그 생각에 사(邪)됨이 없다(詩三百, 一言以蔽之, 思無邪).'고 하신 귀한 말씀을 항시 유념하는 생활은 지속해 갈 것이라고 작심해 본다.

여기서, 지나온 과거 시절을 가만히 더듬어 봄과 더불어 일흔 살 이후의 삶에도 나름의 어떤 비전을 볼 수 있다는 견지에서 나이를 나타내는 한자어를 덧붙여 '인생은 70부터'를 마치려고 한다.

- 15세 지학(志學) : 학문에 뜻을 두는 나이
- 20세 약관(弱冠) : 관례를 하는 나이
- 방년(芳年) : 스무 살을 전후한 여성의 나이
- 30세 이립(而立) : 가정과 사회에 기반을 닦고 일어서는 나이
- 40세 불혹(不惑) : 세상의 거짓됨에 미혹되지 않을 나이
- 50세 지천명(知天命) : 하늘의 뜻, 천명(天命)을 알게 되는 나이
- 60세 이순(耳順) : 경륜이 쌓이고 사려와 판단이 성숙하여 다른 사람의

말을 잘 받아들일 수 있는 나이

- 61세 화갑(華甲) 또는 환갑(還甲) : 60갑자를 다 지내고 다시 낳은 해의 간지가 돌아왔다는 의미로 회갑(回甲)이라고도 함.
- 62세 진갑(進甲) : 환갑의 이듬해, 또는 환갑 이듬해의 생일을 일컫는 말
- 70세 고희(古稀) 또는 종심(從心) : 뜻대로 행하여도 도리에 어긋나지 않는 나이
- 77세 희수((喜壽) : '喜'자의 초서가 '七+七'과 비슷하다는 데서 유래
- 80세 산수(傘壽) : 팔순(八旬)라고도 하며 산(傘)자의 약자가 팔(八)을 위에 쓰고 십(十)을 밑에 쓰는 것에서 유래
- 88세 미수(米壽) : '미(米)'자를 풀어쓰면 '八+八(88세)' 되는데서 유래
- 90세 졸수(卒壽) : '졸(卒)'자를 초서로 쓰면 九十이라 적히는 데서 유래
- 99세 백수(白壽) : '百(일백 백)'자에서 위의 한 획을 뺀 것으로 99가 되는 데서 유래
- 100세 상수(上壽) : 사람의 수명 중 최상의 수명이란 뜻
- 111세 황수(皇壽) : 황제의 수명

# 걷기 운동

'휴먼 헌드레드', 즉 '인간 100세'란 말이 우리 삶의 주위에 친숙해지더니 우리들 주위에 걷기 운동이 많아졌음을 느낀다. 걷기 운동의 참여자가 많아지고 늘어났다는 말이다. 단순히 걷기만 하는 것이 아니라 운동 차원으로 끌어올린 걷기이니, 매우 바람직한 현상이라고 생각된다.

그렇게 되니 걷기 운동의 인프라도 향상될 수밖에…. 걷기 운동에 순기능적인 환경이 조성된 것이다. 언제부턴가 등산로 만들기 등 주민편익 인프라 구축에 지방자치단체들이 자기 나름의 사업을 시작하더니 심혈을 기울여 자기 고장에 그럴듯한 특색 있는 둘레 길을 만들고 주민걷기대회를 개최하는 등 인터넷에 동참을 호소하는 지자체들이 우후죽순 격으로 늘어난 세상이 됐다.

고 김대중 대통령이 지난 세기말경 13일간의 단식 끝에 정치적 타협의 소산으로 1995년 지방자치제가 이 땅에 부활된 이래, 문제점을 적지 않게 낳아 온 것도 사실이나 세월이 흘러 둘레길이 생겨난 것은 우리 주민들의 건강 지킴을 위해 잘된 조치 중의 하나이리라. 예컨대, 서울시의 둘레길은 한양도성을 잇는 18.6㎞의 내사산둘레길과 관악산, 북한산, 수락산, 아차산 등을 잇는 서울 외곽의 157㎞의 외사산둘레길이 조성돼 걷기 마니아들의 사랑을 듬뿍 받고 있다는 이야기이다.

걷기 운동은 둘레길에서만 하는 것은 아니다. 자기가 살고 있는 주위의 고샅길이나 아파트 관내의 도로형 길 또는 운동장, 근린공원의 트랙을 돌든지 자기가 사는 가까운 곳에 야산이라도 있게 되면 야산을 산보하는 것도 좋다. 나의 경우는 가평 가기 전에는 주거지 대림아파트에서 그리 멀지 않은 대현산공원을 주로 이용했었다. 잘 다듬어진 1.22㎞의 트랙을 네 바퀴 1시간 정도 보통 보폭으로 걸었었다, 때로는 조깅도 하면서. 24시간 개방된 주민시설이기에 낮에도 밤에도 걸었었다. 음주라도 한 밤이면 꼭 들러 네댓 바퀴 정도 돌고 나면 술도 깨고 맑은 정신이 되어 귀가하곤 했었다.

어느 때고 대현산공원에 가 보면, 트랙을 걷는 사람들이 많다. 눈이 오나 비가 오나 바람이 부나 걷는 사람들이 눈에 띈다. 여름이면 가볍고 헐렁하게, 겨울이면 두툼히 따뜻하게 복장들을 하고 가족끼리 친구끼리 연인들끼리 담소하며 걷는 남녀노소 다양한 사람들이다. 여성들이 더 많아 보일 때가 많다. 걷는 사람들의 얼굴을 슬쩍 보게 되면 거의 모두가 즐거운 모습들이다. 모두들 즐거우니 걷기 운동을 끊임없이 그렇게 실천하는 것이리라. 어쩔 땐 아침의 빛나는 해돋이를 보거나 저녁의 황홀한 해넘이, 밤중의 은은한 달맞이도 하면서 조용히 걸을 때도 있었는데 그러할 제 나도 몰래 걷는다는 행복감을 더욱 느낄 때가 많았었다.

물론 걷기 운동은 바깥에서만 하여야 하는 것은 아니다. 실내체육관이나 피트니스 센터, 공간이 넓은 실내에서도 가능해서 자신의 여건과 능력에 따라 왔다 갔다 걸어서 운동이 되면 족한 것이다. 나이 든 세대에겐 오히려 실내 걷기가 더 좋을 수도 있으며, 실내에서 러닝머신을 이용해 천천히 걷는 것도 괜찮다고 생각한다.

가평으로 와서는 집에서 가까운 어비천을 끼고 나 있는 도로를 걷곤 한다. 아침에 일어나서 30분 정도 걷고 때로는 저녁에도 걷는다. 공기가 맑아서 폐부 깊숙이 들이키고 내뱉어 보며 시름없이 한가로이 걸어 보곤 한다. 이젠 주변 산의 나무들을 보면 나에게 인사하는 것 같은 착각도 느껴 보면서 귀로는 살아 있다는 물소리와 새소리도 벗하면서 천천히 걸어 보는 것이다. 나로선 가평살이의 또 다른 튼실한 재미의 한 부분이기도 하기에.

내가 알고 있는 칠십이 넘은 지기 중엔 걷기 동아리에 열심히 참여하는 분이 있다. 벌써 몇 년째 주중이나 주말을 이용하여 걷기모자와 복장을 반듯이 차려입고 여러 코스의 걷기 운동에 참여해 오고 있는데, 매우 만족해하고 있다. 그러고 보니 등산 모임만 있는 게 아니라 요즘은 걷기 동아리도 많아졌다. 인터넷에서 적당한 동아리를 찾아 만나서 걷기 운동의 친구가 되는 경우도 많이 목격되는 오늘이 된 것이다.

헌데, 지기의 얘기를 들어 보면, 젊은 연령대의 남녀 참가자가 많은 것이 물론이지만 한편으론 지천명대의 사람들도 많고 시간이 갈수록 나이든 사람들이 자꾸 더 늘어난다고 한다. 나이가 듦에 따라 자신들의 건강 지키기에 맞는 게 걷기 운동이요, 그것으로 스스로의 건강을 오롯이 지키려고 하는 것이리라.

나도 기해년 금년에 칠순을 맞는 해가 됐다. 여러 운동 중 걷기 운동이 내 나이대의 부담이 적은 적당한 운동이이라는 생각이 부쩍 들곤 한다. 걷기만 해도 전신운동이 돼서 좋은 것이다, 즉 우리 몸의 206개 전체 뼈들이 거의 움직인다고 하니까. 사람으로 태어나서 걷기가 시작되면 자신을 낳아 준 어머니 곁을 떠나게 되고 살다가 나이 들어 걷지 못하게 되면 드디어는 인간으로서의 한살이가 끝나 버려 저세상으로 가게 되는 것 아닌가. 그러니 평소 걷기 운동의 관리를 잘해서 오래도록 꼿꼿이 걸을 수 있도록 생활화하는 것이 우리가 할 수 있는 자신의 건강을 지키는 첩경의 한 방편이라고 생각한다.

나아가, 걷기 운동을 하게 되면 다음과 같은 효과가 같이한다고 하니…. 일반적으로 걷기 운동을 실천하지 않으면 누구에게나 몸에 운동기능의 저하가 빠르게 나타나는데 이와 함께 생명 유지에 중요한 장기인 심장의 기능이 더불어 약해지기 십상이라고 한다. 특히 신체 부위 중 전체 혈액의 3분의 2가 모여 있는 다리 부위의 경우 걷기 운동을 통한 다리 운동이 제대로 이루어지지 않는다면 순환에서 문제가 발생될 뿐만 아니라 근육의 쇠퇴 속도가 빨라져 심장에서 동맥에 의해 각 활동근육에 공급되는 혈액이 정맥을 통해 다시 심장으로 되돌아가는 순환작용이 원활하지 않게 되는 주요인으로 작용하게 된다고 한다.

따라서, 나이 든 사람들이 걷기 운동을 규칙적으로 실천해 간다면 심폐기능의 향상과 즐거움을 제공받을 수 있게 되고 게다가 유산소 능력의 활성화를 통해 체지방의 감소와 우울과 불안의 감소, 혈압 및 혈중 콜레스테롤과 글루코스 저항성 감소 등의 효과를 얻을 수 있게 된다고. 또한 걷기 운동은 달리기와 비교했을 때 손상의 위험이 적은 활동이어서 다리에 보다 적은 부담을 주게 되니 나이 든 사람들에게 권장되기에 안성맞춤인 거라고.

그리고 걷기도 결국 하나의 운동이기 때문에 간단한 스트레칭 등 충분한 사전 준비운동을 통해 체온을 적절히 상승시키고 근육의 이완이 되고 심리적 안정을 얻은 후에 걷기를 시작하는 게 더욱 좋은 효과를 낼 수 있다고 전문가들은 권고하기도 한다. 준비운동 시간은 약 5~10분이 적당하다고.

그럼 여기서 걷기 운동의 효과를 보다 더 상세하게 재강조해 보면, 첫째, 응고된 혈액에 의한 뇌졸중 발생 가능성이 절반 가까이 낮아진다. 둘째, 폐활량을 증가시켜 폐질환 발생 가능성을 낮춘다. 셋째, 온몸의 근육과 뼈를 강화시켜 골다공증에 걸릴 위험성을 3분의 1가량 낮춘다. 넷째, 일정 시간 동안 속보로 걸으면 혈당을 두 배가량 떨어뜨리는 효과가 있다. 다섯째, 기분 전환과 스트레스 해소에 좋다. 집중력 향상에도 도움이 된다. 여섯째, 혈압과 콜레스테롤 수치, 혈액의 점도를 낮춰 심장질환의 위험성을 반으로 떨어뜨린다. 일곱째, 체지방 분해는 하루 30분 이상을 걸을 때부터 나타나므로 오래 걷는 것이 중요하다. 여덟째, 달리기와는 달리 관절의 부담을 몸무게 정도로 유지하면서 관절부위 근육을 강화시키고 관절염의 악화를 막아 준다.

그리고, 효과적인 걷기 운동은 걷는 속도보다는 걷기를 지속하는 시간이 더 중요한 것, 걷기에 어느 정도 숙달이 된다면 걷는 속도를 점차 빠르게 전환시키고 주당 실시하는 횟수도 늘려서 운동량을 증가시키는 방식이 효과적이며, 체력 수준에 따라 운동량을 조절할 수 있고 운동 시간은 동일하되 걷는 속도를 더욱 감소시키는 것이 원칙이란다. 하지만 숙달되는 정도를 감안하여 점차 속도, 시간, 거리를 증가해 나가는 것이 좋다고.

걷기는 간단한 운동이긴 하지만 올바른 자세로 걷지 않으면 오히려 예기치 못한 손상을 입을 수 있고 운동의 효과가 감소될 수 있기 때문에 후술(後述)하는 바른 걷기 자세와 교정해야 할 나쁜 자세를 잘 숙지해서 실제 참고할 수 있도록 해야 한다. 또한, 자세가 바르지 않으면 운동을 오랫동안 지속할 수 없게 되며 신체를 한 축을 중심으로 좌우나 전후의 근육군(群)이 균형적으로 동원되면서 운동을 하는 것인데 이때 한쪽 방향으로만 운동이 지속되면 무리한 운동 수행에 의해 결과적으론 제대로 된 운동을 지속할 수 없게 될 수도 있다.

바르게 걷기 위해서는 척추와 허리를 똑바로 펴고 배의 근육은 가능한 등 쪽으로 당겨야 하며 몸을 약간 앞으로 기울이고 턱은 가볍게 당겨야 한다. 시선은 10~15m 전방을 향하도록 하며 착지는 뒤꿈치부터해서 발끝을 차 내는 것처럼 걷도록 해야 한다는 것에 유의를 해야 한다는 말이다.

바른 걷기 자세를 위한 지침을 유의해 보기로 하자. 첫째, 척추와 허리를 똑바로 펴고 배의 근육을 등 쪽으로 당긴다. 둘째, 몸을 약간 앞으로 기울이고 턱은 가볍게 당긴다. 셋째, 시선은 10~15m 전방을 향한다. 넷째, 착지는 뒤꿈치부터 한다. 다섯째, 발끝을 차내는 것처럼 걷는다. 여섯째, 착지각은 속보일 때는 40도, 급보나 강보일 때는 50도로 한다.

그리고, 교정해야 할 나쁜 걷기 자세는 이러하다. 첫째, 뒤꿈치가 땅에 닿을 때 안쪽부터 닿는다. 둘째, 발목이 안쪽으로 기울어 안쪽 복사뼈가 바닥을 향한다. 셋째, 엉덩이를 너무 많이 집어넣은 자세를 취한다. 넷째, 고개를 숙이고 발끝만 보고 걷는다. 다섯째, 다리를 많이 벌려 걷는다. 여섯째, 빨리 걷기 위해 팔을 쭉 펴고 높이 들어 올리는 경향이 있다. 일곱째, 보폭을 지나치게 크게 한다. 여덟째, 어깨를 움츠리고 걷는다.

헌데, 걷기 운동 시 신발은 발을 보호하기 위한 중요한 도구가 됨은 불문가지이다. 걷기를 할 때에는 반드시 신발에도 신경 써야 한다. 달릴 때는 뒤꿈치가 자신 체중의 3배, 걸을 때는 1.5배 정도의 충격을 받는다고 한다. 그러므로 피로의 누적과 관절 손상을 방지하기 위하여 밑바닥이 두껍고 탄력성이 좋으며 발뒤꿈치를 보호할 수 있는 캡이 부착된 신발을 신는 게 좋다. 신발의 앞 끝은 두꺼운 양말을 착용해도 1~1.5㎝의 여유가 있는 것이 좋다.

그리고, 추운 날씨에는 복장은 피부와 직접적으로 닿을 때 발생하는 땀을 흡수하고 발산을 촉진시키며 근육의 신진대사를 원활하게 할 수 있는 소재로 안쪽은 땀을 잘 흡수하며 촉감이 좋고 바깥쪽은 수분을 잘 발산시키면서도 보온이 잘되는 소재로 된 옷을 걸치는 게 좋다고 전문가들은 권장하고 있다.

오늘은 가끔씩 해 오는 것처럼, 장인어른 내외가 머무는 종암동 소재의 실버타운에 집사람과 같이 들렀다. 평소처럼 두 분 모두 정정하고 건강하시다. 다행이란 생각이 든다. 늘 하시듯이 지하 2층의 쾌적

한 온도의 피트니스센터에서 기구를 이용한 가벼운 운동을 하시거나 걷기 운동을 하고 계신다. 느릿느릿 걷기 운동을 하고 계시는 여러 어르신들의 조용하고 구부정한 모습들도 눈에 들어왔다. 그렇게 걷기 운동하는 모습들이 보기에 참 좋아 보인다. 나이 듦의 여생을 행복하게 지내시고 계신다는 생각이 동시에 나의 뇌리에 여느 때처럼 지펴 왔다. 나와 아내도 덩달아 걷기 운동에 동참해 본다. 한참을 그래 보았다.

그러곤 두 분을 706호 방으로 모셔 와서 푹 쉬시게 했다. 방에 들어오시니 두 분이 항상 하시는 습관대로 창가에 모아 놓은 푸른 화초들을 유심히 보신다. 걷기 운동에서 얻어 들인 기(氣)가 화초 보는 데로 유인하는 거 같다. 장인어른은 어린이를 가르치시는 교사 시절부터 화초를 가꾸어 오셨다고 한다. 그래서 당신이 사시는 거실에는 언제고 화초를 가꾸는 화분들이 친구처럼 같이 한다. 그래서인지 60년 이상을 해로하신 두 분의 잔잔한 모습이 이젠 고운 화초를 많이 닮으신 것같이 느껴지기도 한다.

'걷기는 최고의 운동이다. 멀리 걷기를 습관화하자.'는 토마스 제퍼슨의 귀한 말씀이 실버타운의 엘리베이터 벽에 멋스럽게 게첨돼 있음에 오늘따라 눈길이 더 감은 왜일까?

# 얼굴에 흔적을 남긴 고동산 산행

중부지방에 비 예보가 있지만 아침 하늘은 맑은 편이다. 오늘은 「경복45산우회」 3월 정기산행과 함께 금년 산행함에 있어 회원들의 무사고를 기원하는 시산제도 계획되어 있다. 행선지는 북한강변 경기도 가평군과 양평군의 경계에 있는 해발 600미터의 고동산이다.

나는 약속 시간보다 15분이나 늦은 09시 15분에야 잠실역 롯데마트 앞에 기다리고 있는 전세버스에 다다랐다. 지하철 잠실역엔 20분 앞선 08시 40분쯤에 일찍이 도착했었으나 시간이 좀 남았다고 여유를 부리면서 넓은 지하 경내를 구경하다가 롯데마트 출구 4번을 찾는다는 것이 그만 롯데쇼핑몰 방향으로 잘못 진입해 지상으로 나오다 보니 한창 공사 중인 곳으로 나와 버려 그만 거리 감각이 없어지고 만 것이다.

시계를 보니 약속 시간 09시가 지나고 있어, 마음이 조급해진지라 궁여지책으로 이승규 산우회장한테 전화해 보니, 한참 다른 곳으로 갔다고 하면서 택시 타고 오라는 것을 부산히 달려 목적지에 도착하니 땀이 나기도. 이회장과 신임총무 김석태 산우가 버스 밖에서 늦은 나를 기다리면서 옛날에도 와 봤는데 이렇게 늦었냐고 애교 서린 핀잔을 하기도….

과거 산행 시 몇 번 와 봤는데도 잘못 찾아 늦어서 정시 출발을 못하게 돼 산우들에게 미안했다. 버스에 오르니 모두들 반가운 얼굴들이다. 뒤쪽 남은 자리에 앉고 보니 미안한 마음과 안도의 마음이 혼재되면서 오늘 나의 일진이 이거 안 좋은 거 아닌가 하는 망상이 불현듯 뇌리를 스쳐 가기도. 나처럼 길을 해매이었는지 이영노 산우가 탑승하자 버스는 바로 고동산을 향해 출발했다.

먼저 신임회장 이승규 산우의 안전 산행을 당부하는 인사 말씀과 오늘의 산행코스를 다시 주지시키는 산행대장 박찬용 산우에 이어 신임 김석태 총무의 회비 징수 등의 일이 이루어지고, 김밥 등 푸짐한 먹거리 등이 산우들에게 제공되었는데 새 집행부의 세심한 준비 열정이 느껴지기도 했다. 나는 점심을 준비 못 했던 터라 제공된 김밥으로 점심을 때우기로….

헌데, 이진석 고교 동문은 산에 가지 않으면서도 호두과자를 싸 들고 회원들을 배웅 나왔다고 하면서 흐뭇하게도 호두과자까지 나눠주는 게 아닌가. 오늘 산행 인원은 회장과 박찬진 부회장, 총무 외에 계기석, 김교식, 김인중, 김종박, 박찬용, 박창서, 송영찬, 오인록, 이영노, 이형렬, 임창섭, 정명철, 정의만, 조종열, 지정택, 최영효, 하삼주, 홍성만 산우 등 총 21명이다. 하남에서 정명철 산우를 마지막으로 태우고 버스는 경춘고속도로에 올라섰다.

서종 IC를 빠져나와 버스가 정차한 곳은 가평군 청평면 삼회리 사기막골이다. 예전에 사기그릇을 만들던 곳인가 보다. 삼회리 이장집

'은행나무 식당'을 지나 산행 길로 접어드니 여기저기에 전원주택들이 지어져 있다. 곧바로 등산로가 시작된다. 계곡에는 물이 제법 많아 곳곳에 작은 폭포와 웅덩이를 형성하고 있다. 아직 아침 기온이 영하로 내려가기 때문에 물가 바위에는 하얀 고드름과 얼음 꽃이 피어 있다.

등산로 주변의 생강나무, 쪽동백나무, 신나무, 굴참나무, 잣나무 등에는 이름표가 달려 있다. 생강나무는 이른 봄에 산수유와 함께 가장 빨리 꽃을 피우는데 아직 꽃이 보이지 않는다. 1~2주 지나면 노랗고 작은 꽃이 피겠지? 바위와 고사목에는 짙은 녹색 이끼가 잔뜩 끼어 있다. 잣나무가 높이 자라서 멋진 숲을 이룬다. 좀 더 오르니 고로쇠를 채취하기 위해 누군가 하얀 비닐봉지를 씌워 놓은 모습들이 눈에 들어온다. 내가 좋아하는 고로쇠가 나오기에는 아직 좀 이른 모양이다. 이른 봄은 대체로 건조한 편인데 이 계곡은 물기를 가득 머금은 촉촉함을 느낄 수 있었고 해맑은 공기가 폐 깊숙이 신선하게 들어와 좋았다.

계곡 물줄기가 가늘어지면서 점점 가파른 지형으로 바뀐다. 회원 산우들은 다리에서 뻐근함을 느끼고 숨소리도 조금씩 거칠어진다. 그러는 와중에도 포토 오인록과 최영효 산우는 연신 회원들의 표정을 사진에 담는다. 회원들의 화제는 우리나라에서 바둑대국을 벌이고 있는 21세기의 빅 이벤트의 장본인 알파고와 이세돌, 다음 달의 4월 총선, 스포츠웨어 산업의 퇴조, 고동산과의 인연, 건강 등으로 끝도 없이 대화가 이어졌다. 드디어 고동산과 화야산을 잇는 주능선에 올랐다. 서쪽으로 한강, 북동쪽으로 화야산이 보이고, 남쪽의 산 저

밑으로는 경춘고속도로가 지나갈 것으로 짐작된다고들 한다.

12시쯤 지나니 시산제를 올리기로 한 헬기장에 도착했다. 파란 하늘이 지척에서 보이는 산정의 헬기장에서 오늘의 산행작가인 계기석 산우가 아침에 직접 제조한 프랑스 뱅쇼(vin chaud) 한 잔씩을 회원들에게 돌렸다. 뱅쇼는 적포도주를 베이스로 하고 정향, 팔각, 계피, 오렌지, 레몬, 흑설탕 등을 첨가하여 약한 불에 끓인 겨울철 음료이다. 추운 산에서 정상주로 마시기에는 적격이었다.

뱅쇼로 목을 축인 우리 산우들은 오늘 산행의 하이라이트인 시산제를 모시는 순서를 맞았다. 이번 시산제 참여는 나로서는 세 번째다. 모두들 솔선수범해서 「경복고45회산우회」 현수막을 내걸고 깔개를 깔아서 제사상을 차렸다. 김 총무가 제수로 북어, 대추, 밤, 사과, 돼지머리고기, 떡 등을 정성껏 준비해 왔고 제주는 막걸리이다. 김 총무의 사회로 회장, 부회장, 총무 그리고 회원들이 차례로 미의와 술을 올리고 절을 했는데, 나도 순서에 따라 그러한 절차를 따라 했다.

이어서, "유세차(維歲次) 2016년 3월 12일 오늘, 저희 경복45회산우회 회원 일행은 경기도 가평군 소재 고동산에 올라, 산 아래 북한강이 굽이쳐 흐르는 정상에서 우리 산우회를 이끌어 주고 계시는 산신령님께 회원들의 정성이 담긴 음식과 곡주를 바치면서 삼가 고(告)하나이다."로 시작하는 김교식 산우가 산정(山情)을 담아 자신이 손수 쓴 축문을 카랑카랑하게 실감나게 읽음으로써 시산제의 운치를 더해 주었다.

음복 시간이 되자, 밤 사과 등 제수를 음복했다. 그 후 자연스럽게 먹는 시간으로 이어져 회원들이 별도로 준비한 술, 음료, 간식도 나누어 먹었다. 지정택 산우가 작년 이 산에서 채취한 더덕으로 담근 술, 박찬용 대장의 산토리 위스키, 이형렬 산우의 불고기, 김인중 산우의 따끈한 정종 등, 나도 누리 엄마가 챙겨 준 콜라비를 내놓았는데 몇몇 산우들이 특미라며 시식을 하는 것을 보고 자연스레 기분이 업되기도 했다.

반주와 식사로 어느 정도 허기를 면한 우리 산우들은 시간이 지나자 하산하기 시작했다. 하산코스는 고동산 정상을 거치지 않고 헬기장에서 바로 떨어지는 갈래 능선과 계곡을 경유하여 출발지점으로 돌아가는 것으로 정했다. 하산 길에 접어들어 걸으면서 주위를 둘러본 홍성만 산우와 하삼주 산우는 인근의 대성리에서 지난 세기 70년대 말 고시 공부를 했었다며 당시의 추억담을 새삼스레 나누기도.

헌데, 갈래 능선은 의외로 가파르고 바위가 많았다. 양옆이 거의 낭떠러지 수준인 소위 '칼 능선'이다. 더구나 많은 낙엽이 덮여 있어 그 밑의 상태를 잘 모르고 디디면 미끄러지기 일쑤이다. 여기저기에서 회원들의 미끄러지는 소리가 들린다. 평지에서의 낙엽은 푹신하고 낭만적으로 느껴지지만 이곳에서는 완전히 취약인 것이다.

산행은 경험상으로 볼 때, 등산길보다 하산 길에 더욱 신경을 써야 한다고 생각해 온 나로서는 한쪽 손엔 스틱을 쥐고 스틱을 들지 않는 다른 한쪽 손은 잡히는 나무와 나뭇가지들을 조심조심 버팀목 삼아 발에 힘을 주며 소폭으로 걷는 등 신경을 쓰느라 쓰면서 마른 낙엽들이 듬뿍씩 쌓여 없어져 버린 가파른 길을 잘 걸어 내려오고 있었는데 그만, 꽉 붙잡은 가지가 고목성(古木性) 나뭇가지였는지 부러지면서 무게중심을 잃어 슬그머니 미끄러진 것이다. 그런데 그 나뭇가지 끄트머리가 순간, 내 얼굴을 세차게 때렸다.

뒤따라 내려오며 그 모습을 보았는지 몇 산우들이 걱정스런 탄성을 하며 딴 옆길로 방향을 트는 것이 목격되었다. 그래도 바로 일어나 걸어 내려오는데 얼굴이 화끈거려 만져 보니 장갑에 피가 좀 묻어나고 쓰라렸다. 아마도 얼굴에 상처가 난 모양이었다. 아침 출발 시 잠실역에서 생각지도 못한 고역의 일진을 치르게 되더니 그 액땜을 하는 것이려니….

산행 준비에 대한 사전예고를 잘못 보았는지 정의만 산우는 맨손에 운동화를 신고 산행 중인 것을 보고 하산하는 도중에 미(未)사용의 스틱을 하나 줬는데 그에게 크게 도움이 되진 못한 것 같았다. 걷는 속도를 늦추면서 더욱 조심조심해서 내려오자 어느덧 가까스로 능선길을 벗어나서 계곡에 도달해 비교적 평탄한 길을 지친 몸으로 걸어 내려오다가 앞서간 지정택 산우와 조우했다. 고동산이 초행인 나와는 달리 친구는 갈래길, 계곡 등 고동산에 대해 소상히 도란도란 설명해 준다.

과거 경영학 박사 학위 논문 준비 시 머리를 식힐 겸 자주 이곳 고동산을 등산했었다는 지정택 산우의 얘기를 들으면서 터벅터벅 걸어 내려오다 보니 전세버스에서 내린 아침의 산행 출발지가 보였고 다 내려왔다는 후련함이 일었다.

후미그룹으로 늦게 은행나무집 식당에 도착하니 이장 부부가 마당에서 준비한 돼지고기 바비큐를 산우들이 즐기고들 있다. 이장의 부친도 경복고(景福高) 졸업생이란다. 과거 주상록 산우가 개발한 집으로, 우리 산우회가 여러 번 총회를 개최하였던 곳이라고도 한다. 몇 산우들이 나를 보더니, 의아한 듯 얼굴이 어떻게 됐느냐고 한다.

볼일도 볼 겸 화장실에 가서 손을 씻으면서 거울을 보니 스쳐 가는 핏자국이 얼굴에 선명하게 그어져 있었다. 가만히 보니 연고를 바르는 등 잘 관리하면 며칠 지나 괜찮을 것 같았다. 고동산 산행의 흔적을 얼굴에다 남기고 만 것. 간단히 세면과 세수를 마친 나는 돌아와 한 입 바비큐를 먹었다. 정말 꿀맛이었다. 이어서 모두 참여한 즐겁고 질펀한 점심 식사가 이어졌다.

최영효 산우가 'oruxmaps'라는 앱을 통하여 파악한 오늘의 산행통계를 보면 출발시간 10시 4분, 도착시간 15시 6분, 평균속도 1.57㎞/h, 최고속도 10.26㎞/h, 평균이동속도 3.73㎞/h, 이동시간 2시간 7분, 최고고도 591m, 최저고도 33m, 상승시간 3시간 3분, 하강시간 1시간 52분이라고 한다. 참으로 편리한 세상이라는 생각이 들었다.

하루 종일 맑은 날씨이었고 기온도 적절해서 대단히 기분 좋은 산행이었다. 나처럼 넘어진 회원도 많았지만 다친 회원은 없어서 다행이었다. 맑은 공기를 마시고, 아름다운 산과 나무 그리고 한강을 조망할 수 있어서 즐거웠고 또한 더더구나 즐거웠던 것은 정겨운 친구들이 있었다는 것이다. 선물, 간식, 제수용품, 교통편 등 빈틈없는 준비를 한 새로운 임원진과 산행의 구성원으로서 각자의 몫을 다한 회원 여러분께 감사의 마음을 드려 본다. 그리고 이번에 나의 세 번째 수필집을 산우회 집행부에 먼저 증정해 볼까 해서 배낭 속에 넣어 가지고 왔으나 5월 춘계 동기동창회총회 시에 일제히 증정하는 것이 좋겠다는 이형렬 동창회총무의 권고를 따르기로 했다.

산행한 지 한 번도 경험하지 못했었던 대사건의 발생지인 고동산! 얼굴에다 그만 산행의 흔적을 남기고 만 오늘의 고동산 산행이 나로서는 앞으로 오래도록 기억에 남을 것이란 생각이 산행을 마치고 귀가하는 도중 계속 일어 왔다.

# 무위고(無爲苦)

험난한 이 세상을 살아가다 보면 대부분의 사람들은 무위고(無爲苦)의 경험을 했으리라 본다. 운이 좋은 사람들에게는 다행스럽게도 그러한 경험이 없을 수도 있으련만.

여기서 내가 말하고자 하는 무위고는 직업 역할 상실로 인하여 겪게 되는 무료함의 고통을 말하는 것으로서, 자기의 능력 한계를 뛰어넘는 데에서 오는 어쩔 수 없는 무력(無力) 무위함에서 겪게 되는 경우를 말하는 것은 아니다. 즉, 숙환의 부모를 도저히 살려 낼 수 없거나 죽어 가는 혈육의 자식을 살려 낼 수 없어 병원의 침대 옆에서 그저 바라보기만 할 뿐 부모로서 그 이상의 무엇을 해 줄 수 없는 원초적 한계에서 오는 안타까운 무력 무위함의 고통을 의미하는 뜻은 아니라는 이야기이다.

여느 사람들처럼 나도 무위고를 겪은 적이 있다. 이명박 서울시장으로부터 졸지의 강제명퇴를 당해 한 2년간 하릴없이 집에서 칩거했었다. 지금은 공직사회에 은퇴 후의 삶에 대한 다각적인 프로그램이 정립돼 미리 대비하도록 인식이 되어 있어 당사자 스스로도 충격 흡

수가 가능한 사회가 됐지만 당시는 그렇지를 못했었다. 자고 일어나면 직장에 다니는 습관이 근 30년 몸에 내재되어 있어서인지, 어디론가 나가고 싶었지만 마땅히 갈 곳이 없었던 생활이 지속됐었다. 그러다 보니 스트레스가 쌓이고 점점 분노와 대인기피증도 생기는 고통이 수반됐던 것.

물론 첨 몇 달은 해외여행도 다니고 해서 그런대로 소일했으나 일거리가, 일자리가 있어야 한다는 강박관념이 계속 머리를 짓눌러 왔고 위축되어 고통스러웠었다. 갑자기 아무 일도 할 수 없는, 이 세상에 아무것도 아니라는, 나락에 떨어져 무화(無化)된, 이제 세상에서 다돼 버린 놈이라는 자괴감에 빠진 시간적 고통이 무게를 더해 갔던 것이다.

생각해 보니 요새 노년에 회자되는 무위고에 해당되는 그러한 경우를 겪은 거라고 생각된다. 그 후 맘이 좀 추슬러지자 일거리를 찾기 위해 용기를 내어 학원에 나가 비슷한 처지의 사람들과 만나면서 공부도 하다 보니, 주택관리사시험에 합격하고 재취업에 도움이 되는 전기산업기사 등 몇 가지 자격증 등도 땄다. 그로 인해 아파트 관리소장으로 일하게 되어 어느 정도 무위고에서 벗어날 수 있었고 가장으로서의 자존심도 회복할 수 있었던 것이다.

이순대나 종심대가 된 우리 또래가 대학을 다녔던 지난 세기 70년대에는 졸업하면 어렵지 않게 취업이 되는 시대였었는데, 요즘은 그렇지를 못한 것 같아 현재의 젊은이들에게 안쓰럽고 미안한 감이 있다. 설이나 추석 등 즐거워야 할 명절 때만 되면 이제 취직을 했느냐는 친척들의 궁금성과 위로성의 질문에 차마 답할 수 없는 미취업 젊은이들의 고민담이 매스컴의 빠질 수 없는 보도거리가 되고 있으니….

말하자면 요새의 대학 졸업생인 젊은 인재들이 제대로 일자리를 찾지 못해 실업자군으로서 집단 무위고를 겪고 있다는 서글픈 얘기란 말이다. 건전한 국가를 지속해 가기 위해서도 청년실업이 사회문제로 떠오르는 것은 바람직하지 않은 현상이므로 젊은이들도 눈높이를 조절하거나 다각화하는 등 보다 지혜를 넓혀 나가야 하지만 정부는 좀 더 적극적이고 포괄적인 미래 지향적인 대책을 시급히 강구하여 청년실업 해소에 배전(倍前)의 노력을 기울여야 할 것이다.

'휴먼 헌드레드' 즉 '인간 100세'라는 말이 금세기 초 우리 사회에 회자되더니, 이제는 낯설지 않는 우리 모두의 귀에 익숙한 말이 된 것 같다는 생각이 든다. 어느새 그만큼 고령화 사회가 됐고 바야흐로 장수시대로 접어들었단 말이다. 살다 보면 노인이 되는 것은 어느 누구나 피할 수 없는 것이고 가능한 한 건강한 노년이 됐으면 하는 희망의 마음을 누구나 갖게 됨은 인지상정이다. 세상살이가 결코 마음먹은 대로 되는 것은 아니지만 그래도 그러한 의지를 키워 가다 보면 '뜻있는 곳에 길이 있다.'는 말과 같이 마음먹은 대로에 조금은 수렴해 가는 행운이 다가올 수도 있을 것이니까.

인생이 저무는 노년기의 노인이 되면 으레 "노인의 네 가지 고통(苦痛)인 빈고(貧苦), 고독고(孤獨苦), 무위고(無爲苦), 병고(病苦)의 사고(四苦)가 약속이나 한 거처럼 곁에 찾아온다고 한다. 이 중 3가지 이상을 가지게 되면 살기 힘들다며 심한 경우에는 자살하는 사례도 나올 수 있다고 한다." 다시 말하자면, 이 세상에 늙지 않는 사람은 없다. 노후-노년은 아무도 피하지 못하는 모두의 절실한 현실(現實)이다. 허지만 나무가 늙으면 고목이 되듯이, 나이가 들게 되면 그러한 거를 자연스러운 현상이자 운명인 것으로 받아들이고 상처를 줄이거나 덜 받는 방법을 찾아서 대응하는 것이 보다 현명할 것이다.

여기서는 제목에서 암시한 것처럼 세 번째의 무위고(無爲苦)에 대해서 천착해 보고자 한다. 사람이 나이 들어 마땅히 할 일이 없다는 것은 하나의 고문이다. 자영업 등 사업주인 경우에는 나이가 들어도 자신의 사업을 넘겨줄 때까지는 직업을 가지므로 무위고와는 무관하다고 할 수 있다. 하지만 사회구조상 대부분의 사람들은 봉급을 받는 샐러리맨으로 일하다가 은퇴라는 끝맺음을 하게 된다. 이러한 경우, 몸도 건강하고 돈도 가지고 있지만 할 일이 없다면 그 고통에서 벗어나지 못하게 된다.

노년의 가장 무서운 적이 무료함이다. 하루 이틀도 아닌 긴 시간을 할 일 없이 지낸다는 것은 정말 고통스러운 일, 즉 무위고가 되고 만다. 그래서 철저한 준비와 대책이 필요하다. 나이가 들어서도 혼자 할 수 있는 것, 특히 자기의 기질이나 적성 등을 감안해서 소일거리를 준비해야 한다. 혼자 즐길 수 있는 취미 생활과 연관 짓는 것은 필수적이다. 가장 보편적이고 친화적인 것이 독서나 음악 감상 등이다. 그러나 이런 생활도 하루아침에 되는 것은 아니다. 미리미리 긴 시간을 두고 준비하며 순응할 수 있도록 부단히 노력해야 일상생활 속에 자리 잡을 수 있는 것이다. 서예나 회화도 좋으나 뚜렷한 목표 없이는 성공하기가 어렵다.

다른 하나는 노년층에도 급속도로 보급되는 컴퓨터를 잘 다루는 것이다. 생소한 분야이기 때문에 어렵다고 지레 겁먹고 접근을 주저하는 것은 자신에 대한 저주라고도 할 수 있다. 초등학교 5학년의 지능과 지식이면 컴퓨터의 조립도 가능할 정도로 체계적(體系的)이고 논리적으로 되어 있다. 전문가나 유식한 사람만이 쓸 수 있도록 만들어진 것이 아니라 만인이 쉽게 사용할 수 있도록 만들어진 것이다. 아직 글도 익히지 않은 4살짜리가 혼자서 게임을 즐긴다면 믿겠는가? 그러나 이것은 사실이고 주변에서 목격했을 것이다.

지금은 컴퓨터를 못하는 컴맹이면 소외계층(疎外階層)이 되는 세상이 됐다. e-메일은 물론, 나아가, 개인의 홈피나 불로그를 개설해서 운영하면 새로운 세계가 펼쳐지는 것을 경험하게 될 것이다. 그만큼 다른 세대도 이해할 수 있게 되고 젊게 사는 방법이기도 하다. 불로그나 홈피에 글을 올리려면 공부도 좀 해야 하고 많은 정보를 검색해서 취사선택(取捨選擇)하게 되므로 시간이 그렇게 잘 갈 수가 없다고들 한다. 무위나 무료(無聊)와는 거리가 멀어질 것이다. 더불어 노년에 두려워하는 치매 예방에도 이보다 더 좋은 방법은 없다고 한다. 사이버 세계에는 시대 차이가 없다. 모두가 누리꾼인 네티즌일 뿐이다.

지금까지는 비교적 일반적인 이야기를 했다. 좀 외람되기는 하나, 필자의 경우를 간략히 기재하고자 한다. 오래전부터 뜻이 맞는 벗들과 작은 모임을 몇 개 가져왔다. 같은 대학 시절 만난 것이 인연이 되어 친구 넷이서 비록 1년에 한 번 정도지만 40년 넘게 만나 우정을 나누는 모임이 있는가 하면, 고시 공부하던 시절 외대 앞의 작은 사설 독서실에서 만나 40년 넘게 분기별로 만나는 5인의 청죽회(靑竹會) 모임이 있다. 또한, 간헐적으로 만나서 그간의 소식을 들으면서 대화를 나누는 초등 · 고등친구 소모임은 여럿 있다. 칠순이 되니, 이승을 먼저 하직한 친구들도 몇 있다. 동료애를 갖는 직장지기들로 구성된 영등포구청팀 모임인 영우회(永友會)에도 격월별로 모인 지 20년이 넘는다.

그런가 하면, 등산을 좋아하는 난 경복고45회산우회에 나간 지 채 10년이 안 되지만 매월 둘째 주 토요일에 만나 산에 가서 싱그러운 산 내음을 맡고 고교 벗들과 막걸리를 마시면서 격의 없이 소통하는 즐거움은 무엇과 비교할 수도 없다. 특히, 같은 반이 아니어서 잘 몰랐던 동기들도 만나는 장이 되니 더욱 즐거운 것이다. 하다 보니, 금년은 동기산우회 회장을 맡게 되어 부족한 내가 산우들을 위한 막중한 봉사를 잘 해낼지 자못 어깨가 무겁기도….

그리고, 아내의 초 · 고등 친구 모임에 아내와 아내 친구들의 권유로 참가해 제주도 유채꽃과 곶자왈 여행을 가서 좌중을 유쾌하게 하는 모임도 가져 봤다. 역대 가족 대소사를 다루는 친족회와 나를 낳아 준 순창고을 모임에도 얼굴을 가끔씩 내보이면서 수필을 쓰는 문학을 하는 만큼 모임 중엔 성동문인협회 등 몇 문인협회에 가입하여 같은 길의 문우들과 동궤의 정을 나누며 미력하나마 동참을 지속해 오기도 하고 있다.

모임마다 느끼는 정이 다소 다르나 시간이 흘러 나이가 들수록 모임이 있다는 그 자체만으로도 고맙다는 생각이 많이 나곤 한다. 아마도 그 모임들이 나이 듦의 무위고를 벗어나도록 하는 데 일종의 한몫을 해서일 것이리라.

6년여의 아파트관리소장직을 접음으로써 직장 생활과 완전히 이별한 나는 암 투병 중인 아내의 곁을 지키면서 무료함을 달래는 일로서 규칙적으로 소액의 인터넷 주식매매를 하기도 하고, 지금 하고 있는 것처럼 종종 수필을 쓰는 생활을 한다. 비록 문재가 없지만 건강한 소일거리로 글 쓰는 것이 오래전부터 나에겐 좋기 때문이다. 해서, 생명이 다하는 날까지 글 쓰는 일은 계속되었으면 한다.

나이가 들어갈수록 직업 상실은 어쩔 수 없는 것이고 그로 인해 여러 가지 역할의 상실로 인한 노인들의 지위와 권위는 크게 저하되는 것도 어쩔 수 없는 것으로 받아들여야 한다고 본다. 그럼에도 불구하고, 나이가 들어도 현장에서 자기가 좋아하는 일을 계속해 가는 복받은 분들도 있다.

물론 그렇게 할 수 있도록 뜨거운 열정을 가지고 부단히 노력하는 성실성을 관리해 온 분들이기에 가능한 것이기도 하다. KBS의 전국노래자랑을 1980년부터 지금껏 거의 독점적으로 진행해 오며 전 국민의 사랑을 받고 있는 93세의 코미디언 송해(1927~) 님이나 1985년 시작된 KBS의 가요무대의 훌륭한 진행을 거의 빠짐없이 맡아 온 80세인 아나운서 김동건(1939~) 님을 들고 싶다.

필자의 고교 동기동창인 주정서 친구가 소속된 할배들 5인조 중창그룹 '지오아재(G.O. Age)'는 인생 2막을 시작한 시니어 보컬 그룹으로서 2018년 11월 KBS의 인간극장에서 '이제야 사랑을'로 방영되어 소개되기도 했다. 노익장을 뜻하는 영어 표현 '그린 올드 에이지(Green Old Age)'에서 영감을 얻은 팀명은 노래 앞에서만큼은 젊은이와 같은 열정으로 노익장을 과시하는 서로를 보며 지었다고. 서로 음악이 좋아서 모인 이순과 고희를 넘긴 이들은 그야말로 '무위고'를 저만치서 극복한 시니어 당사자들로서 나이 들어 높게 평가받아 마땅하다고 생각된다.

현재 켐코의 홍보대사로서 노래 부르기로서 그들이 진정 원하는 노익장을 천하에 과시하며 나이를 뛰어넘는 진한 열정으로 폭넓게 활동 중이다. 건강이 허락하는 한 '지오아재(G.O. Age)'는 음악으로 지상에 천국을 만드는 그들의 오롯한 길을 뚜벅뚜벅 걸어갈 것이라고 믿어 의심치 않는다.

그런가 하면, 유배라도 당하게 되면 억울하다고 험난한 세상이라며 분노 속에 한탄하면서 무위의 무료함을 퇴폐적인 음주가무로 허랑방탕하게 흘려보냈었던 퇴행적인 당시의 유생들과는 달리, 3번의 무고한 18년간의 귀양살이를 하면서도 마지막 유배지인 강진에서는 숱한 제자들을 길러 내며 그들과 함께 만세에 빛나는『목민심서』등 500여 권의 걸작저술을 남긴 다산 정약용(丁若鏞, 1762~1836) 선생이야말로 우리 역사상 '무위고'를 슬기롭게 극복하신 최고의 인물로 극찬을 받아도 지극히 당연한 분으로 평가하여도 전혀 손색이 없다고 확신된다.

# 약 먹는 시간

잠자리에 들 시간이 됐다. 밤 열 시경쯤 되면 나에겐 어김없이 챙기는 일이 생긴 지 오래다. 그것은 바로 약을 먹는 일이다. 약을 먹는 것을 일이라고 스스로 표현했는데 나로선 언제부턴가 하나의 일로서 다가왔기 때문이다. 꼭 챙기지 않으면 안 될 '일' 말이다.

세월이 흐르다 보니 미처 대비도 안 된 상태에서 이명박시장의 서울시에서 충격적인 갑작스런 강제명퇴를 당했었는데, 그리고선 천추같이 긴 하루하루를 나도 모르게 축 처져 멀거니 지내다 보니 신체리듬에 탈이 났나 보다. 소변보는 것이 예전 같지 않고 밤중에 여러 번 소변을 보게 되는 등 숙면에도 지장이 있는 불편한 생활이 계속돼서 좀 고민하다가 동네 비뇨기과의원에 갔더니 나이가 들면 남성들한테서 으레 나타나는 전립선비대증이 의심된다면서 약을 복용해야 한다는 것이었다. 그 당시 나는 왠지 약 먹는 것도 귀찮고 약을 먹어도 먹었다 안 먹었다 하면서 시간이 지나다 보면 괜찮아질 수도 있겠지 하는 소극적이고 안이한 생각으로 한동안 지냈었는데….

한 육 개월 정도 그랬었던 것 같다. 차도가 없었다. 별 나아진 게 없는 것 같았다. 과거엔 밤에 한두 번 일어났거나 아예 새벽까지 잘 잘 수 있었는데, 특히 하룻밤에 네댓 번씩이나 소변을 보게 되는 날이 잦아지게 된 것이다. 또한 소변이 자주 마렵고 누어도 쫄쫄 양이 적고 볼일을 치른 후에도 시원하지도 않으면서 낭패스러운 것은 뭔가 개운찮은 잔뇨감도 남아 있어서 상당히 불쾌했다. 술, 즉 맥주라도 좀 많이 마셨다 하면 소변은 자꾸 마려운데 실제론 잘 나오지도 않으니, 끙끙대면서 때론 통증도 왔다.

할 수 없이 다시 비뇨기과에 갔더니 전립선비대증이라며 가만히 놔두면 전립선암까지도 진전될 수 있다며 치료는 물론 암 예방 차원에서라도 약을 꾸준히 복용할 것을 강하게 주문해 왔다. 그래서인가, 이제 환자가 돼 버렸으니 나는 작심을 하게 됐고 자기 전에 약을 꼭 먹게 된 것이다.

헌데, 좀 늦게 대처해서인가. 두 달 간격으로 의원에 가서 검진 받고 약도 계속 복용하게 되니 밤에 소변 횟수가 줄어서 좀 나아진 것으로 생각되고 심리적으로도 기분이 좀 나아진 듯했으나, 6개월 후 진행 정도를 체크해 보니 비대증이 더 진전됐다며 큰 대학병원에 가서 조직검사를 받아야 한다고 하는 게 아닌가. 그럼 절망스런 그놈의 암이라도 걸렸단 말인가? 더 비대해졌다고 반드시 암이 되는 것은 아니지만 혹시 모르니 대비 차원에서 해 보는 거라고 젊은 의사는 미리 나에게 안심을 주었는데도 덜컥 겁이 났고 갑자기 불안감이 저 멀리서 지펴져 왔다. 로널드 레이건(1911~2004) 대통령도 이 전립선암으로 사망했다지 않은가 말이다.

허나, 난 환자로서 의사의 지시에 따르른 것이 당연한 도리라고 생각했다. 동네 의원에서 발행해 준 소견서를 지참하고 꾸물대지 않고 서둘러서 집 가까운 H대학병원으로 향했다. 절차를 밟자 조직검사 날짜가 잡혔다. 날짜를 기다리는 동안 같은 경우를 겪었다던 친구를 수소문해서 자문을 구하기도 했다.

정해진 날 예약 시간이 돼서 좁은 공간의 수술실에서 시술을 받게 됐다. 시술을 담당한 젊은 두 의사는 서로 무어라고 얘기하면서 정성스럽고 조심성 있게 나를 다루었으나 8조직을 떼어 내는 동안 상당히 아팠고 어쩔 수 없이 인내심으로 견디어 냈다. 혹시 암으로 판명되면 어쩌지…, 조직검사 결과를 알려 주는 날이 와서 불안한 마음이었는데 암이 아니라고 하니 그동안 짓눌렸던 불안감은 어디론지 날아가 버리고 그야말로 그 순간 다시 태어난 기분이 들었다.

그 후 두 달 걸러 정기적으로 그 의원에 다니면서 처방해 준 같은 약을 자기 전에 먹는 생활을 지속하다 보니 1년여가 또 지났다. 그동안 경과 확인차 체크해 보게 됐다. 괜찮은 듯했으나 좀 줄었던 PSA가 다시 커져서 일정 수치를 넘었으니 재조직검사를 해야 한다며 이번에는 자신의 은사가 있는 Y대학병원에서 해 보자는 것이었다. 첫 번째의 아픔의 경험이 떠올라서 꽤 망설여지기도 했으나 할 수 없었다. 의사의 말에 따르기로 했다.

이번에는 혼자가 아니고 아내와 같이 신촌에 있는 병원으로 가서 두 번째 조직검사를 받았다. 이번에는 정밀히 한다면서 12조각을 떼어 냈다. 시술 시 매우 아팠음은 물론이다. 멀리 떨어진 수술실에서 조직검사를 마치고 나오니 비뇨기과 문 쪽에서 기다리고 있는 아내를 보자 나도 모르게 왈칵 눈물이 솟는 게 아닌가. 그런 나를 보던 아내가 의아해하며 걱정스런 모습이 됐다. 그 당시 내가 왜 그랬었는지 모르지만 시술로 힘들었던 차에 아내를 보자 부부로서 순간 진한 안도감이 들어서….

첫 번째 때는 조직검사 마치고 바로 병원을 나섰었는데, 이번에는 비뇨기과 회복실로 돌아와 두어 시간 누워서 보내면서 배에 찬 소변을 걸러 낸 후 퇴원하는 절차를 밟기도 하였다. 따라서 오후 내내 시간이 소요됐다. 2주 후에 조직검사 결과가 나왔다. 천만다행히 이번에도 암은 아니라 했다. 두 번이나 좋은 결과가 나오니 확실히 안도도 됐지만 괜한 고생을 더 한 거 아닌가 하는 나만의 푸념 같은 생각도 들었다.

그런데, 몇 년 전 여름 고교 친구 여섯이서 함께 서해안으로 피서 겸 여행을 갔던 적이 있었다. 이순(耳順)인 우리들이지만 아직도 젊은 마음으로 파도도 타면서 가벼운 수영을 즐기면서 하루를 유쾌하게 보냈다. 맛있는 음식으로 목을 축이고 술로 벌게진 우리들은 노래방에서 떠들썩 노래도 불러 보면서 그만큼 서로 간의 우정도 깊어지는 체험을 하게 됐다. 즐거운 일정을 마치고 잠자리에 들기 위해 숙소로 들어왔다. 샤워를 마친 우리들은 잠자리에 들게 됐다. 나는 늘 하는 대로 전립선약을 먹었다. 집 떠나올 때 우선적으로 그 약을 챙겼기 때문이다.

헌데, 이게 웬일인가. 나만 약을 먹는 것이 아니었다. 나보다도 먼저 친구들이 자기 짐에서 무엇인가 꺼내서 먹지 않은가 말이다. 매우 익숙한 모습들, 모두들 약이었다. 깜박했다며 고혈압 약을 먹는 친구들이 더러 있었고 당뇨 약 그리고 무슨 영양제를 먹는 친구들도 있었다. 그러고 보니 나이가 들은 이제 육십 대들이 아닌가. 옛날 같으면 어쩌면 땅속에 있어야 할 사람들인데, 스스로 몸 관리, 건강관리들을 하고 있는 것이다. 젊다고 생각하는 사이 세월은 어김없이 흘러서 어느새 그러한 나이가 돼 버린 것이다. 우리에게도 세월이 이렇게까지 흘러 버린 것인가 하고 허허허 처량한 웃음이 저절로 나왔던 기억이 난다.

그러한 광경을 목격하고 나니 은근히 어머님 생각이 났었다. 6·25 때 상부(喪夫)한 어머님은 무녀독남(無女獨男), 외아들인 나를 가르치시기 위해 젊었을 때 서울로 홀로 올라오셔서 환경이 안 좋은 곳에서 일을 많이 하신 탓인지 나이가 들어서는 류머티스 관절염과 폐질환으로 많이 고생하시다가 85세에 소천하셨었기 때문이다. 생존 시에는 병원에 다니시면서 그곳에서 처방해 주어 구입해 드린 약 봉다리가 항상 머리 곁 또는 함에 수북이 쌓여 있었다.

나이가 들면 병원에 가야기도 하지만 약과 함께 살아가는 것이 자연스러운 하나의 요새 모습이 되었다고 봐야 할 것이다. 제 모친도 그러한 궤를 밟으신 것이었고 옆에서 그러한 모습을 본 나는 숙연해지고 부쩍 처연한 생각이 들었었던 것인데, 겹쳐서 그러한 생각이 떠오른 것이다.

그런가 하면, 해외여행이 잦아진 오늘날, 오래 살아가려고 해서 생겨난 현상의 하나인지는 모르지만 과거에는 그렇지 않았었는데 선물용이나 직접 복용하기 위해서 아사이벨리 등 영양제나 여러 가지 약들을 일부러 구입해 오는 경우가 많아진 것 같다. 어떻든지 많은 사람들이 건강을 챙기는 것은 좋은 일이라고 생각된다.

두 번째 조직검사를 마친 지 이제 2년여가 지났다. 꾸준히 자기 전에 약을 먹고 때가 되면 병원에 다니는 중이다. 그래서인지 PSA 수치가 낮아지고 있고 전반적인 상태도 그런대로 괜찮은 편이다. 다만 정상 무게가 20그램인데 그 이상이라서 무게를 줄이는 약도 지금 같이 먹고 있는 중이다.

금년부터는 6개월 단위로 병원에 가는데, 병원에 가 보면 나와 같은 또래를 포함해서 여러 연령층의 사람들을 보게 된다. 나는 혼자서 다니지만 자식들이나 아내와 같이 오는 사람들이 대부분인데, 어찌 보면 나보다 증상이 심해진 경우라서 곁에 누군가 꼭 케어해 주어야 하기 때문일 거라는 생각이 든다. 서로를 가만히 보다 보면 그러한 사람들과 은연중 동병상련을 느끼게도 된다.

내가 때가 되면 병원에 가는 일은 전립선비대증만이 아니다. 나는 전립선비대증 전에도 이비인후과에 간헐적으로 다녔었다. 나는 어려서부터 중이염을 지병으로 가지고 살아오고 있다. 겨울에는 괜찮다가도 여름이면 나의 오른쪽 귀에서 때때로 농이 나오는 중이염을 어려서부터 앓아 왔고 요즘이라면 고칠 수 있는 거였는데 당시 젊은 어머님이 고쳐 주시려고 백방으로 애썼으나 지난 세기 50~60년대의 의술로서는 그리고 열악한 시골에서는 어려웠었던 모양이다.

고 1때 서울로 올라와 정밀 진찰해 보니 오른쪽 귀의 고막이 삭아서 없어졌고 청력은 이미 상실됐음을 확인하고 그대로 방치했다간 뇌로 번져 사망할 수도 있다는 의사의 강한 권고에 따라 5시간에 걸쳐 대수술을 받았었다. 이미 늦은 후였기에 완치되지는 못하고 그저 몇 달 만에 이비인후과에 가서 대증적인 소제를 해 오는 세월을 줄곧 보내왔다.

나는 이제 왼쪽 귀 하나만으로 듣는 데 거의 불편함이 없다. 어쩔 땐 오른쪽에서 나오는 작은 소리는 안 들리니 그러려니 하면서 지내온 세월이다. 솔직히 말하면 내가 2차 신검에서 병종을 받아 제2국민역에 편입돼 군에 못 간 것도 한쪽 귀가 청력을 상실했기에 그렇게 되고 만 것이다. 겉으로 보기엔 멀쩡하지만 사실은 한쪽 귀머거리인 장애인인 셈이다.

귀 수술을 하고 나니 좋던 시력이 나빠지기 시작했다. 첨엔 서울로 유학 와서 네온사인 등 휘황하게 달라진 현란한 환경 때문에 눈이 나빠진 거로 봤으나, 나중에 곰곰 생각해 보니 귀 수술의 후유증도 한 원인이 된 게 아닌가 하는 생각도 들었다. 그러나 눈의 시력 감퇴는 안경으로 커버가 돼서 다행이었다.

헌데, 면목동의 어느 아파트의 관리소장으로 일하면서 매달 열리는 입주자대표회의의 당연 안건으로 내놓을 회계서류를 매달 그랬던 거처럼 네댓 시간 컴퓨터로 정리하고 있었는데, 갑자기 화면이 하얗게만 보이고 잘 보이던 글자가 전연 보이질 않지 않은가. 무슨 구름 같거나 이상한 물체가 수없이 눈앞에서 어른거리기만 하니…, 피곤해서 그런 모양이라고 좀 쉬었다 보아도 마찬가지였다. 어이쿠, 이거 큰 눈병이 났나 보다.

우려스런 마음으로 다음 날 안과에 가 보니 노안이 와서 그런 현상이 나타났다고. 그리고 안약을 처방해 주면서 두 달 정도에 한 번씩 주기적으로 안과에 들러야 한다고 했다. 그렇게 돼서, 노안에 대한 대책으로 안과도 몇 달 만에 한 번씩은 다니게 됐다. 그리고 수시로 안약도 점안하는 생활을 계속해 오고 있다.

그래서 지금은 안과와 이비인후과도 시간이 되면 주기적으로 다니고 있다. 따라서, 나는 안약을 지참하고 다니면서 수시로 점안하고, 자기 전에는 약 먹는 시간이 되면 시간을 엄수해서 꾸준히 약을 먹고 수면에 들곤 하는 게 습관이 되었다. 그리고 때가 되면, 두세 개 병원에 다니는 생활도 기계처럼 틀림없이 연속될 것이다. 특히나 전립선비대증은 생이 다하는 날까지 나와 친구로 지내지 않으면 안 된다는 것을 거듭거듭 명심하면서 말이다.

## 제주도의 곶자왈

금년 2018년에 나는 제주도를 세 번이나 여행을 했다. 한라산이 1970년 우리나라의 국립공원으로 지정되고, 수려하고 아름다운 경관으로 2007년 유네스코의 세계자연유산으로 등재된 데 이어 2010년 세계지질공원으로 인증받은 제주도이다. 따라서, 우리나라 사람이라면 대다수가 우리나라에서 제일 크고 아름다운 섬인 제주도를 한 번 이상은 다녀왔을 것이다. 나도 50여 년 전 중학교 수학여행 때 배를 타고 처음 제주도를 들른 이후 하늘통로를 이용하여 몇 번 정도 더 다녀왔다. 한 해에 세 번 여행은 금년이 처음이다.

금년에도 여행하면서 여러 명소를 둘러보는 기회를 가졌다. 그러한 명소 중엔 쇠소깍, 섭지코지 등 그 뜻을 알 수 없는 제주도 사투리 지명을 접하고서 생소하면서도 묘한 호기심과 색다른 흥미를 느끼게 됐다. 그러한 범주에 '곶자왈'도 포함됐음은 물론이다. 이름이 제주도 사투리여서 그런지 살그머니 끌리는 느낌이 나에게 다가왔기 때문이다.

노란 유채꽃이 만발한 지난 4월 봄철 제주도 여행 시 사전 예약에 의한 거문오름 관광 시에, 곶자왈을 처음 구경했었고, 이번 12월 말 아내 친구들과의 한파 속의 여행에서도 저리 곶자왈 즉, 환상숲 곶자왈을 스트레스 찬 일상에서 벗어나 관심을 가지고 둘러보면서 흥미롭게 두 번째의 곶자왈 구경을 하게 됐다.

환상숲 곶자왈은 매일 09:00~18:00까지 운영되며, 일요일 오전은 쉬고, 동절기에는 09:00~16:00까지 운영되는데 우리 일행은 마지막인 오후 네 시 순번에 관람을 하게 됐다. 30여 명이 높은 나무와 덩굴식물이 푸르게 즐비한 숲속의 구불구불한 좁다란 길을 해설자의 안내에 따라 무리 지어 걸으며 요소요소에서 멈추어 학습하는 기분으로 해설자의 설명을 들으면서 마치 정글 같은 곶자왈을 두 눈에 담으면서 약 40여 분의 힐링하는 시간을 가졌다.

곶자왈은 제주도의 천연 원시림으로, 용암이 남긴 신비한 지형 위에서 다양한 동식물이 함께 살아가는 독특한 생태계가 유지되는 보존 가치가 높은 지역으로서, 여름에는 시원하고 겨울에는 따뜻하여 세계에서 유일하게 북방한계식물과 남방한계식물이 공존하는 곳이라고 젊은 해설자는 모두 말을 꺼냈다. 제주도의 한라산 동부와 서부, 북부 사면지역에는 제주도 면적의 10%에 해당하는 곶자왈이라는 지대가 널리 분포한다고 한다.

곶자왈은 점성(粘性)이 비교적 큰 아아(aa) 용암류가 다양한 크기의 암괴로 부서지면서 만든 미기복(微起伏)이 많은 암괴지대로서, 토양층이 얕은 황무지의 자갈을 뜻하는 '자왈'과 나무숲을 의미하는 '곶'이 결합되어 만들어진 용어로 제주도의 대표적인 사투리의 하나라고 한다. 또한, 관광객 여러분들이 지금 이곳에서 눈으로 직접 볼 수 있듯이 '자왈'이란 넝쿨식물이란 의미도 함께 내포(內包)하고 있다고 자기 나름의 덧붙이는 설명을 하기도 했다.

그러고 보니, 기괴한 검은 암괴 덩어리들을 뒤덮고 있거나 갈등하며 커다란 나무들을 휘감고 있는 기다랗고 오래된 수많은 넝쿨들이 여기저기 목격됐다. 마치 아바타의 영화 장면과 흡사하다는 연상이 지펴져 왔던 것…. 곶자왈을 구성하는 암괴와 미기복은 지하수 함양(涵養)은 물론 보온보습 효과를 일으킴으로써 열대식물의 북방한계 식물과 한대식물의 남방한계 식물이 공존하는 세계유일의 독특한 숲을 만들어 내고 있다고 다시 한 번 반복해서 강조하여 해설하기도.

그리고 곶자왈은 자연 생태계의 허파 역할을 담당할 뿐만 아니라 한라산과 해안지대를 연결하고 있어서 제주도(濟州島) 생태계의 중요한 가교 역할도 수행하고 있단다. 이곳에는 이끼류, 양치류, 초지성(草芝性) 식물, 화초류, 침엽수와 활엽수의 수목류, 물웅덩이인 습지가 발달하여 방목 중인 가축들에게 물과 먹이를 확보해 주고 풍우설(風雨雪)을 피할 수 있었던 장소였기 때문에 목축을 위해 매우 중요한 공간으로 작용해 왔다고 부연 설명한다.

한편, 제주도에만 있는 곶자왈 지대는 토양 발달이 지극히 미약한 곳으로 위에서 언급한 아아 용암류라고 불리는 특이한 용암류로 뒤덮여 있음을 볼 수 있었다. 아아 용암류는 표면이 거친 암괴 모양의 용암을 말하는데 이 아아 용암지대가 곶자왈 지대를 이루고 있어 아아 용암은 곶자왈 용암이라고도 부른다고도 한다. 곶자왈 용암이 분포하는 지역의 이름을 따서 서부 지역의 한경~안덕 곶자왈 지대와 애월 곶자왈 지대, 동부 지역의 조천~함덕 곶자왈 지대와 구좌~성산 곶자왈 지대 등 현재 4개 지역으로 구분하고 있다고.

용암은 그 특성상 토양 발달이 빈약하게 되어 선구(先驅) 식생이 정착하기가 어렵고 식생의 천이속도(遷移速度)도 느려서 지금과 같은 숲으로 발달하기까지는 긴 시간을 필요로 했다는 게 이해가 되었다. 따라서, 곶자왈은 암괴로 이루어진 장소이므로 자연히 땅이 척박하여 경지로 이용되기 어려울 뿐만 아니라 방목에도 적절하지 않아 대부분 방치되어 무성한 덩굴만 뒤엉켜 엉클어진 자연림 지대가 될 수밖에 없었을 것이다.

그러나 최근 이 곶자왈 지대는 '제주의 허파' 또는 '자연의 허파' 등과 같이 인간의 허파에 비유되어 '제주 생태계의 생명선'으로 강조되면서 관심이 집중되게 되었단다. 곶자왈은 과거 불모의 땅으로 인식되었지만 오늘날에는 지하수의 함양기능을 비롯하여 한라산과 해안지역 사이의 환경적인 완충 기능과 가교역의 중요한 역할을 담당하는 곳으로 재조명되는가 하면, 새롭게 조망을 중심으로 하는 위락 관광 자원의 기능도 담당하는 것으로 평가받고 있다고 고무된 얼굴로 역설하기도 했다.

우리는 기이한 나무와 기암을 배경으로 사진도 찍으면서 그의 해설을 듣다 보니 되돌아가야 할 목적지에 도달했다. 거리로는 600m 정도 올라왔다고 한다. 해설이 거의 끝났는지 다른 지역의 곶자왈 해설자는 나이 드신 분들이 하는 걸 많이 보았을 텐데 이곳은 왜 젊은 자기가 곶자왈 해설자가 되었는지 궁금하시지 않느냐고 우리들에게 스스로 반문하여 주의를 끌게 하더니 해설자가 된 자신의 사연을 이야기했다.

우리들이 걸어온 지금의 길은 맨손으로 3년간에 이루어졌다고 한다. 그 일을 한 분이 환상숲의 대표인 자신의 장인어른이라고. 서울에서 은행에 오래 근무하다 다리 마비가 와서 모든 것을 정리해 공기가 맑은 제주도 이곳을 사서, 자연을 훼손해선 안 된다는 연구하는 시각에서 연장을 사용하지 않고 서두르지 않고 조금씩 길을 내다 보니 다리 마비도 싹 치유되고 3년 만에 이렇게 이룬 것이라고 한다.

그러는 과정에서 딸도 아버지 간병차 내려와서 곶자왈의 생태 보전과 힐링장화(場化)하는 아버지 일을 돕게 됐고 곶자왈 해설도 하게 됐는데, 이러한 내용이 매스컴의 인간극장에 방영돼 마침 TV를 보던 해설자 어머니가 딸이 좋은 며느릿감으로 느껴져 아들인 해설자를 배필로 소개하는 것을 인터넷에 아들 몰래 한번 올렸던 모양이다. 그때 답신은 없었다고 한다.

헌데, 인연이 되려고 그랬었는지…. 해가 바뀌는 시간이 흘러 다니던 회사에서 여름휴가를 얻은 해설자는 평소 살고 싶어 선망했던 제주도 관광을 하던 중, 이곳 저리 곶자왈도 구경코스로 들른 것이다. 해설을 멋들어지게 하는 아가씨를 보고 첫눈에 반해서 이야기를 나누게 되고 그 이야기가 길어져 차를 마시게 됐는데, 언젠가 깊은 소식을 준 어머니 아들이 아니냐는 데까지 이르러서… 두 사람은 결국 원앙의 부부의 연을 맺게 됐고 행복한 부부로서 여기까지 왔다는 것이다.

해설자는 서울의 직장을 그만두고 장인의 일에 뛰어들었고 4년 전만 해도 안 알려져서인지 구경 오는 관람객이 월 한두 명 정도였을 때, 비록 한두 명이라도 눈이 오나 비가 오더라도 그들을 실망시켜

서는 안 되니 해설을 꼭 해 드려야 한다는 장인인 대표의 말씀을 따랐단다. 그리고 해가 바뀌면 바뀔수록 알려지게 되고 곶자왈 보전을 위해 공감해서인지 관람객이 늘어나 금년은 14만 명이 넘는 관광객이 다녀갔다며 더 많은 사람들이 이곳을 방문해 곶자왈의 보전 가치를 인식하게 되고 힐링도 할 수도 있는 유용한 공간이자 관광명소로 발전시키는 일을 직업으로 삼아 계속하여 성실히 일하겠다며 자신에 차 매우 고무된 어조였다.

나는, 우리는 그 말에 적이 놀랬다. 그리고 겉물만 잔뜩 들어 실제 손에 닿지도 않는 한정된 일류기업에만 매달리며 일자리가 없다며 불만이나 쏟아 내고 있는 허망한 일부 젊은이들이 귀감으로 삼아야 하지 않나 하는 생각도 들었다. 어찌 보면 무에서 유를 창출해 내는 그들 젊은 부부에게 한없는 박수와 축하를 보내기도.

돌림길에 마련된 일 년 내내 온도가 그대로 유지된다는 둥그런 돌홈을 보았는데, 젊은이 상당수는 그 밑까지 내려가 체험해 보는 열정적인 모습이 보이기도 했다. 한참 휴식을 취하다 내려왔다. 올라오던 길과는 코스가 좀 달랐고 거리도 좀 짧은 듯했다. 자세히 보니 해설자가 말했던 검은 기석에 달라붙은 파란 콩자개 식물, 고사리와 고리 등의 여러 식물들이 눈에 들어왔다. 연약한 듯한 넝쿨식물들이 기어 올라가 세월이 흐르면 결국 아름드리 소나무 등 큰 나무들도 죽어 쓰러지고 마는 무서운 자연현상이 일어난다는 해설이 있었는데, 길 저 멀리에 쓰러져 생명을 다한 커다란 나무나 고목(枯木)들이 널려 있었다.

봄철의 거문오름 관람에서 보았던, 곶자왈에서만 볼 수 있다던 좀 큰 구멍이 있는 돌무더기 숨골도 괴암들이 모여 있는 골짜기의 여기 저기에서 눈에 들어왔다. 그리고 여기 눈 올 때도 눈이 녹는 곳이 있고 안 녹는 곳이 있는데 그늘진 곳은 눈이 안 녹는다고 쳐도, 여기 제주도는 화산지대다 보니까 바로 녹는 곳이 있고 눈이 아예 안 녹는 곳이 있다고 하는데 각각 땅의 온도가 달라서 그런다나. 엊그제 눈이 와서인지 하얀 눈이 저 멀리 보이는 곳도 더러 있었다.

곶자왈을 빠져나와 입구 쪽에 설치된 환상숲 곶자왈의 학습원에 들렀는데, 우리들이 구경했던 곳 중 아름답다고 기억되는 곳의 사진들이 다수 게첨되어 있는가 하면 실물을 볼 수 없었던 해설자의 아내가 해맑게 웃는 부부 사진이 눈길을 끌기도 했다. 곶자왈을 눈으로 보기만 하는 단순 차원에서 곶자왈의 보전 가치를 새롭게 인식하게 하는 아이디어 측면에서의 그럴듯한 장소도 만들어 놓아 즐감의 체험과 힐링 장소로서도 제공하려는 의도가 엿보였다. 한마디로 힐링하면서도 곶자왈의 자연 보전 가치를 의미 있게 배워 보는 관광이었다고 생각되었다.

날씨가 춥다. 어두워지기 전에 추사 김정희 기념관 관람이 아직 남아 있어서 우리 일행은 그곳으로 차량을 재촉했다.

# 7인 산우들,
# 히말라야 기를 받고 돌아오다

2016 병신년이 저물어 가는 12월 30일(금) 13시 25분. KE695편으로 네팔 카트만두를 향해 인천공항을 출발한 「경복45회산우회」 소속인 우리 7인은 바야흐로 세계의 지붕인 히말라야 트레킹의 장도 비행을 시작했다. 평소 가고 싶었던 네팔에 가게 됐다는 설렘, 특히 이순(耳順)의 고교 친구들과 안나푸르나를 가게 됐다는 흐뭇한 생각에 묘한 흥분이 일어 왔다.

7인의 산우 중 박찬용, 안종율, 어재선, 용희주, 이영노, 최영효 산우들은 베테랑이지만, 나는 초보자로서 트레킹 진행 중 나로 인해 예기치 못한 돌발사태가 나서 다른 친구들에게 부담으로 작용하지 않을까 하는 우려스런 생각이 머리를 떠날 날이 없었던 점, 그래서 나는 남한산성을 한 달 동안에 7차례 오르내리는 나만의 비밀스런 준비 과정을 치렀던 일들로 상상의 나래를 펴다 보니 7시간의 비행 일정이 마무리되고 어둑해질 무렵 우리나라보다 3시간 15분 늦은 시차로 오후 6시 10분경 무사히 카트만두 공항에 도착했다.

처음 대하는 카트만두 공항은 규모가 작고 좀 덜 정리된 특유의 감을 풍겼다. 가이드 로산을 만나 준비된 차로 시내로 이동하여 숙소인 야크 앤드 옛티 호텔에 도착한 바, 입구에서 아가씨로부터 꽃수레를 목에 일일이 걸어 주고 이마에는 빨간 곤지를 찍어 주는 환영 행사를 당했다. 그 뒤 체크인, 숙소를 배정받고 여장을 풀었다. 헌데, 호텔 바로 인근에 한글 간판의 '평양아리랑식당'이라는 북한식당이 크게 눈에 들어와서 모두들 의외로 깜짝 놀라기도.

조금 지나 호텔을 나와서 네팔식 전통가옥으로 안내되어 저녁 환영 만찬 시간이 됐다. 촛불이 켜진 꽤 넓은 은은한 홀에는 이미 외국인 몇 팀이 와 있었고 나중에는 현지인도 모여들었다. 우린 예약된 중앙 쯤에 자리 잡아 앉았는데, 시간이 되자 네팔 전통의상을 입은 네왈족 젊은 남녀들이 나와 가무를 하니 본격 만찬이 시작됐다. 호기심과 시장기를 느낀 우리들은 그들이 제공하는 달밧(Dal Bhat)이라는 네팔 밥을 들면서 42.5도의 전통주인 럼주를 1m 높이에서 작은 잔에 한 방울도 흘리지 않고 따라 내리는 익숙한 묘기에 눈길을 빼앗기고 말았다. 더불어 한마음으로 에베레스트 네팔맥주로 내일부터의 트레킹 장도를 자축하고 기원하는 건배 샷을 했고 가끔 박수도 치면서 스마트폰의 셔터도 눌러 대면서 즐겁고 유쾌한 네팔과의 첫 만남의 시간을 보내기도.

기분이 업되고 네팔독주로 벌게진 얼굴들이 되어 호텔로 되돌아왔다. 종율 산우와 같은 방을 쓰게 된 나는 이미 취기도 됐고 내일부터 시작되는 트레킹에도 대비해 비교적 일찍 취침에 들었으나 낯선 외국이어서인지 여느 산우들처럼 깊은 잠을 이루지 못하고 첫날밤을 보냈다.

다음 날 호텔 조식 후 카트만두 공항에서 국내선 타타에어를 탑승하여 고도 800여m의 포카라로 향했다. 약 40분의 비행 중 하얀 설산 봉우리가 저만치서 보여 왔다. 연속된 설산을 보다니 감동적이다. 어느 시골풍의 포카라 공항에 내려서, 전용버스로 1,070m의 나야풀(Naya Pul)에 다다르니 도로 길 건너편의 「네팔 광주진료소」(GWANGJU CLINIC)라는 한글 간판이 우리들 눈앞에 첫손님으로 확 들어와 박혔다. 배달겨레라서인지 반가웠다. 우리의 카고 백을 트레킹 내내 날라다 줄 순박한 포터들과 만났다. 우리는 배낭을 메고 두 손에 스틱을 든 트레킹인으로 변신하여 큰 도로에서 벗어난 곁길 고샅길로 접어들었다.

한 시간쯤 걸어서 휴식 장소에 도착, 부가이드 레섬과 우리들에게 식사를 제공해 줄 세프팀을 만났다. 그들이 그 장소에서 직접 만들어 제공한 배추쌈 등 한식으로 점심을 때웠다. 배달겨레의 혼이 밴 한식, 맛있었다.

점심을 마치고 본격적인 트레킹이 시작됐다. 마음속으로 끝까지 견디어 내겠다는 다짐을 해 본다. 좀 넓었던 길을 벗어나 좁다란 산행길이 시작됐다. 이제부터 오르막인데 돌판 길 곳곳에 말똥들이 보이고 노새도 더러 보인다. 노새, 말들이 중요한 교통수단이기 때문이리라. 가끔씩 동네 주민들이 이용하는 네모진 빨래터와 물이 흐르는 계곡들도 보인다. 천천히 걷다 보니 땀도 나는데 놀른파티라는 붉은 꽃들의 반김을 받으며 비렌탄티(1,050m)를 거쳐 오늘의 목적지 티켓퉁가(1,540m)에 모두들 도착했다.

오늘은 첫날로서 준비운동 차원이지만 첫날 트레킹 일정을 소화한 것 자체가 나로서는 성공적인 출발이었다는 자평이 들었다. 우리들의 숙소는 2개의 침대가 간신히 놓인 롯지의 3층으로 첫날처럼 2인 1조로 방을 배정받았고, 이런 방식은 내내 지속됐다. 카고 백을 풀고 오늘 가이드로부터 무상 대여받은 침낭을 침대 위에 펼쳐 잠자리를 만들어 보았다. 〈정글의 법칙〉에서 화면으로만 보았던 나로선 침낭 생활이 낯설고 어설펐다. 빨리 적응해야 할 텐데….

그러고 보니 오늘은, 오늘 밤은 2016년 병신년의 마지막 밤이다. 세밑을 외국의 네팔 산간에서 이렇게 보내다니! 네팔의 티켓퉁가에서 맞은 2017년 정유년 새해 원단(元旦)! 만사가 형통하길 기원해 본다. 우리의 트레킹이 성공하기를 기원해 본다.

2,000m 이상의 지대가 계속 이어지니 앞으로는 물을 많이 마셔야 한다는 가이드의 주문에 따라 각자 1리터 물을 준비해 08:00 트레킹을 출발했다. 날씨는 맑다. 오르막을 익숙히 오르는 학교 가는 어린 아이들이 시야에 들어왔다. 그들에게 이해심 많은 박찬용 대장이 캔디를 선물하니 당연한 듯 잘 받아 든다. 가끔 만나는 서양인들과 'Happy New Year! 나마스테!' 반갑게 인사를 나눴다. 몸이 더워지고 땀이 났다.

약 2시간 걸어 울레리(1,960m)를 거쳐 또 약 1시간 30분 걸어서 반단티(2,210m)에서 바로 앞에 펼쳐진 산자락들을 완상하며 맥주에 비빔밥, 계란국으로 점심을 했다. 약간 추위를 느끼는 판에 문득 까마귀 두 마리가 허공을 날더니 검은 구름이 덮이고 흐려지기 시작했다.

점심을 마친 우린 오르막길의 트레킹을 이어 간다. 오후가 깊어지자 비가 왔고 올라 걸어가니 싸락눈, 함박눈으로 바뀐다. 가이드의 지시에 따라 우비로 갈아입고 비탈길을 천천히 걸었다. 어느 휴게소에서 난로 옆에 모여 만장일치 맥주로 입가심하며 하얀 옷으로 갈아입은 아름다운 뭇 나무들, 산들을 지척에서 쳐다보다 보니 어느새 우리의 마음도 하얀 마음으로 순화됨을 느낀다. 우리의 역사적인 히말라야 트레킹을 축하해 주는 암시성의 새해의 서실(瑞雪)! 오랜만에 기분이 마냥 즐거워진다. 몸이 축축해지고 힘들지만 조용히 약 3시간 30분 걸으니 고레파니(2,860m)의 멋진 입구에 닿았다.

입구에서 모두 모여 인증 샷! 총 산행 시간이 약 7시간에 산행거리 약 8㎞였다. 입구에서 지친 몸을 추스르며 한참 힘들게 오르막 돌계단을 걸어 숙소인 롯지에 도착하여 여장을 풀었다. 전력 사정이 안 좋은지 전기가 나갔다나. 추워서 난롯가에 옹기종기 모여 앉아 젖은 옷가지를 말리기도 한 우리들은 저녁 식사 후 잠자리에 들었다.

자는 둥 마는 둥 일어난 1월 2일 05:15, 가이드 측이 준 뜨거운 차를 마시고, 우리들은 05시 30분 캄캄한 새벽 푼힐전망대를 향해 헤드랜턴을 차고 장갑 낀 손으로 두 스틱을 잡고서 롯지를 떠났다. 조심조심 눈 덮인 길을 오르다 보니, 매표소 입구에 다다라 티케팅을 하고 계속 오르니 눈 덮인 산세들이 드러나기 시작한다. 왼쪽 가슴이 어슴푸레 답답한 감이 왔는데 이거 고산병 시초가 아닌가 하는 불안감이 엄습했다. 나중에 들으니 다른 산우들도 비슷한 경험을 했다고.

어느덧 정상인 푼힐 전망대(3,210m)에 당도했다. 세찬 바람 속에 만감이 교차한다. 이런 추운 새벽에 이렇게 많은 사람들이 운집하다니! 우리는 가이드의 설명을 들으면서 푸른 하늘 아래 장중 · 우람하고 신비스럽게 자리하고 있는 다울라기리(8,172m), 안나푸르나 남봉(7,219m), 안나푸르나1봉(8,091m), 히운출리(6,441m), 네팔이 신성시해서 등정을 원천봉쇄하고 있다는 마차푸차레(6,997m) 등의 연이은 신봉(神峰)들의 장관을 감탄 음을 내뱉으며 한참을 미동도 하지 않고 보며 감상하다가 즐거이 가이드의 사진 찍는 인증 샷의 대상이 되기도 했다. 여기저기서 신봉들을 배경으로 사진 박느라 한창들, 정말 정신없이 황홀했다.

좀 지나니 동쪽에서 부옇고 둥그런 눈부신 일출 장관이 펼쳐지는 게 아닌가! 나는 그만 숨이 멎는 듯한 진한 감동을 느끼며 나도 몰래 눈감고 두 손 모아 아내의 건강을 지켜 주시옵소서 진심으로 기도하고 말았다. 지난 연말 뜻밖의 폐암1기 판정을 받고 수술을 기다리는 아내의 머얼건 얼굴이 쳐다보는 하늘 속에 오버랩되었기 때문이다. 그 외에도 여러 가지의 소원을 빌어 댔었다. 순간이 멈춘 듯한 그러한 순연한 마음이 절로 되었다.

정상에 오르면 내려가야 하는 법. 눈앞의 최망루는 주저되어 나는 포기, 각자들 하산 길을 하는 데에 조용히 동참했다. 모두들 즐겁게 하산들 한다.

롯지에 돌아와서, 선크림을 바르고 좀 늦게 9시경 눈길 속의 트레킹을 시작했다. 가파른 급경사 언덕길을 계속 오르니 바람도 불고 저 멀리 새벽에 갔었던 푼힐전망대도 보인다. 우린 등산장비로 무장하고도 힘이 드는데 포터, 식재료 짐꾼들은 그 무거운 짐들을 그저 맨몸만으로 운반하고 있으니 놀랍기만 하다. 그런데, 숲속의 오솔길로 접어드니 눈을 덮어쓴 생을 다한 아름드리 고목들이 여기저기 보인다.

모두 무사히 데우랄리에 도착해서 휴식을 취했다. 불을 쬐며 라면으로 점심을 때우고서 이젠 신경을 바짝 차려야 할 급경사 계곡을 내려가는데, 오후만 되면 일기가 변하는 것 같다. 비가 쏟아지기 시작하다 금방 눈발로 바뀐다. 안전상 아이젠을 꺼내 신으라는 가이드의 주문을 준수하며 이끼 낀 나무들이 뒤덮인 계곡을 끼고 하산하다가 안전한 곳에서 아이젠을 벗어 냇물에 씻기도. 땀 흘리고 지친 몸으로 천천히 걷다 보니 총 산행 시간 약 6시간 산행 거리 약 9㎞의 목적지 따다파니(2,630m)에 도착하게 되어 오늘의 트레킹은 종료됐다.

트레킹 넷째 날 1월 3일(화). 설산이 저 멀리 작게 보이는 곳에서 일출 장면을 지켜보면서 조식을 취한 운 좋은 아침을 맞았다. 08:05 출발, 내리막 오솔길이다. 한 시간쯤 걸으니 더워지고 땀이 나기 시작하여 웃옷을 벗어 배낭에 넣었다. 출발하기 전 물 1리터 챙기는 것은 기본이고 나도 이제 고참들의 지혜를 자연스레 배워 가는 중인 것 같다. 킴롱(1,800m)을 다 와 가는 데에도 충성스런 개 한 마리가 계속 환송 나오는 게 아닌가. 어젯밤 눈 속의 롯지 우리숙소 옆문에서 웅크리고 잤던 검은 개인데 우리들을 알아보고서 떠나는 것이 못내 아쉬워 우리 앞에 길을 안내하고 있었던 듯, 불현듯 못된 인간보다 나은 영물이라는 생각이….

해가 저물어 가는 오후 모두 시누와(2,360m)에 도착, 여장을 풀었다. 시누와를 벗어나게 되면 개인 롯지는 없고 정부소유 롯지만 있단다. 오늘의 총 산행 시간은 약 6시간, 산행 거리 약 9㎞이다.

아침에 일어나서 아름다운 앞의 선경에 취해 졸시를 한 수 지어 봤다.

## 시누와의 아침

내 눈앞에
펼쳐진 켜켜이 싸여진 산, 산들
조용하고 찬란한 아침 해가 저렇게 가까이 솟아오르니
파아란 하늘 아래, 신(神)의 산 히말라야산들이
더욱더 또렷해지는구나.
그냥 바라만 보고 있어도
그 장중함에 무아지경의 선경(仙景)에
저절로 빠져드는구료
또다시
새로움이 마음에서 시작되는
안나푸르나의 한 자락 시누와에서
무위이불무위(無爲而不無爲)를 그윽히 조망해 본다.

트레킹 다섯째 날 1월 4일(수). 09:05 시누와를 출발하니 오르막 길이 펼쳐진다. 윗시누와에서 설산을 배경으로 인증 사진을 찍었다. 우렁찬 계곡물 소리가 산신(山神)의 음성으로 다가오는가 하면 작은 대나무 군락이 끊임없이 이어진다. 오르막 내리막의 오솔길을 물을 마셔 가며 걷다 보니 길섶에 보라색 꽃들이 고개를 내밀기도 하는 경관도 감지된다. 어느새 우린 걷는 자의 무아지경(walker's high)에 빠지는 것 같기도 했다. 대나무가 많아서 이름 지어진 밤부(Bamboo 2,310m)의 어느 쉼터에서 차를 마시며 햇볕의 참 고마움을 철학자가 되어 이야기하기도 했다.

도반(2,600m)에 이르러 물고기 꼬리 모양이 선명한 마차푸차레를 우아하게 쳐다보면서 우리의 전통음식 수제비 점심을 먹었다. 국내에서도 일 년에 한 번 먹을동 말동 한 수제비를 미토('맛있게'의 네팔어) 먹은 후 트레킹 절반을 소화한 기념으로 저 멀리 마차푸차레를 배경으로 인증 샷을 한 후 우리는 계속 올라가니, 대나무숲과 우렁찬 계곡물 소리가 우리와 함께했다.

오후가 깊어 가니 으레 그렇듯이 또다시 날씨가 변동을 부리기 시작, 진눈깨비와 싸락눈발이 차디찬 바람결에 시작되더니 울퉁불퉁 올려다 걷는 길만 보이는 설해운(雪海雲)의 악천후가 앞을 가렸다. 종율 산우와 나는 후미에서 조심스럽게 천천히 고개를 넘으니 힌쿠 바위를 지나 어두워진 후 목적지인 데우랄리(3,230m)에 왼쪽 가슴이 약간 먹먹해지고 가쁜 숨에 힘들게 도착했다. 총 산행 시간 약 8시간에 산행거리 약 10㎞의 강행군을 무난하게 치러낸 셈이다.

트레킹 여섯째 날 1월 5일(목). 우린 마차푸차레 영봉(靈峯)을 보면서 조식을 했다. 지상은 하얀 눈으로 뒤덮이고 하늘은 맑은 가운데 데우랄리를 떠나, 이번 트레킹의 피크 지점에 도달하는 발걸음을 내디뎠다. 나는 물을 마셔 가며 천천히 걸었더니, 'Now you are in Machapchre(당신은 바야흐로 마차푸차레에 와 있습니다).'라는 안내판이 보이는 게 아닌가. 그리고 가까이에서 우뚝 선 세계 3대 미봉(美峰) 중의 하나인 삼각형의 마차푸차레 영봉이 또렷이 신비스런 자태로 영주(永住)하고 있는 게 아닌가.

안내판 서 있는 곳에서 좀 오르니 MBC(3,700m)에 닿을 수 있었다.

태양은 가까워서인지 맑았고 바람도 거의 없는 좋은 날씨에 점심을 기다리고 있는데, 오를 때 만났다던 부산 여인 둘이서 우리, 특히 최영효 산우를 보고 나이 든 고교 동창들이 함께 이런 데 오시다니 대단들 하다며 반색을 해 왔다.

점심 식사를 마친 우린 아이젠을 차는 등 완전 장비로 최종 목적지를 향해 천천히 나아갔다. 오후가 되니 또다시 눈발이 날리기 시작한다. 걷다 보니 저 멀리 ABC(4,130m)가 보인다. 전선의 마지막 고지가 보이니, 이제 자신감이 생겨난다. 조바심을 낼 필요도 없다. 천천히 걸어야 고소증의 무리도 없기 때문이다. 지척이 안 보일 정도로 점점 날씨가 안 좋아진다.

드디어, 오후 5시경에 최종 목적지인 ABC에 도착했다. 풍요의 여신 안나푸르나의 서기(瑞氣)가 충만한 바로 그곳 말이다. 경복인 7인 모두 인생에 길이 남을 자신의 임무를 완수한 것이다. 이제 좀 마음이 놓인다. 총 산행 시간 약 6시간이고 산행 거리 약 7㎞이다.

안내판 뒤를 보니, 'You might die tomorrow. So live today.'라는 글이 적혀 있다. '당신은 내일 세상을 뜰지도 모른다. 따라서 오늘은 살아야 한다.' 쯤으로 해석될 터인데 이 구절이 마음에 들어서 옮겨 와 본 것이다. 안내판을 배경으로 몇이서 인증사진을 찍었다.

숙소로 들어가 짐을 풀고 옷을 갈아입고 식당으로 갔더니, 예고된 대로 박 대장이 오늘을 위해 준비한 피맥파티가 열렸다. 안나푸르나 베이스캠프에서 특별히 만든 피자에 맥주를 마시다니 정말 꿈만 같았다. 다들 그러한 것 같았다. 창밖은 잔뜩 진눈깨비로 지척분간이 어려울 정도, 헌데 자꾸 졸리고 머리가 띵해진다. 모두들 그런다니

자면 안 된다는 가이드의 조언이다. 10시까지 자지 않아야 잠자는 데 문제가 없단다. 식당 안인데도 써늘하고 추워서 현지인 모두들 모포를 걸치고 가만히 있는 상태다.

트레킹 일곱째 날 1월 6일(금). 오늘은 우리 모두에게 히말라야 트레킹에서 최고의 날이다. 05:15 모닝콜, 05:30 대망의 안나푸르나 일출 장관의 파노라마를 볼 시간이기 때문이다. 밤새 눈이 내려 세상은 온통 새하얀 나라가 되어 있었다. 진눈깨비로 지척을 분간 못 했던 간밤의 형적은 전연 찾을 수 없을 정도로 일기가 좋아졌다. 천만다행이다.

우리는 조심스럽게 눈길을 걸어 갖가지 많은 룽덜이 나부끼는 곳, 빙하가 바로 보이는 높은 곳으로 올라갔다. 좀 지나니 저 멀리 동이 터 온다. 흰 옷으로 치장한 안나푸르나 남봉, 1봉, 히운출리, 3봉, 마차푸차레의 영봉들이 신령스럽게 아주 가까이에서 대형영화 스크린에서 보는 것같이 눈앞에 절경으로 다가온다. 정말 감동적이다. 환상적이라고나 할까.

한참 보노라니, 태고의 파란 하늘 연못에 안나푸르나 순백의 봉우리들이 거꾸로 풍덩 빠져 있는 모습이 보였다. 전연 오염이 없는 태고 순연의 진면목(眞面目) 그것이었다. 무위이불무위(無爲而不無爲)의 무위자연 바로 그것이었다. 일시무시일(一始無始一)에서 시작하여 일종무종일(一終無終一)로 끝나는 배달겨레의 영원한 성전(聖典)인 천부경(天符經)의 탄생지가 바로 이곳이 아닌가 하는 숭고한 느낌도 들었다. 나아가, 태초에서 창출된 히말라야의 순수한 정기가 그대로 영주함을 온몸으로 감지하며 그 기(氣)를 그저 아주 자연스럽게 받아들이고 있는 참모습을 우리 7인은 만끽했다.

차츰차츰, 황금빛의 스카이라인이 봉두(峯頭)에 그어지니 그 장관을 놓치지 않고 어느 산우는 스폰에 잡느라 분주한 모습이다. 우리는 또한, 지척에서 거대하고 웅장하며 장엄한 신들이 산다는 영봉들을 몰아지경에 한참 동안이나 넋 나간 듯 바라보다 「경복45회산우회」 깃발을 앞세우고 벅찬 마음으로 인증 사진을 찍었다. 그러다가 빙하더미를 내려다보며 감탄하며 사진을 박기도 하였다. 이 벅찬 마음을 무엇으로 표현해야 할까. 트레킹비 본전을 완전히 뽑은 기분이다. 언제 또다시 올 수 있단 말인가….

좀 시간이 지나니, 우리뿐만이 아니고 많은 사람들이 몰려온다. 우리는 그곳을 벗어나서 가까이 있는 박영석(1963년생) 대장 추모비로 갔다. 박영석, 신동민, 강기식 한국의 세 영웅에게 묵념의 예를 표하고 나왔다.

09:15 하산하면서 ABC 요소요소에서 히말라야 안나푸르나의 생기(生氣)를 온몸으로 깊숙이 받으며 즐겁게들 기념촬영을 했다. 온통 은백색의 세계를 날씨도 좋은데, 홀가분한 마음으로 내려간다. 내려가면서 MBC에서 올라오는 사람들도 만날 수 있었다. 거대한 물소리를 들으며 나도 무릎 보호대를 하고 조심조심 속도를 내면서 밤부(2,310m)까지 17:30 내려와 숙소에 묵었다. 총 산행 시간 약 7시간에 산행 거리는 약 13㎞에 달하였다.

우리는 잠자리에 들기 전 가벼운 술 마시기 등으로 화합과 산행성공을 빌고 다지는 종례를 첫날부터 가져왔는데, 오늘은 모처럼 네팔의 럼주가 나왔다. 이제, 트레킹도 끝나 가서 긴장이 많이 풀어진 탓인지 모두들 40여 년 전 꾀꼬리동산의 고교 시절로 돌아가 유병국 독어선생에 대한 좋고 나쁨의 상반된 평가, 그림을 평가하면서 수준 이하라는 의미의 낙선후보를 외쳐 댄 소록도 미술선생, 째째 화학선생, 실력 없음을 공포로 커버한 맹동호 독어선생 등 모처럼 추억의 보고를 잔뜩 열어서 생각나는 여러 은사들에 대한 한마디씩의 에피소드를 양념과 안주 삼아 즐거운 이야기꽃을 피우며 파안대소(破顔大笑)의 종례를 치르기도 했다.

트레킹 여덟째 날 1월 7일(토). 조식 후 모두 어제에 이어 홀가분한 마음으로 밤부를 출발하여 하산했다. 내려오는 길인데도 거듭된 가파른 오르막에서 무리 진 중국인들, 자신들의 버킷리스트를 이루기 위해 왔다는 한국 대학생 2명, 그리고 EBS에서 주최한 학생 트레킹에 참가한 어느 한 고등학생이 길가에 주저앉아 힘들어하는 모습도 보였다. 그런가 하면 길섶에 버려진 초콜릿 껍질이나 비닐봉지가 가끔씩 눈에 띄어서 히말라야의 자연보호 측면에서 옥의 티로 여겨지기도…. 촘롱으로 올라가는 돌계단에서는 난 어린이 둘에게 마지막으로 남은 초콜릿을 선물하기도 했다.

촘롱에서 점심을 했다. 우린 맥주 13개 캔을 마시며 지나온 길을 감회에 젖어 방금 마신 맥주 캔을 모은 앞에서 기념촬영을 하기도. 내려오면서 우리는 안나푸르나의 서기(瑞氣)를 잔뜩 받아서인지, 여유가 생겨서 트레킹하는 한국인들을 알아보고 '안녕하십니까' 하고 수인사를 건네기도 했다. 그만큼 한국인들이 많이 안나푸르나로 트레킹을 오는 모양이다.

오늘의 목적지 지누(1,780m)에 도착하니, 상당히 세련됐다는 인상을 준다. 총 산행 시간 약 6시간 그리고 산행 거리는 약 9.5㎞ 걸렸다. 여장을 풀고 수영복으로 갈아입고 가녀린 숲속 길을 내려걸어서 계곡가에 설치된 노상온천장에서 즐거운 목욕을 했다. 우리는 가이드 측이 제공한 시원한 맥주와 삶은 달걀을 탕 안에서 먹고 마시며 피로가 가시는 우리들만의 유쾌한 온천욕을 즐겼다.

온천욕 후, 롯지로 되돌아와 저녁 특식 염소고기를 먹고 보트카도 마셨다. 그리고 서로들 많은 맥주를 마셔 댔다. 15명의 스태프들과 어우러져 식사를 하며 릴립 세프의 노래를 들으면서 그간에 쌓인 서로의 정을 교감했다. 일종의 송별회 형식의 파티가 진행된 것인데, 이영노 산우의 유창한 영어 사회와 안종율 산우의 현지인과의 격이 없는 춤사위 솜씨가 더욱 흥을 돋구어 주는 국제적인 화합의 자리를 만들어 냈다.

트레킹 아홉째 날 1월 8일(일). 08:05 서로들 임무를 마쳤다는 홀가분한 마음으로 큰 울림소리를 내는 강을 끼고 내리막길을 하염없이 내려오니 왕대나무들이 시야에 들어왔다. 몇 번 휴식 장소를 지나 마지막 오르막길을 좀 힘들게 오르니 넓은 비포장도로가 나타났고 11:30 시와이에 도착했다. 여러 종류의 차량들이 옹기종기 모여 있었다.

시원한 맥주로 입가심들을 하고 비빔냉면으로 점심을 하는데 애처가인 용희주 산우는 마누라 생각이 난다고 조용히 고하는 것이 아닌가…. 말은 안 했지만 6인의 산우들도 동궤(同軌)이리라.

점심 후 지프차 2대로 덜컹거리며 내려가니 얼마 후 광주진료소가 낯익은 나야풀에 도착했다. 지누에서 나야풀까지 총 이동 시간은 약

4시간이 소요되었다고 한다. 그러고 보니, 9일에 걸쳐서 약 80㎞를 걷고, 약 70시간에, 약 3,000m 고도를 올라갔었던 히말라야 트레킹 대단원의 막이 성공리에 내린 것이다. 가이드로부터 안나푸르나 트레킹 인증서를 우리 모두 받았다. 만화가인 어재선 산우는 이번 트레킹으로 그만의 매력을 느꼈다며 앞으로 네 번 정도 히말라야에 더 올 것이라고 공언하기도….

만남이 있으면 이별도 있는 법. 우린 스태프들과 악수로 작별 인사를 서로 나누었다. 눈들을 보니 모두 그간에 많은 정이 들었던 모습들이다. 같이한 스태프들의 앞날에 좋은 일이 많기를 기원해 보았다. 소형차 1대로 나야풀을 떠난 우리는 처음 왔던 길 등을 거꾸로 지나서 포카라에 도착했다. 페와호수에 갔는데 별로 보트 탈 의향들이 없어서 되돌아와 시장을 구경하기로 했다. 레셈 부가이드와도 작별을 했다. 순간 난 피곤이 엄습해 왔다. 움직이기 싫어져 길가의 스탠드에 걸터앉아 멍한 표정으로 물끄러미 주위를 보다가 숙소인 샹그릴라 호텔로 향했다. 석식 후 각자 휴식을 취하면서 긴 하루를 마무리했다.

다음 날은 호텔에서 조식한 후 정원에서 저 멀리 보이는 익숙한 안나푸르나, 마차푸차레를 감상하고서, 포카라 공항으로 이동하여 국내선으로 카트만두에 도착, 첫날 보였던 '평양아리랑식당'에서 모두 점심을 먹었다. 어느 산우는 북한식당은 처음이라고 한다. 난 공무원으로서 청와대 재임 시인 2002년 항일투쟁전적지 답사팀의 일원으로 하얼빈을 방문했을 때 들른 적이 있어서 두 번째다. 우리가 일찍 들러서인지 점심때의 손님은 우리뿐이었다. 맥주를 마시고 돌림방식

식탁에서 김치 등과 평양냉면을 먹었는데 특히 하얀 백김치가 맛있었다. 그리고 세수간, 미모의 여종업원이 인상적이었다.

점심을 해결한 우리는 왕궁을 지나 타멜시장을 방문하고 쇼핑도 했다. 외국인들이 많은 것을 보니 국제도시라는 생각이 들었고 공항에 도착해서 침랑은 되돌려준 다음, 우린 그간 정든 가이드 로산과도 아쉬운 마지막 작별을 했다.

1월 9일(월) 20:30 KE696편으로 카트만두 공항을 이륙한 뒤 1월 10일(화) 05:30 인천공항에 도착하여, 경복(景福)산우 우리 7인은 여독을 안은 체였지만 히말라야 서기를 맘껏 받아 향유해서인지 마음은 충만돼 있음을 확인하면서 1월 20일 해단식 때 보기로 하고 각자 그리운 자기의 집으로 향하였다.

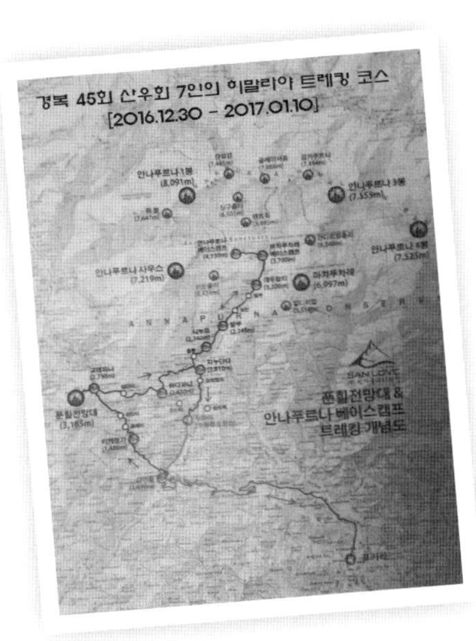

셋째 마당

# 진짜와 사이비

진짜의 입지를 좁히거나 가두고 사이비가 판치는 세상!

결코 그러한 우려스런 세상이 되서는 안 된다.

선량한 다수 국민의 한결같은 염원인 국가 발전이나

사회 발전에 크나큰 해악이 되는 암적 요소들로서

절대 용납되어서는 안 되기 때문임은 불문가지이기에.

# 배달겨레의 성전(聖典), 천부경(天符經)

9천 년 전 환국(桓國)에서 구전되어
6천 년 전 배달국에서 녹도문자(鹿圖文字)로 기록되고
5천 년 전 단군조선에서 전서(篆書)로 옮겨져서
1천 년 전 최치원 선생이 한자(漢字)로 다시 번역해 오늘에 이른
세계 최고(最古)의 장구한 천부경(天符經)엔

모든 것이 하나에서 시작하여 하나로 돌아가되
오롯한 그 하나는 본디 시작도 끝도 없고
사람 안에 근본이 되는 하나의 세 가지 모습인
하늘[天], 땅[地], 사람[人] 모두 들어 있다네.

이러한 원리의 실천 지침으로서
널리 모든 인간, 모든 생명을 이롭게 하려는 총 81자(字)의
배달겨레의 성전(聖典)이 바로
인류 최고(最高)의 유산 천부경이라네.

『천부경』은 천제환국(天帝桓國) 시대의 구전(口傳) 심서(心書)다. 신시(神市) 이래로 유구한 역사를 통하여 전래되어 온『천부경』은 하늘의 이치와 부합이 되는, 즉 부절(符節)과 같은 글[經]이라 할 수 있는데, 오랜 옛날 고대 단군조선에서는 나라를 다스림에 천심(天心)으로 마음을 삼아서 백성을 사랑하고, 백성의 덕으로써 덕을 삼아서 하늘을 받들었으니 아마도 이 글은 크게는 국가의 통치 이념으로서 혹은 백성의 교화 수단용 교육 이념으로서 전해져 내려왔을 것이고 작게는 수신(修身)에 관한 요결문(要訣文)으로 사용되었을 것이다.

그래서『천부경』을 읽다 보면 비록 81자로 된 짧은 경전의 글이지만 그 속에는 천리(天理)가 온전히 함축되어 있음을 느낄 수가 있으니, 참으로 우리 민족의 경전으로서 만세토록 전할 수 있는 진경(眞經)이라 하지 않을 수 없다고 생각된다.

익히 알듯이, 우리 민족은 옛날부터 태양을 숭배했다. 하늘은 '천(天)'이라 했으니, '일대위천(一大爲天)'이요, 태양 역시 네모진[口] 안에 일(一)을 담았으니 태양은 하늘의 정기를 담아서 빛에너지로 발산하고 있는 것이다. '하늘과 부합한 글'이라 해서 '천부경(天符經)'이라 한 것이니 『천부경』이 우리 민족 고유의 글임과 동시에 『천부경』 속에 후천의 운기(運氣)가 동북 간방(艮方) 속에 다시 계승되리라는 뜻을 담고 있는 것으로 여겨진다.

『천부경』은 글자 수가 81자이며 수의 합이 99다. 주역에서도 '무구(无咎)'는 글자가 역시 99자이며, 태극인 1에서부터 시작해서 천지인 삼재와 육효와 구궁으로 이루어지는 내용들이 주역과 부합한다. 글 속에 삼(三)이 8번 나오니 '삼팔 목도(三八木道)'를 상징하고, 중복되지 않는 낱글자로 45자가 되니 낙서 수에 부합한다. '일묘연(一妙衍)'의 연(衍)은 대연지수(大衍之數) 50의 뜻이라 할 수 있고 '만왕만래(萬往萬來)'에서 만물은 11,520수를 의미하니, 태극의 1이 50대연수로 넓혀지고 만물이 왕래하는 이치를 설명하고 있음을 알 수 있다.

그리고, 『천부경』을 계속 읽다 보면, "本心本太陽昻明(본심본태양앙명: 인간의 본래 마음은 원래 태양처럼 밝고 밝다)"라는 구절이 특히 나의 눈에 띄어 주목되곤 한다. 이 구절은 인간의 본성을 태양에 비견했다는 점에서 태양 숭배의 철학적 · 신비적 교의(教義)와 맥락이 닿아 있다고 생각된다.

공자의 인(仁)의 철학에서 바탕한 맹자의 성선설과 이를 계승한 후대의 성리학과 양명학의 본성론, 모든 사람은 부처가 될 가능성을 가지고 있다는 대승불교의 불성론과 여래장사상, 우주에는 도가 있고 또한 우주는 도에 의해 운행되고 있으므로 억지를 부릴 필요가 없이 도에 순응하기만 하면 된다는 도교의 무위자연 사상, 인간의 진정한 자아는 우주의 궁극적 실재인 브라만과 동일한 존재라는 힌두교의 우파니샤드와 베단타 철학의 범아일여 사상, 인간은 본래 빛의 세계인 플레로마에 거주하고 있었으나 실락하여 물질계에 살게 되었다는 영지주의의 인간론 등의 표현법들과는 달리, 『천부경』에서 태양을 들어 인간의 본성이 본래 아주 밝은 것이라고 말한 것은 특기할 만한 사항이라고 판단되기 때문이다.

종합적으로 말하자면, 『천부경』은 배달겨레의 통치서(統治書)이자 심서(心書)다. 따라서 이 글은 염(念)하고 송(誦)하는 가운데 마음으로 느껴서 알 수 있는 것이지 논리적으로 이해할 성질의 것은 아니라고 본다.

내가 아는 몇몇 사람들이 '『천부경』을 계속 염송하는 중에 개안(開眼)이 되더라.'라는 이야기를 듣곤 했었는데, 이 이야기는 『천부경』이야말로 말로서 표현할 수 없는 오묘한 경지를 대변해 주는 거라고 판단된다. 그 이유가 무엇인가? 글을 읽노라면 눈 따라 마음이 가고 마음 따라 기(氣)가 행하는 것. 저절로 천도와 부합해 나갈 수 있는 것이란 말이다.

글을 소리 내서 읽으면 오음(五音)에 오장(五臟)이 진동해서 탁기(濁氣)인 탄소(炭素)를 토하고, 생기(生氣)인 산소(酸素)를 흡입하게 된다. 자연히 기가 조화를 이루고 피가 맑아져서[氣和血淸] 건강을 도모하고 오래하면 예지력도 생기게 마련이다. 영가무도가 바로 이 원리를 밝힌 것이요 대대로 내려온 우리 배달겨레의 전통 수련법인 것이다.

그럼, 여기서 국제뇌교육종합대학원 총장인 일지(一指) 이승헌 님의 『천부경』에 대한 탁견에 주목해 보는 게 좋을 것 같다. 읽고 읽다 보면 많은 영감과 새로운 깨달음을 얻게 되리라. 그는 홍익철학과 삼원

철학은 깨달음의 의식을 표현한 철학이라고 주창하고 이 핵심을 표현하고 있는 것이 바로 한민족의 최고(最古) 경전인 『천부경』이라고 일관되게 강조하고 있다.

『환단고기』에 따르면, 『천부경』은 원래 9천 년 전 환국(桓國)에서부터 구전되어 오다가, 6천 년 전 배달국 때에 우리 민족 최초의 문자인 녹도문자(사슴발자국 모양을 본뜬 문자)로 기록되었고, 이것이 다시 4천4백 년 전 전 단군조선 때에 이르러 전서(篆書)로 옮겨졌다는 것. 전서로 된 『천부경』을 신라의 대학자인 최치원(崔致遠, 857~?) 선생이 한자로 다시 번역함으로써 오늘에까지 전해지게 되었다고 한다.

경전이라고는 하나 여느 경전과 달리 『천부경』에는 섬겨야 할 신(神)도 없고, 그 신에 대한 신비적인 교의도 없다. 『천부경』의 의미는 여러 차원에서 해석할 수 있지만, 그 철학의 핵심은 크게 세 가지이다. 첫째, 모든 것은 하나에서 시작하여 하나로 돌아가되, 그 하나는 시작도 끝도 없다. 둘째, 사람 안에 근본이 되는 하나의 세 가지 모습이 하늘, 땅, 사람이 모두 들어 있다. 셋째, 이러한 원리의 근거에서 나온 실천적 지침으로서, 한 개인이나 한 민족이 아니라 널리 모든 인간, 모든 생명을 이롭게 하라는 것이다.

특히 이 마지막 실천 지침은 지금부터 5천 년 전 '조선'이라는 이름으로 나라를 세운 단군 왕검 때에 이르러, '홍익인간 이화세계'라는 건국이념으로 표현되었다. '홍익인간 이화세계'의 철학은 인간을 인간답게 만드는 교육 이념이면서 동시에 세상을 하늘의 이치[존재의 근본 원리]에 맞게 경영하고자 하는 통치 이념이기도 하였다. '세상을 진리화하라[理化世界]'는 말씀은 이 이념이 지향하는 사회가 앎과 실천이 일치하는 사회, 지식과 현실이 일치하는 사회였음을 말해 준다.

이것을 개인적인 가르침이 아니라 국가의 통치 이념으로 삼았다는 것은, 진리를 삶 속에서 현실화하는 것을 개인적인 선택에 맡긴 것이 아니라 사회 질서 속에 시스템화하고자 했다는 것을 의미한다. 환인에서 단군에 이르는 역사는, 이러한 이상을 실현하기 위해 먼저 우주의 진리에 맞는 올바른 원칙을 세움으로써 조화의 기초를 마련하고, 두 번째로 그 원칙을 가르쳐 실천하게 하고, 마지막으로 사회 자체가 그러한 원칙에 맞게 돌아가도록 법과 제도를 만드는 과정이었다. 이러한 세 단계의 과정을 가리켜 조화(造化), 교화(敎化), 치화(治化)라고 말한다.

조화와 교화와 치화의 역사 속에는 공동체의 구성원 모두가 자신이 누구인지, 자기 삶의 목적이 무엇인지를 깨닫고 자신의 사명을 완수함으로써 스스로의 영적인 완성을 이루고, 자신의 영적인 완성을 통해 자신이 속한 공동체 전체를 이롭게 하는 이상적인 사회의 모습이 구현되어 있다. '깨달음이 상식이 되는 사회'는 현대단학에서 처음 나온 것이 아니라, 이미 이러한 천부철학의 교육 이념과 통치 이념 속에 들어 있었던 것이다.

『천부경』은 속세를 떠난 은둔자의 경전이 아니라, 국가의 통치 이념과 교육 이념으로서 환인의 환국에서 환웅의 신시배달국을 지나 단군의 조선에 이르기까지, 국가 경영의 철학적 기반이 되었다. 우리 민족 고유의 경전인 『삼일신고』와 『참전계경』도 『천부경』과 더불어 교화와 치화를 위한 철학적 기틀이 되었다. 『천부경』이 존재의 근본 원리와 우주의 기본 질서를 밝혀 놓은 것이라면, 『삼일신고』는 그러한 원리가 현실에서 어떻게 드러나는지를 설명하고, 그러한 원리를 깨달을 수 있는 방법(지감 · 조식 · 금촉)을 밝히고 있다. 또한 『참전계경』은 우주의 근본 원리와 부합하는 삶을 살기 위해 여러 가지 규범들을 담고 있다.

그런가 하면, 『천부경』은 삼원조화의 철학을 담고 있기도 하다. 즉, 『천부경』이 전하는 메시지의 핵심은 '사람 안에 하늘과 땅이 모두 하나로 들어 있다.'는 '인중천지일(人中天地一)'이라는 글귀 속에 있으며, 이것은 다시 '시작도 끝도 없는 하나, 모든 존재가 그것에서 나와서 그것으로 돌아가는 하나'를 의미하는 '일(一)'이라는 한 글자로 귀결된다. 이 하나(一)의 세 가지 다른 모습을 삼원(三元)이라 한다. 이를 다시 성(性) · 명(命) · 정(精)이라고도 하고, 이(理) · 기(氣) · 상(像)이라고도 하고, 심(心) · 기(氣) · 신(身)이라고도 하고, 영(靈) · 혼(魂) · 백(魄)이라고도 하고, 천(天) · 인(人) · 지(地)라고도 한다. 이처럼 하나는 셋으로 이루어져 있고, 그 셋이 조화를 이루어 모든 것을 생성한다.

이 세 가지는 서로 떨어져 있는 개체가 아니라 하나의 세 가지 다른 모습이다. 그 본래의 하나를 공(空)이라고도 하고, 무(無)라고도 하고, 0이라고도 한다. 그리고 우리 민족의 전통 철학에서 말하는 '한'이기도 하다. 이것은 모든 정보와 에너지를 생성해 내는 근원이다. 0이나 무나 공은 정보 이전의 세계로서 '있다 · 없다'를 넘어선 상태다. 그렇기 때문에 '있다 · 없다'로 한정 지을 수 없는 '하나(一)'다. 이 하나는 모든 존재와 참모습이고 또한 우리의 본성이기도 하다. 이것을 '한'이라고도 하고 '마음'이라고도 한다.

『천부경』에 내포된 삼원조화의 철학은 이 세계와 인간이 어떻게 창조되고 진화되고 소멸하는지를 보여 준다. 시공의 개념을 넘어서 이루어진 일이지만 논리적 순서로 말하자면, 제일 먼저 하늘이라 불리는 허공[性]이 있고, 두 번째로 땅이라 표현되는 질료[精]가 있고, 그 사이에서 사람이라 표현되는 에너지[命]가 움직이며 온갖 정보를 만들어 내고, 그 정보가 질료를 통해 형상으로 표현되는 것이다. 이렇게 형상화된 것을 가리켜 우리는 세계라고도 하고 우주라고도 한다.

삼원(三元)의 조화에 의해 생성된 모든 것들, 모든 존재는 자신 안에 하나의 세 가지 다른 모습(三元), 곧 정보[神]와 에너지[氣]와 질료[精]를 모두 포함하고 있다. 하나의 세 가지 모습(三元) 중 한 가지는, 다른 두 가지를 연결시키고 조화시키며, 그 둘의 조화를 통해 모든 사물이 생성되도록 한다. 그러한 작용의 주체를 가리켜 성(性)·명(命)·정(精)에서는 명, 이(理)·기(氣)·상(像)에서는 기, 영(靈)·혼(魂)·백(魄)에서는 혼이라 한다. 그리고 하늘과 땅과 사람 가운데서는 코로 하늘의 기운[天氣]을 마시고 입으로 땅의 기운[地氣]을 먹는 '사람'이 바로 조화의 주체다.

존재의 세 가지 기본을 아는 것 그리고 그 세 가지가 서로 어울려 돌아가는 작용을 이해하는 것, 그 셋이 본래 나뉠 수 없는 하나임을 깨닫는 것, 이것이 삼원론철학의 핵심이다. 삼원론은 이원론에 단지 숫자 하나를 보탠 것이 아니라, 세계를 통일된 전체로 파악하는 통합적인 세계관이고, 조화와 화합과 평화의 철학이다. 우리가 이러한 삶의 철학을 가지고 있을 때, 존재의 여러 차원을 동시에 통합적으로 조망할 수 있고, 나아가 대립과 갈등을 극복하는 조화력을 발휘할 수 있는 것이다.

또한, 『천부경』은 우리 배달겨레의 전통종교의 하나인 대종교의 경전이기도 하다. 최초의 판본은 계연수(桂延壽, ?~1920)가 1916년에 발견하여 1917년에 단군교에 보낸 묘향산 석벽본으로서, 최치원이 석벽에 새겨 놓은 것이라고 최초의 발견자인 계연수는 주장하기도….

매년 음력 10월 3일에 대부분의 국조(國祖)를 봉안한 모임에서는 천제를 지내며 경천숭조(敬天崇祖)의 이념을 되새기고 우리 민족 고유의 정신을 고취시키고자 노력하고 있다. 단기(檀紀)도 잊혀 가고 음력 개천절 행사도 점차 사라져 가는 이때에, 추원보본(追遠報本)의 정신을 한 번만이라도 생각해 봤으면 하는 바람에서, 우리 민족 고유의 사상을 다시 한 번 일깨웠으면 하는 배달겨레의 염원에서, 그리고 한 걸음 더 나아가 매일매일 새벽녘에 『천부경』 염송을 생활화하다 보니 『천부경』이야말로 깨달음을 주는 우리 배달겨레의 위대한 큰 성전(聖典)이라는 생각이 절로 지펴져 왔기에, 위에서 언급한 바와 같이, 본심본태양앙명(本心本太陽昻明)에 대한 풀이는 좀 다르지만 상생문화연구소에서 번역한 『천부경』을 아래에 오롯이 전재(轉載)해 본다.

| | |
|---|---|
| **一始无始一이오** | 하나는 시작이나 무에서 시작된 하나이니라. |
| **析三極 无盡本이니라.** | 이 하나가 세 가지 지극한 것으로 나뉘어도 그 근본은 다함이 없어라. |
| **天一一이오** | 하늘은 창조운동 근원 되어 일이 되고 |
| **地一二오** | 땅은 생성운동 근원 되어 이가 되고 |
| **人一三이니** | 사람은 천지성공 근원 되어 삼이 되니 |

**一積十鉅 无匱化三이니라.** 하나가 쌓여 열까지 열리지만 모두 3수의 조화라네.

| | |
|---|---|
| **天二三이오** | 하늘도 음양운동 3수로 돌아가고 |
| **地二三이오** | 땅도 음양운동 3수로 순환하고 |
| **人二三이니** | 사람도 음양운동 3수로 살아가니 |
| **大三合六 生七八九하고** | 천지인 큰 3수 마주 합해 6수 되니 생장성 7·8·9를 생함이네. |
| **運三四 成環五七이니라.** | 우주는 3과 4로 운행하고 5와 7로 순환하네. |

| | |
|---|---|
| **一妙衍 萬往萬來라도** | 하나가 오묘하게 뻗어 나가 수없이 오고 가는데, |
| **用變不動本이니라.** | 작용은 변하여 바뀌지 않는 것 본체가 되네. |
| **本心本太陽하야 昂明하고** | 근본은 마음이나 태양을 본받아 한없이 밝고 / 본 마음은 태양을 본받아 한없이 밝고 |

| | |
|---|---|
| **人中天地一이니** | 사람은 천지와 하나 된 태일이니 / 사람은 천지를 꿰뚫어 태일이 되니 |
| **一終无終一이니라.** | 하나는 끝이나 무에서 끝나는 하나이니라. / 태일로 마침이니 무극에서 성취되는 태일이라. |

## 동이족(東夷族)

환국을 계승한 배달시대 이래 동방의 삼신문화를 중국 전역에 정착시키며 살았던 주인공은 바야흐로 동이였다. 중국 고대사는 누가 뭐래도 배달과 단군조선의 동이가 직접 현지에서 나라를 창업한 역사이며 고대문화는 동이가 창달해 중국인에 전한 것이다.

동이는 동북아에서 금속을 이용한 문명을 가장 먼저 시작했을 뿐만 아니라 역(曆)과 문자, 천자(天子) 제도, 조세 제도, 윤리와 도덕, 규범 등 모든 문물제도를 창안하였으니…. 이것이 그대로 중국에 전수되어 황하문명을 이루게 된 것이다. 환국에서 발원한 배달 동이야말로 고대 동북아의 문화를 창조하고 꽃피운 진정한 주체 세력이었던 것이다. 그렇다면 환국에서 시작된 동이의 역사를 한번 더듬어 들여다보자.

중국 현지에서는 진시황(秦始皇), 한무제(漢武帝) 등 중국 역대 황제보다 더 웅대한 사당에서 존귀하게 모셔지는 분이 있다. 천하제일묘(天下第一廟)라 불리며 자금성 못지않은 엄청난 참배객으로 인산인해를 이루는 이곳에 모셔진 분은 바로 태호복희씨(太皞伏羲氏,

BCE3528~BCE3413)다. 태호복희씨는 동방 한(韓)민족의 첫 나라, 배달국 5세 환웅의 막내아들로 팔괘(八卦)를 처음 그린 분이다. 건곤감리 사괘를 담고 있는 태극기 덕분에 우리나라 국민들에게 괘는 익숙하지만 의외로 정작 괘를 그리신 태호복희씨는 모르는 사람이 많다. 안타까운 우리 역사의 현주소라 아니할 수 없다.

그렇다면 왜 중국이 태호복희씨를 그토록 극진히 섬기는 것일까? 중국 현지에 가 보면 비단 태호복희씨뿐만 아니라 동이족 출신 제왕들을 하늘처럼 섬기는 것을 볼 수 있다. 그것은 그들의 문명 뿌리가 동이이며 감추려야 감출 수 없는 동이의 역사가 살아 숨 쉬고 있기 때문이다.

『환단고기』에서 전하는 배달의 역사는 중국역사서에 동이의 역사로 기록되어 전한다. 동이를 보통 '동이 구족'이라 하는데 이것은 환국에서 유래한다. 『환단고기』「삼한관경본기」를 보면 9천 년 전 인류 최초의 문명국가인 환국(桓國)은 크게 아홉 족속으로 이루어져 있었다. 그래서 구환(九桓)이라 한다. 배달국 때는 구황(九皇)이라 하였고, 단군조선 때는 구이(九夷)로 불렸다. 아홉 갈래 동이족이 있다는 것이다. 그래서 동이를 구이라고도 했다.

그러면 동이란 어떤 뜻일까? 쉽게 알 수 있듯이 '동(東)'은 생명, 탄생, 시작을 의미하는 광명의 방향이다. 이 동 자에는 아울러 '주인(主人)'이란 뜻도 있다. 그리고 '이(夷)'는 '대(大)'는 '사람'이란 의미로 쓰이기 때문에 '이'는 곧 '활을 쏘는 사람'이 된다. 그러므로 동이는 누가 봐도 제대로 풀이하면 '동방의 활을 쏘는 사람'을 뜻한다. 큰 활을 잘 쏘는 동방의 뿌리 민족은 누구일까? 바로 우리 민족을 가리키는 숭고

한 말인 것이다.

역사적으로 중국인들이 동방 민족을 동이라 부른 것은 무신(武神)으로 추앙받는 배달국의 14세 자오지 환웅, 즉 치우 천황(蚩尤天皇)이 큰 활을 만들어 쓴 이후이다. 그래서 동이는 배달 동이라야 옳다. 큰 활의 위엄을 두려워한 서방 한(漢)족이 배달겨레를 가리켜 큰 활을 잘 쏘는 동방 사람이라는 뜻으로 높게 불렀던 것이다.

동이는 치우 천황의 영토 개척을 계기로 서방 영토 깊숙이 퍼져 나가 단군조선 시대에는 중국의 역대 왕조를 이끈 주류가 되었다. 한마디로 배달과 단군조의 동이가 역대 중국의 역사문화를 주도한 것이다. 현존하는 중국 기록에는 역대 왕조의 제왕(帝王), 성인(聖人)이 동이 사람이라는 내용이 많다.

따지고 보면, 한족(漢族)의 시조라 하는 황제헌원(黃帝軒轅)과 고대 중국의 요(堯)임금과 순(舜)임금, 주(周)나라를 개국한 문왕(文王), 무왕(武王)을 포함해 역대의 주요 제왕들, 유가(儒家)의 공자(孔子), 맹자(孟子)와 도가(道家)의 노자(老子)도 모두 동이 혈통과 동궤이다.

사실 중국 역사에서 한족 출신 왕이 왕조를 열어 대륙을 통치한 일은 거의 없다. 중국에서 가장 오래된 역사서 『서경』을 보면 요임금의 뒤를 이어 왕위에 오른 순임금이 동쪽으로 순행을 떠나 차례대로 산천에 제를 올리고 동방의 천자를 알현했다는 기록이 나온다. 즉, "望秩于山川(망질우산천)하고 肆覲東后(사근동후)하니라." 명산대천에 차례대로 제사한 뒤 마침내 동방의 천자를 알현하였다(『서경』「우서(虞書)』).

동방의 천자국인 단군조선은 동아시아의 패자로 군림하며 중국 왕조 성립에 결정적인 역할을 해 왔다. 단군조선의 제후였던 요순은 물론이거니와 순을 이은 우(禹)임금의 하(夏)나라, 하나라 다음에 들어선 상(商)나라는 5,500여 년 전 홍산문화의 옥문화를 그대로 가지고 있는 '동이의 나라'다. 단군조 시대의 우리 조상들이 중국의 고대국가로 알려진 상나라와 은나라를 세운 것이다.

현재 중국 동부 쪽에 있는 산동성 태산(泰山)의 첫 문턱에 '자기동래(紫氣東來)'라 쓰인 현판이 있다. 작은곰자리에 있는 별, 자미원(紫微垣)은 천자(天子)가 계신 곳이기에 '붉은 紫(자)'는 천자를 상징한다. 그러므로 '자기동래'는 천자문화의 기운이 동방에서 왔다는 것을 뜻한다. 중국 천자문화의 근원이 동방, 즉 동이의 나라임을 그들 스스로 밝힌 셈이 됐다고 본다.

그리고 '갈수록 태산(泰山)이다.', '티끌 모아 태산(泰山)'과 같은 귀에 익은 우리의 속담에 지금은 중국 산동성에 있는 태산(泰山)이 왜 등장하고 있을까? 의아한 생각이 들지만 그것은 맥맥이 이어져 온 우리 배달겨레의 혼 속에, 즉 겨레의 DNA에 6천 년 이전의 우리 동이 조상들의 강역 내에 태산(泰山)이 소속되어 있었기에 그러한 말이 지금까지도 이어져 오고 있는 것으로 지극히 당연스러운 역사의 흔적이자 현실의 산 반증이 되고 있음에 다름이 아니라는 것이다.

나아가, 천자문화의 출원(出源)은 중국에서 신령에게 제사를 올릴 때 부르던 악곡, 『초사(楚辭)』에서도 살펴볼 수 있다. 『초사(楚辭)』에서 최고의 주신으로 노래한 신은 동황태일(東皇太一)이다. 초나라 사람들은 길한 날 좋은 때를 가려 삼가 공경하는 마음으로 상황(上皇)인 동황태일에게 제를 지냈다. 후한의 학자 왕일(王逸)이 쓴 『초사장구』에 '태일은 별이름(북극성을 태일성이라 한다)으로 가장 존귀한 신을 태일신이라 하는데, 사당이 초나라의 동쪽에 있어 동제에게 배향하므로 동황태일이라 한다.'는 기록이 있다. 천자가 동쪽에 계시기에 동제로 배향한 것이다.

천자제도가 동이에서 시작한 것은 중국의 기록에도 남아 있다. 후한시대 채옹(蔡邕)이 쓴 『독단(獨斷)』에 "천자는 동이족 임금의 호칭이다. 하늘을 아버지, 땅을 어머니로 섬기는 까닭에 하늘의 아들(天子)이라 한다."라는 말이 있다. 이 기록에서도 천자라는 말을 처음 쓴 것이 다름 아닌 동이인 것을 알 수 있다.

헌데도, 이러한 동이가 왜 오랑캐가 되었는가, 되어야만 했는가? 오늘날, 천자국을 세우고 다스린 대단한 동이를 오랑캐로 아는 사람이 많다. 어찌 된 일일까? 왜 동이가 변방의 오랑캐로 폄하되었을까? 여기에는 동이족과 화하족에 얽힌 정치적 배경이 있는 것이니.

중국 한(漢)족의 조상은 화하(華夏)족으로 그 시조를 보통 황제헌원으로 본다. 지금의 섬서성 위수(渭水) 유역에 자리 잡은 화하족은 하북, 산동, 하남, 강소 등 동쪽 황하 하류 유역과 해안 쪽에 자리 잡은 동이족과 황하 중류 유역을 놓고 다투었다. 그런데 약 4,700년 전에 제후인 황제헌원이 동북아의 종주국이던 배달국에 반기를 들었다. 그리하여 천자가 되겠다는 야망을 품고 치우천황과 10년간 73회의 공방전을 벌였다. 황제헌원은 싸움 끝에 완전히 무릎을 꿇게 되고 말았다. 그 마지막 전쟁이 서양의 트로이 전쟁에 비교되는 탁록(涿鹿)대전이다. 전쟁에서 패한 서방 한족은 그 후 2,300년 동안 황하 중·상류에 머무를 수밖에 없었다.

오늘날 많이 쓰이는 중화(中華)란 말은 중국(中國)과 화하(華夏)를 합친 말이다. 본래 중국에 화(華)와 이(夷)의 구분이 따로 존재하지 않다가, 주나라 때부터 화하와 동이의 구분이 생기면서 존화양이(尊華攘夷)를 내세우게 된다. 그리고 화하족이 중국 역사의 주도 세력이 되면서 어느새 고매하던 동이는 비하어인 오랑캐라는 말과 동의어가 되어 버렸다. 그러다가 진시황이 중원 전체를 통일하는 과정에서 동이족을 중국 변방으로 밀어내거나 무자비하게 숙청하거나 화하족으로 동화시켰다.

그런가 하면, 춘추시대 때 공자(孔子, BC551~BC479)는 『춘추』라는 역사서를 저술하여 정치적 목적과 자신의 입지를 위해 중국은 높이고 다른 민족은 깎아내렸고, 한무제 때 사마천(司馬遷, BC145~?)은 중국 최초의 정사(正史)라는 『사기』를 저술하여 동이의 역사를 뿌리부터 왜곡하였다. 그 결과 동이는 '동쪽의 오랑캐'로 완전히 변질되었던 것.

헌데, 오랑캐는 원래 만주와 몽골에 걸쳐 유목 생활을 하던 우량카다이란 부족을 가리키는 말이었다. 한자로는 '兀良哈'이라고 적었다. 우량카다이족은 칭기즈 칸 시절에도 건재한 부족이었다. 여러 부족 중에 몽골족이 최종 승자가 되어 지금은 몽골이라고 하지만, 원래 타타르부, 우량카다이부 등이 더 유명했었다. 서양에서는 지금도 타타르를 몽골을 가리키는 말로 쓰고 있다.

그런데 우량카다이 부족을 가리킬 때 묘하게도 '캐' 비슷한 발음이 들어가면서 이 오랑캐라는 말이 널리 쓰이기 시작한 거로 보인다. 왜냐하면 몽골족을 가리킨 최초의 말이 흉노(匈奴, 흉노라는 한자어를 들여다보면 흉흉할 '흉'자에 노비를 가리키는 '노'자가 들어 있다)였던 것처럼 어떻게든 유목민들을 낮춰 부르려고 애를 썼던 중국인들의 흔적이리라. 원래 오랑캐라는 개념은 중국인들이 개발한 것이기 때문이다.

그들은 중국 외의 모든 민족을 오랑캐라고 규정했다. 그래서 동이(東夷, 고구려 · 거란족 · 여진족), 서융(西戎, 티베트족 · 위구르족), 북적(北狄, 몽골족 · 선비족 · 흉노족), 남만(南蠻, 미얀마족 · 대리족 · 베트남족 등 장강 이남의 모든 종족) 이렇게 오랑캐를 네 부류로 나눴다. 그렇게 해서, 동이(東夷)는 문자 그대로 '동쪽 오랑캐'를 의미하는 것으로 굳어지게 됐다. 오호통재라, 슬픈 일인지고! 이렇게 해서, 자신을 세계의 중심으로 생각한 고대 중국인들이 그들의 동쪽에 거주한 이종족의 주민들을 낮추어 부르는 비칭이 되고 만 것이다.

하지만 범엽(范曄, 398~445)이 쓴 중국의 역사서 『후한서』「동이열전」에는 '夷者柢也[이자저야: 이(夷)는 뿌리이다.]'라는 기록이 있다. 상고시절 동방 역사문화의 뿌리가 동이라는 것이다. 이 기록은 그들의 진실한 고백인 셈이다. 이와 같이, 동이는 동북아문화의 자랑스러운 뿌리요 근원이다.

동이는 큰 활을 쏘며 웅대한 역사의 기상을 떨치고 동방의 군자 나라를 건설한 주인공이었던 것이다. 동이 구족은 원래 만주와 한반도뿐만 아니라 중국 전역까지 널리 퍼져 살았다. 그런데 화하족이 중국의 집권세력으로 떠오르면서 자기들은 중심으로 치켜올리고 자기를 제외한 동방에 사는 동이를 '동이', 서방에 사는 동이를 '서융(西戎)', 남방에 사는 동이를 '남만(南蠻)', 북방에 사는 동이를 '북적(北狄)'이라 폄하하여 부른 것이다.

그런데 중국의 지리서 『우공추지(禹貢錐指)』에는 동이 구족을 단군조선으로 본다는 견해가 오롯이 실려 있다. 한민족이 동이 구족의 뿌리요 원류라는 것이다. 최근 과학자들의 연구 결과에 따르면 중국에 순수 한족은 존재하지 않는다고 한다. 동이 구족이 중국 전역에 퍼진 것이라고 보는 것이 합당하다. 한족의 시조라는 황제헌원의 혈통과 문화의식의 뿌리 역시 동이의 웅족 계열이며 배달국이다. 한족이라고 하는 것은 진시황 이후 한나라가 성립하면서 시작되었으며, 이후 수많은 주변 민족이 중원으로 들어가 자리 잡고 섞이면서 형성된 것이다.

중국 문명의 발원과 중국 한족을 형성하고 그 왕조사의 주축을 이룬 주인공이 다름 아닌 배달 동이라는 사실은 동북아시아의 진정한 주인공이자 창업자가 누구인지를 확연히 보여 준다. '동방 역사문화의 주인공, 동이의 위대한 정신과 역사문화를 오늘에 제대로 되살려 다시 찬란하게 빛내야 하지 않겠는가?' 하고 사단법인 대한사랑은 『大韓史郞』 창간호[단기 4352(2019)년 2월 19일]에서 사자후를 토하고 있으니…, 21세기를 사는 배달겨레의 한 후손으로서 커진 가슴이 뿌듯하게 한없이 벅차오른다.

## 다리 이야기

다리하면 나에게 떠오르는 것이 있다. 어린 시절 시골 동네들의 작은 시내에 듬성듬성 놓인 돌무더기 다리 말이다. 어른들도 뛰어넘기엔 어려운 너비 정도의 시내를 건너는 길에는 대개는 볏짚으로 엮어 큰 꾸러미를 만들어 작은 조약돌들을 담아 만든 다리들이 있었다. 검정 고무신을 신고 그 다리를 걷게 되는 덕분에 어린 우리들은 십 리도 더 떨어진 초등학교를 잘 다녔다. 헌데, 그러한 다리는 돌덩이나 콘크리트와 같은 내구성 다리가 아니어서 몇 달 못 가서 볏짚 꾸러미가 해지고 터져 조약돌들이 새어 나와 무너지면 어느새 새 볏짚 다리가 놓이곤 했었던, 다리하면 맨 먼저 떠오르곤 하는 추억의 다리이다.

시내 폭이 보다 넓다하면 큰 돌의 다리가, 때로는 나무로 만들어진 다리도 있었다. 그리고 시내를 넘어 10미터 이상의 강이랄 수 있는 학교가 있는 면소재지 쪽엔 30㎝에서 1m 정도의 크고 넓은 육중한 돌의 긴 다리가 있었다. 작은 다리가 아니라 큰 다리였다.

그런가 하면, 초등학교 3학년 때라고 기억된다. 군에서 개최된 글짓기도 포함된 학력경시대회 대표로 선발돼 4·5·6학년 대표 선배들과 함께 인솔교사들의 지도하에 촌놈이 순창군 도회지로 나가게 됐다. 난생처음, 먼지 날리는 비포장도로의 털털거리는 버스를 타다 보니 그만 차멀미를 한 모양이다. 고통스러워 밖을 보니 멋있고 기다란 시멘트 다리를 건너고 있었다. 지금에서 보면 좀 낡고 그리 좋아 보이지도 않은 것이었으나, 아! 저렇게 크고 긴 다리도 있단 말인가…, 어린 마음에 한참이나 감탄했었다.

그러다가, 졸업기를 맞은 초등 6학년 때 촌놈들로서는 우리나라의 최고의 대처(大處)인 선망의 서울로 수학여행을 갔었다. 180명 세 클래스에서 그래도 좀 여유가 있는 집의 자녀들인 80여 명 정도만 갔었던 것 같다. 그 당시는 서울로 올라가서 선진지 서울물을 먹고 설 명절에 고향에 내려와 좀 생소하지만 멋지게 느껴지는 서울말을 써 대면서 옷맵시까지도 세련되게 뽐내는 선배들을 보고서 하늘만 보고 자란 벽촌의 촌뜨기 우리들에게는 나도 서울 한번 가 보는 게 평생소원이라던 시절이었으니, 서울 수학여행 참여 자체만으로도 모두들 날아갈 듯 뿌듯하고 자부심이 극에 달할 정도였었다.

드디어 난생처음 학교에서 40여 리 떨어진 오수역(獒樹驛)에서 기차를 탔다. 칙칙폭폭 빠르기도 하지만 철길을 달리는 그 긴 까만 열차에 콩나물시루 같은 처음 보는 수많은 승객들에 어린 우리들은 눈이 휘둥그레졌다. 자리를 차지하지 못한 우리들이 대부분이었지만 서울 구경을 한다는 그 자체만으로도 이미 마음이 들떠 있어서 피곤한지도 몰랐었다. 그런 와중에 깜짝 놀란 것이 있었으니…, 돌도 나무도 아닌 철(鐵)로 된 다리를 무거운 기차가 막 지나가는 게 아닌가 말이다. 말로만 듣던 철제 다리, 철교를 촌놈이 처음 목격한 것이다. 그것도 여러 번씩이나.

헌데, 선 채로 그냥 잠이 들었나 보다. 아침이 되어 서울역에 다 와 간다는데 내 눈앞에 엄청난 철교가 위압적으로 나타나는 게 아닌가. 그 둥그렇게 기다란 멋진 다리를 통과해서 지나가고 있지 않은가. 검푸른 한강이 저만큼 밑에서 보여 왔다. 세상에 이렇게 긴 철교도 있단 말인가, 나로서는 처음 겪는 놀라움과 충격 그 자체였다. 네댓 개 정도의 떨어진 시골 마을들을 지나가는 긴 거리로 느껴졌었고 정말 오랫동안 지나갔다. 정말 오랜 시간이 걸렸고 온몸에 닭살처럼 전율이 솟구쳐 왔었던 것이다.

누군가 '삶이란 첫 경험들의 연속조합'이라 했다던가? 나는 다리, 한강다리를 통해서 지금도 짐짓 그 말의 참의미를 음미해 보곤 할 때가 많다. 왜인가? 살면서 첫 경험들은 내내 그 강한 여운이 가슴속에 깊이 자리 잡아서인지 잊어졌다가도 세월이 흘러도 새록새록 연관된 아름다운 추억을 일으켜 주기 때문이라고 생각된다.

어릴 제 고향에서 보았던 조약돌무더기 다리, 지금은 새마을 운동 등으로 시내 폭을 넓혀 시멘트 다리로 교체돼 사라졌지만, 자신이 태어나 살아가는 마을 사람들의 안전, 특히 자라나는 어린 자식들의 건강한 안전을 끝없이 바라는 것이 부모인 자신들의 일이기도 하지만 그러한 자신들을 낳아서 지켜 주신 선조들의 전통적인 내리 바람이라는 것을 이어받은, 즉 자신들의 삶의 터전이자 후손들의 터전인 공동체를 홍익하는 조상숭배의 얼도 함께 포함되어 나타난 우리 부모님 세대의 사랑의 얼이라는 걸 후에 성인이 되어서야 깨닫게 됐다.

나아가, 그래서 그분들은 선조들이 그랬듯이 자신의 이웃 공동체를 배려하는 이바지를 드러내지 않으려는 홍익(弘益)의 진솔한 마음에서 특히 정월 대보름 등을 맞이하여 돌무더기 다리를 남몰래 밤에 놓아 왔다는 깊은 뜻까지 담겨져 있음을 나중에서야 알게 됐으니…. 조상들의 조약돌무더기 다리에서 시작된 '다리' 그것은 '이어짐', 즉 연결의 의미를 내포한 것이다.

살다 보면 사람들은 고래(古來)로 한 군데서만 머무를 수 없었다. 한곳으로 모여드는 사람들의 삶의 터전인 마을 공동체가 생겨나게 마련이고 더불어 삶의 터전도 커지게 돼 뫼들내[山野川]가 더욱 포함되게 된다. 커지다 보면 어쩔 수 없이 뫼들내가, 특히 뫼내가 장애물로 다가오기 십상이다. 커지는 공동체를 지켜 가기 위해선 그러한 장애물을 극복해 내야만 한다, 그렇지 못하면 거기에 갇히고 말기에. 사람들은 처음엔 손쉽게도 산을 넘기도 하고 물을 건너기도 하면서 들에는 길을 냈으나 세월이 흐르면서 산들엔 더 넓고 길게 길을 만들고, 물에는 강에는 길, 즉 다리를 놓는 지혜를 발견하고 실천해 왔던 것. 이러한 길은 모두 장애물을 극복하고자 해서 창안(創案)된 것이리라.

헌데, 뫼들내의 길 만들기에는 뫼들과 내에는 차이가 있다고 생각된다. 뫼들은 처음부터 이어진 길을 연장하는 '연장의 길'이지만 내는 분리된 지역을 새로이 서로 이어 주는 길로서 '연결의 길'이라는 것이다. 연결은 당연히 서로 떨어진 곳을 이어 준다. 강을 두고 벌어진 생활 풍습과 전통적인 사고와 말씨 등 자기 지역에서만 통용됨으로써 제한적이고 폐쇄될 소지로 인해 완전히 이질적인 삶을 살 수밖에 없는 요소들을 다리로 인해 연결시켜 줌으로써 자연스럽게 서로의 소통과 이해의 폭을 넓히고 서로 간의 어쩔 수 없는 다름도 받아들이는 아량의 폭도 넓혀서 보이지 않는 그간의 단절의 벽을 뛰어넘어 보다 윤택하고 다채로운 상호공존의 삶을 모색하고 만들어 감으로써 궁극적으로는 지역 상호 간 삶의 질을 높이게 되는 긍정적인 효과를 낳을 수 있다고 본다.

실제로도 세월이 흐르면서 현대로 올수록 그러한 현상들은 승수효과를 낳아서 양안지역(兩岸地域)이 상호 엄청난 발전상을 보여 주는 곳들이 국내외적으로 비일비재해지고 있다. 그래서인지 강이 있는 곳엔 다리가 놓이게 되고 따라서, 다리를 국내에서만 볼 것이 아니라 지구촌의 시대에 맞게 국제적인 눈(International Eye)으로 바라볼 때 그 의미는 자못 더 커진다고 생각된다.

눈을 뜨고 보면 세계 어느 지역이든 대도시는 큰 강을 끼고 발전하고 있어서 양안(兩岸)을 이어 주는 다리를 지어 물자 수송과 인적 교통 소통, 물류 흐름을 보다 빠르고 대량화하며 안전성을 높이는 등 유용하게 활용하는 총체적인 사례가 빈번해지고 있고 어느 나라든 다수의 수도들에서 특히, 그러한 예가 두드러지고 있는 것은 불문가지이다. 밤이면 오색의 휘황찬란한 불빛으로 수놓아지는 아름다운 한강 다리들이 즐비한 우리 서울도 그러한 범주에서 예외가 아님은 물론이다.

허지만 밝음[陽]이 있으면 어둠[陰]도 있는 게 인간사(人間事)다. 다리의 경우도 마찬가지여서 예외는 없다고 보인다. 놓아진 다리가 파괴로 절단되어 두절됨으로 인해 초래되는 커다란 손실과 불행 말이다. 그러한 예를 6·25 한국전쟁 시의 한강다리 파괴로 인한 단절로 엄청난 인재(人財)와 민족정기의 커다란 상실로 인한 아픈 상흔이 70년이 다되는 지금도 우리들 가슴에 치유되지 않고 남아 있는가 하면, 보스니아의 네레트바강 위에 놓인 오래된 다리를 뜻하는 '스타리 모스트' 다리가 1993년 발발된 전쟁으로 크로아티아 포병대에 의해 파괴됐고, 이러한 '오래된 다리'의 파괴는 발칸반도의 내전으로 인한 무의미하고 잔악한 유혈사태를 상징하고 있으니. 2004년에 유네스코의 기부에 의해 다행히도 다시 복원되었지만….

좀 더 부연하자면, 잘 소통되던 다리가 전쟁의 빌미로 악용되는 원인이 되거나 전쟁수행용으로 불미스럽게 건설되기도 했으니. 보스니아의 사라예보 소재 라틴다리는 제1차 세계대전의 도화선이 된 현장으로 유명하다. 1914년 6월28일 오스트리아 황태자 프란츠 페르디난트 대공과 그의 아내 소피아가 세르비아 민족주의 청년 프린츠프에게 암살되어 제1차 세계대전이 발발하게 된 계기가 되었던 다리이기 때문이다.

또한 노구교는 중국의 북경 남서쪽 교외에 있는 영정강[永定河]을 가로 지르는 노구교(盧構橋)왼편의 소도시로 화북침략 야욕에 불탔던 일본의 노구교 간계에 의해 1937년 중일전쟁의 발단이 되기도 했고, 영화로 더 유명한 '콰이강의 다리(Bridge On The River Kwai)'는 세계 2차 대전시 버마로의 군수물자 수송을 주목적으로 타이와 미안마를 잇기 위해 당시 영미 등 연합군 포로들을 열대의 밀림 지역에서 혹사시켜 일본이 건설한 다리로 그 잔학상의 극치를 그 다리의 입구 부근인 태국의 칸차나부리 기념관에서 여행하다 보면 볼 수 있기도 하다.

4차 산업혁명의 시대라고 하는 오늘날엔 우리의 건설기술도 눈부시게 발전해서 자연적으로 분리된 지역인 강의 양안만 연결하는 다리가 아니라 미국 등 선진국에서 볼 수 있었던 섬과 섬을 연결하는 등 바다를 연결하는 대사업으로 영종대교 등 바다 위의 거대한 메가 다리가 출현하고 있다. 길이와 규모 정도만 방대해졌을 뿐이지 바다의 연결은 그래도 원래의 물을 연결한다는 의미의 범위에서 이해하면 되지만, 산과 산을 연결하는 육지의 다리 놓기는 상상을 초월하는 시대로 접어들었다고 해도 과언이 아니다. 물론 과거에도 교통을 원활화하기 위한 시내의 소규모의 작은 육교(陸橋) 정도는 있어 왔지만 말이다.

과거에는 돈이 더 들어도 우회하는 방법을 택하기도 했었지만 요즘은 고속도로 등 새로운 도로를 건설하다가 막히면 터널을 뚫어 버리고 얕은 지대가 나오면 아예 두 지역을 하늘에서 연결하는 육교를 놓아 버리니 '다리는 강에 놓는다.'는 기존 개념체계를 뛰어넘고 있다는 말이다. 더 나아가 산과 산을 다리로 연결하거나 자연공원에서는 흔들거리는 현수교를 산봉우리에다 건설하기도 한다. 한 세기 전에 살았던 우리 조부모들은 도무지 짐작하기가 좀 어려울 것으로 예상되기도 한다.

그런가 하면, 이왕 짓는 다리에, 갖가지 조명과 그림들의 조각을 덧붙여 예술성을 고려하여 시각적으로 한껏 돋보이게 하고 아름다움을 추구하는 다리와 사랑의 스토리로 운치를 더하는 다리도 나오고 있다. 서구나 미국 등을 관광하다 보면 볼 수 있는 누구나 자연스레 감탄사가 절로 나오는 예술성 높은 다리들 말이다. 그리고 "미라보 다리 아래 센강은 흐르고 우리의 사랑도 흐른다."라는 시구도 있잖은가.

나아가, 다리는 도로와 더불어 차량 등의 이용처의 총아인데 요즘은 관광과 레크리에이션 수단의 장소로도 제공되는 등 이용 기능의 다양화가 폭넓게 개척되는 장소이기도 하다.

3년 전 손자 송민이를 데리고 아내와 함께 미국과 캐나다를 여행한 적이 있다. 그때 캘리포니아주의 '금문교 걷기' 관광코스에 참여하여 셋이서 걸으면서, 조깅하면서 즐긴 기억이 지금도 새롭다. 1937년에 준공된 총길이 2,737m 높이 227m의 탑들에서 늘어뜨린 2줄의 케이블에 매달린 아름다운 거대 현수교다. 저 높은 곳에서 조심스럽게 페인트칠하는 인부들이 보였는데 끝에서 끝까지 칠하는 데 보통 물경 1년이 걸린다고 한다.

다리의 한가운데의 넓은 차도 양쪽으로 나 있는 인도도 넓어서 한쪽에서도 오고 갈 수 있었다. 차도엔 수많은 차량들이 인도엔 다양한 인종의 사람들이 즐겁게 오갔다. 현지 미국인보다 우리와 같은 관광객들이 더 많아 보였다. 초등 1년생인 송민이에게 손을 들고 반대쪽에서 조깅해 오는 어른들에게 하이하고 인사하랬더니 첨엔 쑥스러운 듯 주저했다. 간단히 내가 시범하는 모습을 보고선 따라서 한다. 몇 번 시도하자 상대측에서도 하이하고 반응이 오니 기쁘게 웃는다.

자신감이 붙으니 즐거운 모양이다. 먼저 하이 인사를 보내면서 신나게 펼쳐진 파란 바다도 구경하면서 말이다. 시원한 바닷바람의 상쾌한 흐름을 맛보는 관광도 되고 아울러 몸의 긴장도 풀어 주는 레크리에이션도 된 즐거운 금문교 걷기였었다. 머지않아 다리 수가 30개가 넘게 될 배달겨레의 후손의 나라인 우리의 한강도 그러한 차원에서 괜찮은 곳이리라는 생각을 해 본다.

헌데, 육지 현수교 짓기는 요즘 지자체에서 활발한 것 같다. 지방세외수입을 증진시키는 차원에서 연구하면 지자체의 재정자립도를 높일 수 있는 한 방안도 될 수 있으리라. 예컨대, 1981년 우리나라에서 최초로 지정된 군립공원(郡立公園)인 나의 고장 순창군의 강천산(剛泉山)에도 산정(584m) 못 미치는 고처에 멋있는 현수교를 세운 지 몇 년 됐다.

나도 가족과 함께 몇 번 들러 즐긴 적이 있다. 공중에서 흔들거리는 다리 한 중앙을 걷다 보면 아찔하면서도 짜릿한 현기증이 나기도…. 그러한 것에 호감을 갖고 그곳을 찾는 관광객들에게 강천산의 수려함만큼이나 강천산의 명물로서 그 현수교는 깊고 묘한 인상을 선사해 주고 있다고 한다. 다행스러운 일이다.

헌데, 언론에서 지탄 받던 정치인이나 열심히 살아도 버거운 한계의 세상을 비관한 사람들이 가끔 한강에서 투신해 세상을 떴다는 안타까운 매스컴 소식을 접하면 한강다리가 그러라고 있는 것은 아닌데, 가만히 눈물이 솟아서 아연해질 때가 있으니….

그래도, 생각하면 생각할수록 고마운 것이 다리라는 생각도 든다. 만인에게 유용한 교통을 하게 함으로써 만인에게 많은 이로움과 편리함을 주기 때문이다. 즉, 연결을 해 주는 것이다. 더 나아가 오늘의 인터넷이 지구인들에게 연결을 주듯이 다리를 통한 연결, 더욱이 마음과 마음을 연결해 주는 다리가 우리들 마음속에도 지펴졌으면 더욱 좋겠다는 생각을 해 본다.

# 진짜와 사이비

세상을 살아가다 보면 의도하든 의도하지 아니하든 여러 가지 행태를, 여러 가지 현상을, 여러 가지 사람을, 즉 여러 가지를 보거나 듣거나 읽거나 알게 된다. 때론 체험하거나 상상력으로 간접 체험하기도 한다. 사람 사는 세상이면 어느 곳에건 많이 있기도 하고 그런가 하면 매우 희소하기도 한 것이다. 바꾸어 말하면 철없던 어릴 제는 눈을 아무리 크게 떠 보아도 안 보이던 것이 헷갈리고 판단이 서지 않아 갈래를 칠 수 없던 것이, 나이가 들어 철이 들면 점점 잘 보이고 확실한 판단력이 서서 흔들림 없이 정확히 갈래를 칠 수 있는 것이기도 하다.

그럼, 여기서 '진짜'와 '사이비' 즉, 겉으로는 그것과 같아 보이나 실제로는 전혀 다르거나 아닌 것을 이르는 말에 대하여 한번 천착해 보자는 것이다.

우리가 사는 세상에는 여러 가지 갖은 물품과 물건들이 많다. 그러한 것들은 대부분 우리가 살아가는 데 꼭 필요한 소중한 것들로서 삶을 기름지게 하고 풍요롭게 하는 데 공헌한다. 그러한 것들 가운데에는 우수한 품질에다 희귀할수록 고가의 상품이 돼서 세상 사람 모두가 한 번쯤은 소유하고픈 선호의 대상이 된다. 어쩔 경우에는 세상에 단 하나뿐인 경우도 있다.

예컨대, 역사적 거장의 희귀한 명화나 세상의 상황을 뒤바꾼 희귀본인 서적, 다이아몬드 등의 빛나는 보석류와 골동품 또는 인간 삶의 패턴에 변화를 초래한 발명품 등의 명품에서 보이는 현상들이다. 희귀품일수록 시간이 흐르면 천정부지의 고가로 값이 치솟을 개연성이 다분하기 때문에, 군침을 흘리면서 그것만을 노리는 눈이 새빨개진 작자들의 탐욕성(貪慾性)을 십분 역이용하여 진짜처럼 모조하거나 위조하여 공들여 그들을 홀리는 작업을 하는 못된 '꾼'들이 음지에 독버섯이 자라나듯이 은근슬쩍 나오게 된다.

그러한 사람의 부류일수록 전문기술이나 전문기술자를 교묘하게 이용하거나 심지어는 매스컴에 대대적으로 급조성(急造性) 유인광고까지 하는 등 그럴듯한 기술을 총동원해 올인하는, 고도 사기의 한탕 마술 작전을 써서 시야를 흐리게 하기 때문에 재수가 없는 극단의 경우에는 그 방면의 전문가들까지도 당하는 수가 나올 수 있게 되는 것이다.

끝을 모르는 탐욕자들을 사이비로 절묘하게 농락하여 실컷 울려 놓고 뒤에서는 한탕의 성공에 회심의 미소를 짓고 있는 검은 '꾼'들의 작태라니…. 당한 자들만 천치바보로서 자신이 가진 탐욕에 대한 엄청난 대가를 치렀다고 봐야 할 것이다. 그러한 경우를 희대의 대사기꾼들을 다루는 오늘날의 블록버스터 영화에서 재미있게 많이 목격하곤 한다. 물론, 현명히 대처해서 그러한 함정에 빠지지 않는 탐욕자들도 드물게 있겠지만 말이다.

그러니 사이비 품(品)을 진짜로 둔갑시키는 고등수법을 인정사정 볼 것 없이 써 대니 진짜와 사이비(Fake)에 대한 구별 안목이 없는 우리 범인(凡人)들은 그러한 데에는 관심을 거두고 아예 발을 들여놓지 않는 것이 최고의 상책임을 항시 명심하여야 할 것이다.

그런데, 희귀 고가 상품만이 아니라 주위에서 쉽게 접할 수 있는 흔한 일반 제품에서도 짝퉁 등 그러한 사례를 많이 볼 수 있음은 불문가지이다. 여기에도 땀 흘리지 않고 손쉽게 고수익을 노리는 검은 '꾼'들의 의도와 얄팍한 상술이 교묘히 숨어 있음은 당연하므로 우리 범인들은 이에 유의하여 속지 않는 안목 정도는 자연히 지닐 수 있도록 경계성의 분별심으로 항상 노력하는 생활을 게을리 말아야 할 것은 두말할 나위도 없겠다. 꼼짝없이 당하고서 퍽이나 억울하다며 남몰래 후회하는 리스크를 줄이기 위해서도 눈을 크게 뜨고 현명하게 살아가자는 취지이다.

또한 우리가 사는 세상에는 무릇 여러 군상(群像)의 사람들이 있다. 헌데, 성인으로 생존하기 위해서는 일반적으로 직업을 갖게 되기 마련이다. 타고난 운이 좋아서 무위도식하는 사람들도 보이지만 대부분의 사람들은 자기의 앞가림을 스스로 할 수 있는 직업을 떳떳이 가지고 살아간다. 대부분의 가장들은 자기의 식솔을 부양하여야 하는 천부적인 의무를 지게 됨으로 성인이라면 직업을 가지는 것이 당연한 것임은 불문가지이다. 요즘의 세상은 남자나 여자 혼자서 살아가는 1인 가장도 생겨났지만 자신을 부지하기 위해서라도 직업을 갖는 것에는 예와 변함이 없게 됐다.

헌데, 사람의 경우에도 위 물품과 물건에서 보았듯이, 사이비(似而非)가 세상 구석구석에 은연히 똬리를 틀고 진짜인 양 엄연히 살고 있다는 사실이다. 사실은 '사이비'란 말은 물품 물건에서보다도 사람한테서 먼저 나온 말이다. 『맹자(孟子)』의 「진심편(盡心篇)」과 『논어(論語)』의 「양화편(陽貨篇)」에 나오는 말에서 그 전거(典據)를 찾아볼 수 있으니, 원말은 '사시이비(似是而非)' 또는 '사이비자(似而非者)'이다.

어느 날 맹자(孟子, BC371~BC289)에게 제자 만장(萬章)이 찾아와 "한 마을 사람들이 향원(鄕原: 사이비 군자)을 모두 훌륭한 사람이라고 칭찬하면 그가 어디를 가더라도 훌륭한 사람일 터인데 유독 공자(孔子, BC551~BC479)만 그를 '덕을 해치는 사람'이라고 하셨는데 그 이유가 무엇인지요?"라고 물었다. 맹자는 그를 비난하려고 하여도 비난할 것이 없고, 일반 풍속에 어긋남도 없다. 집에 있으면 성실한 척하고 세상에서는 청렴결백한 것 같아서 모두들 그를 따르며, 스스로 옳다고 생각하지만 요(堯)와 순(舜)과 같은 도(道)에는 함께 들어갈 수 없기 때문에 '덕을 해치는 사람'이라는 말로 이를 설명하고 있다.

또한 공자가 말하기를 '나는 사이비한 것을 미워한다[孔子曰 惡似而非者].'라고 하였다. "사이비는, 외모는 그럴듯하지만 본질은 전혀 다른, 즉 겉과 속이 전혀 다른 것을 의미하는데, 선량해 보이지만 실은 질이 좋지 못하다."라고 하면서, 사이비를 미워하는 참 이유를 여러 가지 지적하고 있다. 말만 잘하는 것을 미워하는 이유는 신의를 어지럽힐까 두려워서이고, 정(鄭)나라의 음란한 음악을 미워하는 이유는 아악(雅樂)을 더럽힐까 두려워서이고, 자줏빛을 미워하는 이유는 붉은빛을 어지럽힐까 두려워서라고 말하고 있는 것이다.

이처럼 공자는 인의에 뿌리를 내리지 못하고 겉만 번지르르하고 처세술에 능한 사이비를 '덕을 해치는 사람'으로 보았기 때문에 미워한 것이다. 원리 원칙과 상식이 통하지 않는 사회일수록 사이비가 활개를 치는 법이다. 그들은 대부분 올바른 길을 걷지 않고 시류에 일시적으로 영합하며, 자신의 본분을 망각하거나 말로 사람을 혼란시키는 사회의 암적인 존재들로 본 것이다.

대저, 보통 사람들이 마음 놓고 살아갈 수 있는 좋은 세상이 되기 위해선 '꾼'보다는 '가(家)'가 많아야 한다. 공동체 세상에 대한 탁월한 철학과 비전 그리고 더불어 살고픈 성실성과 신뢰성이 체화(體化)된 사람, 즉 '가'가 많아야 한다는 말이다.

국가나 지자체의 동량(棟梁)을 뽑는 선거철만 되면 자천타천으로 국가나 지자체의 공익을 위해 이 한 몸 바치겠노라고 그럴듯한 철학이나 비전으로 포장한 현란한 유인물을 만들어 열변을 토하며 사력을 다해 호소하는 정치가 지망생들을 볼 수가 있다. 극히 드물게는 인내심과 조화력을 겸비한 추진력을 발휘하며 공익을 위해 진력을 다해 과업을 완수하는 존경받는 '정치가'가 배출되기도 하지만, 불행하게도 선출된 선량들이나 지망에서 머물러 버린 낙선한 사람들 모두 대부분은 '정치가'가 아니라 '정치꾼'임을 우리는 후에 그들이 자행하는 행태에서 '기대했었는데 역시나이구먼…'의 실체를 알게 된다.

역시 사이비인 정치꾼에 머무르는 위인임을 확인하고서 입맛이 쓰게 됨을 체험하게 된다. 그들은 근본적으로 공익보다는 자기나 자기 집단의 영달만을 집중 추구하는 작자들로서 공자가 말하는 전형적인 사이비들에 해당하기 때문이다. 이러한 유사 사례는 정계뿐만 아니라 종교계, 교육계, 언론계, 예술계 등 사회의 여러 분야에서 볼 수 있다.

구원의 세계를 빙자하여 신성불가침으로 자신을 신격화하는 영생의 왕국을 만들고는 신도들을 맹신과 광신의 늪인 폐쇄적인 그 왕국으로 몰아넣어서 삶의 공동체의 근본 뿌리인 가정을 해체시키는 짓도 불사해 버리는 진짜 목사로 위장한 '목회꾼'으로서 사이비 목사나 사이비 교주가 이 땅의 매스컴을 뜨겁게 달구는 사건이 가끔씩 빚어지기도 했으니….

그리고, 국가의 미래를 담당할 역량과 인격을 겸비한 2세를 양성한다는 미명하에 대규모 학교 건물을 세우고, 뒤에서는 교원 취업 미끼로 거액의 리베이트 수수, 불량급식 제공 등 실제 교육이 아닌 이윤 추구의 사익사업(私益事業)에만 몰두하는 자칭 교육자라는 사람들도 '교육꾼'으로서 사이비 교육자로 사회에서 지탄을 받고 있음을 왕왕 본다. 또한, 자기 자식의 성적을 단숨에 학교 1등으로 조작한 작업에 연루되어서 매스컴의 질타를 당한 강남의 어느 고교 교원도 근본적인 자질 미달이자 선생으로서의 기본적인 양심을 저버렸으니 사이비 교원의 범주에 확연히 포함될 것이리라.

그런가 하면, 사회의 목탁이라는 언론을 담당하는 언론계에서 공정 보도와 국익 차원의 여론 조성이라는 슬로건을 내걸고 이러한 취지에 끝없이 수렴하려고 생명의 위험까지 무릅쓰고 진실 보도를 하는 용기 있는 JTBC 같은 진짜 언론이 있는가 하면, 이와는 정반대로 편파성 보도를 일삼거나 허위 추측성 보도를 진실보도로 내보내 오도함으로써 오히려 국민 통합과 사회 발전에 해악을 끼치는 짓을 작위적으로 하는 일부 언론도 있음을 본다. 최근에는 유튜브를 통해 가짜(Fake) 뉴스를 생산해 실시간 무제한 방영하는 작태의 매체도 생겨나 활동하고 있으니 이는 '언론꾼'으로서 전형적인 사이비 언론이라 할 것이다.

한 걸음 더 나아가 보면, 독창성을 고유의 토대로 하는 예술계에선 어느 작가가 시간의 공을 들여서 온 에너지를 쏟아 힘들게 창작해 낸 대히트작을 일부지만 교묘히 표절하는 음악이나, 미술, 연극, 드라마, 문학과 영화 등에서 '예술꾼'들이 나와 간간히 문제가 됨을 보기도 하고, 존경받는 노교수가 제자의 논문을 표절해 웃음거리로 전락하는 해프닝도 매스컴을 통해 간간히 목격되기도 한다.

이러한 것들은 어느 누가 보아도 죄다 '진짜'가 아니니 '사이비(似而非)'가 아니고 그 무엇이란 말인가? 진짜의 입지를 좁히거나 가두고 온통 사이비가 판치는 세상! 결코 그러한 우려스런 세상이 되서는 안 된다. 천만번 생각해도 그렇게 놔둘 수는 없다. 그렇게 그냥 놔두어서는 결코 안 된다는 말이다. 선량한 다수 국민의 한결같은 염원인 국가 발전이나 사회 발전에 크나큰 해악이 되는 암적 요소들로서 절대 용납되어서는 안 되기 때문임은 불문가지이기에.

그러기 위해서는 항시 원칙과 상식이 통하는 국가사회가 되어야 함은 물론이다. 우리 국민 모두가 눈을 크게 뜨고 항시(恒時) 깨어 있어 확실하게 갈래를 칠 수 있는 그러한 사회를 대대손손 지속적으로 만들어 가야 한다. 그러한 물 샐 수 없는, 촘촘히 차려진 안전망의 튼튼한 사회에서는 어떠한 사이비도 자생할 수 없지만, 그럼에도 불구하고 사이비는 암적 독버섯이어서 조금만 틈만 보여도 곧바로 소생하여 삽시간에 번지고 만다는 소름 끼치는 무서운 사실을 명심하면서 말이다.

그러려면, 모조품, 유사상품, 위작(僞作), 가인(假人), 허실(虛實), 허상(虛像), 가짜 등의 '사이비'가 아니라 진품(眞品), 진본(眞本), 진인(眞人), 진상(眞相), 진실(眞實) 등의 '진짜'로 흠뻑 사회 곳곳을 끊임없이 채워 가야만 하리라.

# 10 · 26

10월 26일은 우리 현대사에서 격변을 가져왔던 사건이 있었던 날이다.

고래(古來)로 어떤 사람에겐 아홉(9) 고개 넘기가 어렵다고 했다던가. 1970년대가 저물어서 저만큼 1980년이 여명처럼 보이는가 했더니 1979년 10월 26일 10 · 26사태가 터지고 말았다. 유신헌법을 통해 사실상 종신 대통령의 자리에 있었던 절대 권력자 박정희(朴正熙, 1917~1979)가 그의 최측근인 김재규(金載圭, 1926~1980) 중앙정보장의 총탄에 치열한 삶을 졸지에 마감했기 때문이다.

전해 22회 행정고시에 합격한 나는 대전 소재의 중앙공무원교육원에서 수습행정관으로 연수 중이었다. 전국 방방곡곡에 설치된 분향소에서 조의를 표했던 많은 사람들 속에 나도 공무원의 한 사람으로서 조의를 표하기도 했다. 한 나라의 국가원수가 비명에 그렇게 가다니 슬펐었다. 군에서 온 유신사무관들하고 같이 연수 중이었는데 그들은 유달리 대성통곡하는 모습들이었다. 분명 비극적인 사건이었지만, 절대 권력의 뜻밖의 붕괴는 향후 민주화를 촉진시키는 한 계기가 될 것으로 보였는데…. 하지만, 이후 전개된 거는 대한민국이 또 다른 군사 독재의 어두운 시대를 맞이하고 말았으니. 그 과정에서 광주민주화운동의 또 다른 비극이 역사의 한 페이지로 남게도 됐다. 그리고 그때의 아픔은 완전히 치유되지 못하고 지금도 진행 중임은 불문가지이다.

여기서 일제 강점기 박정희 전 대통령의 이름 등에 대해서 살펴봄으로서 10 · 26에 내포된 영감적 메시지를 더듬어 보고자 한다. '다카키 마사오(高木正雄)'와 '오카모토 미노루(岡本實)'. 박정희 전 대통령의 일제 시대 창씨개명 이름들이다. 어떤 뜻인가?

두 이름은 시기와 성격에서 상당한 차이가 있다고 본다. '다카키 마사오'는 박정희가 만주군관학교에 입교한 다음 해인 1941년에 바꾼 것이다. 언론인 조갑제 씨는 저서『박정희』에서 "군관학교에서 한국인 생도들에게 일주일씩 휴가를 주며 '고향에 가서 창씨개명을 해 오라.'고 시킨 것이다. 퇴교 등 명시적 협박은 없었으나 하지 않을 수 없는 분위기였다고 동기생들은 말한다."고 밝혔다. 일제 시대에 강요에 의해 어쩔 수 없이 창씨개명을 한 번 했던 사람은 많아도 박정희처럼 두 번씩이나 창씨개명을 했던 사람은 극소수에 불과하니….

첫 번째 이름엔 원래 박정희 이름의 흔적이 남아 있다. 목(木)은 박(朴)에서, 정은 정희(正熙)에서 따온 것이기에. 당시의 시대적인 강압적 분위기에서 원래 이름의 흔적을 남기며 창씨개명 하는 것이 그 시대엔 흔한 일이었으리라.

그러나 두 번째인 '오카모토 미노루'는 사뭇 다르다. 우선 조선 이름 '박정희'의 흔적을 전혀 찾아볼 수가 없는 것이다. 재일 언론인 문명자 씨는 1999년 발간한 저서 『내가 본 박정희와 김대중』에서 "만주 군관학교 시절 박정희의 창씨명은 다카키 마사오. 그곳을 졸업하고 일본 육군사관학교에 편입했을 때 박정희는 창씨명을 완전히 일본 사람 이름처럼 보이는 오카모토 미노루로 바꾼다."고 기술했다. 또한 동경대학출판회가 2005년 출판한 『일본육해군총합사전(日本陸海軍總合事典)』엔 박정희의 창씨명이 오카모토 미노루로 기록돼 있다.

헌데, 그 이름은 충격적이게도 명성황후를 시해한 일본인 자객의 이름인 오카모토 미노루(岡本實)와 같았으니…. 두 번씩이나 창씨개명하는 극도의 권력추구형이다 보니까 그것은 먼 훗날 자신이 당하게 될 시해 사건을 예견이나 한 것처럼 불행하게도 그 자객의 이름을 자신도 모르게 따른 것은 아니었을까.

1972년, 삼수 만학 끝에 서울대에 입학해서 생소한 오리엔테이션을 받고 수강 신청하는 등 새로운 대학 생활의 환경에 적응하려고 정신없이 바쁘게 몇 달 보내다가 2학기가 됐다. 정신을 좀 진정시키고 학내 주변을 살폈더니 캠퍼스는 학문의 전당과는 거리가 먼 뭔가 짓눌린 듯한 뒤숭숭한 분위기가 감돌더니, 갑자기 10월 17일 대통령의 특별선언, 즉 10월 유신이 선포돼 대학교에는 무기한 휴교령이 내려졌다.

결국 다른 친구들이 그랬듯이 나도 낙향해서 고향 순창에서 무료한 시간을 하릴없이 보낼 수밖에 없었다. 그해 10월은 하늘도 무심했는지 10월 중순에 때 아닌 눈이 쏟아져서 베어 놓은 벼가 하얀 눈 속에 온통 덮여 버린 희한한 일도 있었다. 부푼 꿈과 피 끓는 패기로 가득해야 할 대학 1학년을 허망하게 그렇게 보내 버리고 말았다.

말하자면, 10월 유신(十月維新)은 1972년 10월 17일에 대통령 박정희가 위헌적 계엄과 국회해산 및 헌법정지 등을 골자로 하는 대통령 특별선언(大統領特別宣言)을 발표한 것을 말한다. 집권하고 있는 자기 자리에서 스스로 자기 체제를 뒤엎어 종신집권을 노린 전대미문의 일종의 친위 쿠데타를, 뻔뻔스럽게도 장고 끝에 내린 신성한 애국적 구국행동이라 세 치 혀로 변명하면서 감행했던 것.

박정희는 이 선언에서 4가지 비상조치를 발표하고 이러한 비상조치 아래 위헌적 절차에 의한 국민투표로 1972년 12월 27일에 제3공화국 헌법을 파괴하고 비참하게도 민주주의를 저 멀리 수장(水葬)시켜 버렸었는데, 이때의 헌법을 제4공화국의 유신 헌법(維新憲法)이라 하며, 유신 헌법이 발효된 기간을 유신 체제(維新體制), 더 나아가 유신 독재(維新獨裁)라고 부르고 있고, 결국 10월 유신은 국가라는 이름을 앞세운 기만적 대폭행 사건에 지나지 않았던 것임이 역사적 주지의 사실이 된 지 오래다.

이 체제하에서 대통령은 국회의원의 3분의 1과 모든 법관을 임명하고, 긴급조치권 및 국회해산권을 가지며, 임기 6년에 횟수의 제한 없이 연임할 수 있었다. 또한, 대통령 선출 방식이 국민의 직접 선거에서 관제기구(官制機構)나 다름없는 해괴한 통일주체국민회의의 간선제로 바뀌었다. 유신 체제는 행정 · 입법 · 사법의 3권을 모두 쥔 대통령이 종신(終身) 집권할 수 있도록 설계된 1인의 영도적이고 절대적 대통령제였던 것이다.

절대 권력은 절대로 망한다고 했던가. 절대 권력의 화신 박정희! 누군가에게는 반신반인(半神半人)으로까지 추앙 · 신봉되고 치켜올려졌던 그였지만 가장 신임한 측근에게 비탄(匕彈)의 일격을 당해 비명횡사로 처참히 일생을 마감하고 말았으니, 조국근대화의 기수요 경제건설로 한강의 기적을 창조해 내신 불후의 위대한 인물이라고 극찬했던 추종자들은 그야말로 경천동지할 오호(嗚呼) 통재(慟哉)였었으리라!

범인(凡人)들은 꿈도 꿀 수 없는 인생의 최고산정(最高山頂)에 기어이 올라 가까워진 하늘을 보고 시원한 바람을 맞으면서 시간이 되면 반드시 적시에 하산해야 하는 삶의 기본 원리를 망각한 채 오만스럽게 그곳 산정에 오래 취해 버려 그만 헤어나지를 못했었다고나 할까.

그리고 또 하나 잊지 말아야 할 사건이 있다. 구한말로 거슬러 올라간다. 바로 안중근(安重根, 1879~1910) 의사가 이토 히로부미(伊藤博文)를 하얼빈 역에서 저격 · 사살한 날이 1909년 10월 26일이기 때문이다.

당시 조선, 대한제국(大韓帝國)은 불행히도 일본의 침략에 을사늑약을 통해 외교권을 잃었고 이후 친일파들의 협력 속에 정부의 기능을 하나하나 일본에 내준 상황이었다. 여기에 군대마저 해산당하면서 사실상 일본의 지배체제 속에 편입되어 있었다. 전국 각지에서 6천년 배달겨레의 후손답게 많은 의병들이 분연히 일어나 일본에 저항했고 고종은 헤이그 특사 파견을 통해 국제사회에 부당함을 호소했지만, 열강들이 주도하는 국제 정세에서 극동의 작은 나라 조선의 외침은 그야말로 돌아오지 않는 허무한 메아리에 머물고 말았었다.

이렇게 조선의 운명이 풍전등화에 있을 때 안중근 의사의 의거는 국내외적으로 오롯이 큰 충격을 던져 주는 대사건이었다. 안중근 의사에게 사살당한 이토 히로부미는 당시 일본의 근대화와 부국강병을 주도하는 핵심 인물이었고 지금도 일본에서는 그 업적을 칭송받고 있다. 이토 히로부미가 우리와 밀접한 관계가 있는 건 일본의 조선 침략을 주도했기 때문이다. 을사늑약 이후 1대 통감을 지내기도 했던 그는 일본 제국주의의 상징이기도 했고 독립을 위해 저항하고 투쟁하는 사람들에게는 처단해야 할 1호 대상이 되었던 것이다.

그렇기에 안중근 의사의 의거는 그가 홀로 주도한 일이 아니었다고 본다. 당시 독립운동을 위해 만주, 연해주 일대로 들어온 독립운동가와 해외 독립운동 조직의 치밀한 계획과 협력이 있어 가능한 일이었다. 애초부터 안중근 의사의 의거는 치밀하게 준비됐다. 하지만 의거를 직접 실행에 옮길 사람이라면 당연히 자신의 목숨을 내놓아야 하는 어렵고도 어려운 일이었다. 안중근 의사 역시 이를 모를 리 없었다. 안중근 의사 역시 가족들의 안위를 걱정하지 않을 수 없었겠지만, 나라의 독립이라는 대의를 우선시했던 것. 그뿐만 아니라 독립운동에 투신한 모든 이들의 생각이 그와 같았다.

안중근 의사는 나라의 독립을 염원하는 국민들을 대신해 침략자 그리고 전 세계에 나라의 독립의지를 행동으로 전했다. 다시 말하자면, 안중근 의사는 이토 히로부미를 사살하는 쾌거를 몸소 실천하며 강한 독립의지를 담은 외침을 토해 냈던 것. 이후 재판 과정에서도 일본의 침략 행위를 규탄하는 대한거인(大韓巨人)으로서의 의연함을 보여 줬다. 그는 독립군의 장교로서 교전 중 적장을 사살한 것으로 살인자에 머무는 자가 아님을 강력히 주장했던 것이다.

그러니, 일본은 그의 재판을 서둘러 마쳐야 했다. 일본은 안중근을 단죄하는 과정을 보여 주면서 저항하는 자들이 어떤 대가를 치를지를 보여 주고 싶었겠지만, 오히려 그들의 침략 행위가 세상에 더 알려지는 일이 초래됐다. 결국, 안중근 의사는 철저히 불공정한 재판을 거쳐 1910년 2월 14일 사형을 언도받았고 얼마 지나지 않아 3월 26일, 31살의 젊은 나이에 그 삶의 생을 마감했다.

안중근 의사는 사형이 집행되기 전까지 옥중에서 혹독한 고문에 시달리면서도 자신의 이론과 사상을 정리해 집필하는 열정을 보였다. 당시 그를 감시하던 감옥의 간수들조차 그에게 감복했음은 익히 전해진 일화다. 그 때문에 안중근이 남긴 기록들은 지금도 전해질 수 있었으니….

그렇게 10년의 세월이 더 흘렀다. 그의 사후 1919년 3·1 만세운동으로 우리 민족 모두가 하나가 되어 조선의 독립을 외쳤고 이후에도 일제의 억압 속에도 국내는 물론이고 국외에서도 나라의 독립을 위한 운동이 활발히 전개됐다. 이봉창, 윤봉길 의사 등의 의거도 이어졌다. 1945년 8월 15일 안중근 의사가 염원하던 나라의 독립이 이루어졌지만, 대한민국은 다른 나라에서는 볼 수 없었던 수많은 격동의 역사를 겪어야 했다. 그 시련의 역사를 넘어 지금의 대한민국은 많은 부분에서 발전을 이루어 냈다.

하지만 안중근 의사가 마지막으로 소망했던 독립된 조국에 묻히는 일은 지금도 실현되지 못하고 있으니. 일본은 안중근 의사의 사형 집행 후 그의 유해가 있는 장소를 철저히 숨겼다. 그의 유해가 묻힌 장소가 독립운동의 성지가 될 수 있고 그의 정신이 더 많은 사람들에게 전해지는 것이 두려웠을지도 모른다. 안중근 의사의 유해를 찾기 위한 움직임이 계속 이어졌지만, 원하는 결과는 끝내 나오지 않은 채 여전히 안중근 의사의 묘소는 서울 효창공원에 가묘 상태로 남아 있다.

그는 여전히 대한민국으로 돌아오지 못하고 있다. 대신 그의 정신은 계속 전해지고 있다. 하지만 10월 26일 그의 의거에 대해 신문이나 TV 등 방송 매체에서 큰 언급이 없다는 현실은 안타까움으로 다가온다. 만약, 안중근 의사가 계속 살아 있었다면 이토 히로부미를 향했던 그의 총알은 또 다른 일제 제국주의자들과 친일파들을 향했을 것이다.

2002년 7월 김대중 정부의 청와대 행정관으로 근무하면서 항일독립운동전적지 답사팀의 일원으로 안중근 의사 거사지인 하얼빈 현장을 방문하여 역사적 거인(巨人)으로서의 그분의 숭고한 독립정신을 생생히 체득함과 동시에 나라 사랑의 얼을 배우고 기리는 소중한 기회를 가질 수 있었다. 밤에 하얼빈역을 다시 찾은 우리들은 감동에 젖어 2002년 월드컵 4강을 이룬 직후라서 "따다다 땅" 손뼉 치며 "대~한민국!" 삼창을 우렁차게 외쳐 댐으로 안 의사의 영혼을 겸허히 위로하기도 하였다.

나아가, 그분의 의거를 더 기억하고 모르는 이들에게 상세히 알려야 하는 건 여전히 청산되지 못하고 있는 일제의 잔재와 친일의 역사를 향한 강한 경고와 함께 후세의 큰 교훈이 될 수 있다고 생각되었다. 또한 안중근 의사뿐만 아니라 조명받지 못하고 있는 독립운동의 역사를 더 발굴하고 지속적으로 알리는 노력도 병행되어야 한다고도. 이러한 것은 나라의 정통성을 바로 세우고 불의에 저항할 수 있는 교훈적 실제적 원동력으로 현재의 우리 민족뿐만 아니라 후세들에게도 더욱 크게 작용하기 때문임은 불문가지(不問可知)이기에.

역사는 반복된다고 했던가. 1909년 10월 26일 대한제국의 원흉 이토 히로부미를 대한국인 안중근 의사가 사살한 같은 날, 70년 후인 1979년 10월 26일에 친일 절대 권력자 박정희가 최측근 김재규에게 사살당했고, 세월은 흘러서 무소불능의 절대 권력 유신체제를 무너뜨린 공(功)으로 김재규를 재조명하는 시도도 엿보이니 역사의 아이러니가 아닌가 생각될 뿐이다.

그런가 하면, 10월 26일은 아내와 내가 39년 전 화촉을 밝힌 결혼일이라서 매년마다 우리 내외에겐 그날이 각별히 다가오는 날이 되고 있으니….

## 촛불집회에서 촛불혁명으로

돌이켜 보건대, 2016년 10월 29일 전국 각지에서 박근혜 대통령 퇴진 시위가 열렸다는 첫 보도가 당일 나왔다. 특히 서울 도심에서는 대규모의 집회가 열렸는데, 서울 도심인 청계광장에서 열린 퇴진 촉구 집회의 집회명은 '모이자! 분노하자! 내려와라 박근혜'로서 시민들이 손에 환한 촛불을 든 민중총궐기 투쟁본부에서 주최했다고 보도됐다. 주최 측 추산 3만 명, 경찰 추산 1만 2,000명가량이 참가했다고 하는데, 나로서는 예상치 못한 자발적인 시민운동의 쾌거로서 신선한 충격 그 자체였었다.

그날 이후 매주 토요일 서울 및 전국에서 "우리가 촛불이다."라며 터진 봇물처럼 일어났던 거대한 촛불집회는 2017년 4월 29일 23차를 끝으로 '촛불혁명'으로 승화되어 종료되고, 이후 5월 24일 박근혜 정권 퇴진 비상국민행동 측은 서울 프레스센터에서 공식 해산을 선언하기에 이르렀던 것이다.

진척 과정에서의 주최단체와 주된 구호를 상세화하자면, 처음엔 민중총궐기 투쟁본부를 중심으로 한 박근혜 정권 퇴진 비상국민행동이었다. 1~3차 집회에선 '모이자! 분노하자! 내려와라 박근혜'라는 이름을, 4차 집회에선 '모이자! 광화문으로! 밝히자! 전국에서! 박근혜 퇴진 4차 범국민행동'이라는 이름을 사용했으나, 5차 집회부터 '박근혜 즉각 퇴진 범국민행동'이라는 이름에 문장형 부제목을 사용한다. 그리고 6차 집회는 '박근혜 즉각 퇴진의 날'이란 이름을 쓰고 첫 집회 이후 11월 29일 박 대통령의 제3차 대국민 담화에 대한 국민들의 분노 표시를 분명히 했다. 그래서인지 이날 주최 측 추산으로 역대 촛불집회 사상 최다 인원인 물경 232만 명이 모였다는 벅찬 기억이 지금까지도 머리에 각인 되어 있다.

사실, 국정농단의 박근혜-최순실 게이트가 벌어지며 촉발된 집회로서 주된 요구는 박근혜 대통령의 퇴진이었다. 그 결과 소수의 사익에 충실하고 부정한 권력을 쌓아 온 박근혜 정부는 대다수 국민들의 분노와 헌법에 따른 정당한 절차에 따라 무너져 내렸고, 결국 탄핵 결정된 불행한 대통령인 박근혜를 비롯한 관련 인물들은 수감되어 재판에 오르게 되었음은 이제 국민 모두는 알고 있다.

당시 주최 측의 정확한 목표는 박근혜의 퇴진만으로 끝나는 것이 아니며 박근혜의 구속 수감까지가 목표였다. 그렇기 때문에 20차 집회가 개시되기 하루 전인 2017년 3월 10일 박근혜가 대통령에서 파면되었음에도 불구하고 21차 및 22차 집회가 예정되어 있었고 20차 집회 이후, 주최 비용으로 1억 원의 빚이 남아 있었으나, 그러한 기사가 보도되면서 시민들의 자발적 참여로 이어져 이틀 만에 약 2만 1천여 명이 8억 8천만 원이라는 금액이 후원되는 등, 주최 측의 당초 목표는 달성되었기에 상술(上述)한 대로 23차 집회를 마지막으로 공식 촛불집회는 종료되었던 것.

그리하여 2016년 가을부터 2017년 봄까지 광화문광장을 중심으로 전국 곳곳을 시민들의 한결같은 뜨거운 염원과 자발적인 경천동지할 대함성으로 채우는, 진정 용기 있는 저력의 시민들은 마침내는 승리함으로써 역사적인 위업인 촛불혁명(Candle' Lights Revolution)을 창출해 내고야 말았던 것이다. 바꾸어 말하면, 이러한 촛불혁명은 전대미문(前代未聞)의 연인원 1,700여만 명이 참여하는 거대한 촛불의 물결(Mega Trends)을 이루면서도, 그 어떠한 폭력이나 희생도 없이 평화적으로 이뤄졌으며, 그 힘을 바탕으로 무능하고 부패한 정권을 끝장냈고, 선거를 통해 새로운 정권을 창출하게 되었다.

하나하나 제 발로 모인 1,700여만 시민은 그렇게 모여 한목소리로 부정과 부패, 반칙과 특권을 규탄하고, 이 땅의 민주주의와 평화, 정의를 부르짖었다. 하나하나의 시민이 스스로 결집하고 연대한 힘은 6개월에 걸쳐 평화로우면서도 유쾌하게 명예혁명을 이끌어 가는 원동력이 되었다. 그 힘의 작용은 지금껏 세계 어디에서도 볼 수 없었던 촛불혁명이라는 위대한 결과물을 만들어 냈다고 평가된다.

이러한 촛불혁명이 나와 아내에겐 각별한 의미로 다가와서 상당한 망설임을 뒤로하고 펜을 들게 된 것이다. 우리 내외도 연인원 1,700만 명 속에 포함되어 있었기에 말이다. 뉴스를 보고 나보다 먼저 촛불집회를 알게 된 아내가 우리도 한번 구경 삼아 현장에 가 보자는 제안을 나에게 해 왔던 것, 내가 사회시위 문제 등에 조금이라도 관심을 보이면 제재해 오던 것이 평소의 아내인데, 그러한 말을 해 오다니… 속으로는 의아해하면서도 그러자고 대꾸했던 것이다.

우리 내외의 첫 참여는 3차 집회였다. 오후 5시 반경 5호선 종로3가역에 내려 주위를 보니 삼삼오오 무리 지어 구호를 외치면서 걷거나 부담 없이 도로를 걸어가기만 하는 남녀노소의 많은 사람들이 눈에 크게 들어왔다. 흥분된 사람들이 아니고 의외로 차분하다는 인상들이다. 한참 동안 그러한 모습을 물끄러미 바라보고 있다가 우리 내외도 발길을 옮겨서 그들 무리들과 함께하는 대열이 되었다. 우리보다 떨어져 앞에서 가는 사람들이 "내려와라 박근혜!" 등의 구호를 외치면 뒤따르는 많은 사람들이 이제 복창하는 형식이 되풀이됐는데, 어느새 우리 부부도 따라서 복창하게 되었다.

보통의 보폭으로 같이 걸어가며 시위에 참여하는 사람들을 바로 곁에서 보니, 대부분은 우리와 같이 자유복 차림이었는데 토요일이어서 그런지 친구들로 보이는 등산 갔다 하산한 등산가방 멘 등산복 차림의 사람들도 있었고 유모차에 어린아이를 동반한 젊은 엄마, 그리고 초등학생 아들들에게 역사의 현장을 견학케 하기 위해 같이 왔다는 진지한 어느 부부도 눈에 보이는 등 모두들 자유스럽고 자의자발적로 참여한 사람들임이 분명했다. 질서정연하게 느껴지는 분위기가 그랬다. 자못 축제분위기였다. 다들 그렇게 느끼며 행군하고 있었다.

무리를 따라 행군하다 보니 종로2가의 큰 도로로 나왔다. 촛불을 한 손에 들고 참여하는 사람들도 보이기 시작한다. 더욱 많은 사람들로 중앙도로를 가득 메웠고 일부는 인도를 채우며 행군을 계속한다. 종로대로에 들어서니 덮개가 열린 긴 차에 무슨 노동단체 소속으로 보이는 많은 사람들이 타서 구호를 외치고 그중 리더로 보이는 어느 젊은 여자는 스피커를 들고 시종 구호를 외치면 차량을 따르는 수많은 사람들이 큰 소리에 우렁찬 소리로 복창을 하곤 한다. 수많은 사람들의 일제 복창된 우렁찬 목소리가 시가지를 진동시키는 듯했다. 우리 내외도 천천히 보폭을 맞추면서 구호제창에 동참했다. 긴 행렬이 돌아서 을지로로 접어들었고 이어진 대열이 계속 행진한다.

어두운 밤이 됐다. 우렁찬 목소리의 거대 행렬이 시청 앞 광장을 지나 광화문 광장에 이르러 우리 대열은 멈추어 그대로 앞에 온 대열 뒤에 서서 대열을 이루었다. 그 넓은 광화문 광장이 촛불을 든 시위 참가자들로 꽉 메워져 조금의 공간도 보이지 않았다. 우리 뒤에 온 대열의 그룹들도 계속 이어져 같은 행렬을 이룬다. 멀리 앞을 보니 시위대의 집행부측의 중앙단상이 높게 만들어져 있고 수많은 각 단체의 깃발이 무리 져 나부끼고, 주최 측의 구호제창과 노래가 쉼 없이 흘러나오고 주요 인사들의 연설의 사자후가 터지고 있었다.

자리한 수많은 차분한 군중들로 인해서인지 뜨거운 열기도 느껴지기도…. 거대한 축제 분위기가 광화문광장의 공간에 휘덮여 깃을 틀고 있었다. 한마디로 천지를 진동시키는 함성이 함께하는 거대한 촛불집회가 이루어지고 있었던 것이고, 나로선 가슴 깊은 곳에서 형언할 수 없는 진한 감동이 솟구쳐 왔었던 것이다.

주위를 가만히 살펴보니 젊은 학생, 회사원 등 우리보다 젊어 보이는 사람들이 대부분이고 우리 내외 또래의 사람들은 듬성듬성 보였다. 몇 젊은이들이 일어나 무어라고 말하더니 집행부에서 자금이 필요하니 십시일반 헌금해 달라는 주문이었다, 나도 동참하려고 조금이나마 준비하고 있었는데, 내 쪽은 바로 지나가 버려 아쉽게도 실천하지를 못했다. 나는 시니어 그룹에 속해서 그냥 지나친 것으로 보였다.

그래도 제대로 동참하려면 촛불을 구입해야 할 거 같아서 아내에게 자리를 지키게 하고 대열에서 곁으로 빠져나와 촛불 두 개를 샀다. 촛불집회의 장외라 할 수 있는 도로 밖에서도 많은 사람들이 가벼운 음식을 드는 등 웅성거리는 축제 분위기는 이어지고 있었다. 불 켜진 촛불을 들고 아내한테 돌아오니 비로소 우리도 촛불집회의 정회원이 된 기분이 들었다.

저 멀리 집행부 측의 주문에 다른 참가자들이 하듯이 우리도 촛불을 흔들며 응답해 댔다. 어떤 사람들은 역사적인 촛불집회에 참여한 자신을 남기기 위해선지 연신 카톡을 눌러 대는 모습들도 주위에서 목격되곤 했다. 갈수록 박근혜를 규탄하는 거대한 목소리들이 일사분란하게 온밤을 연속 진동하는 가운데 시간이 흘러갔다.

헌데, 내 귀에 익숙한 목소리가 중앙연단에서 들려오기 시작했다. 도올 김용옥 교수의 목소리였다. 역사적인 촛불집회에 동참하기 위해 스스로 여기에 나왔다면서 "자신은 지금의 촛불집회가 오늘의 대한민국의 역사 발전에 천금 같은 귀한 기회이니 국민 모두 합심해서 성공적으로 치러 내야 한다면서 '이것은 바로 혁명'이기 때문이다."라고 힘 실은 특유의 어조로 연설해 박수갈채를 받았다. 대한민국의 대철학자의 냉철한 혜안에서 볼 때, 이번 촛불칩회를 역사의 분수령이 되는 '촛불혁명'으로 진단하고 천명했으니 벅찬 감동으로 다가오면서 반드시 성공해야 할 것이라는 생각이 들었다.

밤에 각계각층의 그 많은 사람들이 모였는데도 한 줌의 잡음도 없이 절제와 인내가 담긴 차분한 행동으로 불의에 공동 대처해 화합된 거대한 축제 분위기의 시위를 만들어 내다니…. 야아, 이만하면, 이 정도면 우리나라도 이제 선진국이 됐다는 자랑스런 생각이 절로 드니 나의 생각이 잘못된 것일까? 우리 내외는 진한 감동의 소용돌이에 싸인 채 오랜만의 황홀경을 맛보는 기분이었다. 그래서인지 끝내 촛불집회는 성공하리라는 확신이, 자신감이 지펴 왔다.

벅찬 함성의 집회는 계속됐지만 우리 내외는 9시경 자리에서 일어섰다. 일어서 나오는데 집회에 참여하고 있는 중고생으로 보이는 당찬 여학생들에게 '공부는 안 하고 쓸데없이 이런 곳에 와서 귀중한 시간을 허비하느냐? 어서 빨리 집으로 들어가라!'고 큰 소리로 호통 치는 일부 아줌마들이 보였는데, 주위 사람들이 엄마부대 사람들이라고 쑤군대는 소리가 들렸다.

그날 밤 우리 내외는 귀가해서도 시위 참가에서 받은 진한 감동이 이어져 오랫동안 잠을 이루지 못했던 유쾌한 경험을 했었다. 그러한 감동의 연장선상에서 나는 또 아내와 5차 집회를, 그리고 아내는 친구들과 두 번 더 참여했으니 아내가 나보다 촛불혁명에 더 적극적으로 참여한 셈이다.

가만히 생각해 보면, 이번 촛불혁명의 가장 중요한 특징은 1,700여만 명이 참가할 수 있게 한 원동력의 제공자가 인터넷을 매개로 나타났고 또한 세대적 특성을 띠고 있다는 점이다. 새로운 사회 조건에서 생활하고 교육받았으며 새로운 문화소통수단에 의해 무장된 젊은이들이 이전 세대와 다른 문화적 특징을 드러내고 있고 21세기의 초반 사회가 전반적으로 이러한 방향으로 변해 가고 있다는 점에서 이들이 새로운 문화혁명의 선도자라고 볼 수 있고 결국은 이들이 주도해서 성공해 냈다. 특히, 새로운 문화를 결집하고 퍼뜨리는 데 결정적인 역할을 하고 있는 데는 인터넷을 적극 이용한 결과에서 비롯한 것으로서, 문화적 측면에서 인터넷의 영향력이 바로 촛불혁명의 원동력으로 작용했다고 보는….

따라서 피를 전연 흘리지 않고 순전히 명예적으로 이루어진 이번 대한민국의 촛불혁명(Candle' Lights Revolution)은 영국의 1688년 명예혁명(Glorius Revolution)에 비견되는 크나큰 위업으로서 세계문화혁명사(世界文化革命史)에 영원히 빛나는 쾌거(快擧)로 길이 남을 것으로 나는 확신한다. 그러한 역사의 문화현장에 우리 내외의 흔쾌한 발자국이 오롯이 함께했다는 사실(史實)이 나로 하여금 오늘도 자부심을 갖게 하는 것이다.

## 징역 15년과 벌금 130억 원, 추징금 82억 원

'다스는 누구 것인가?'

11년 동안 계속된 이 질문에 법원이 답변하는 데 걸린 시간은 불과 6개월이었다. 금년 2018년 4월 9일 재판에 넘겨진 지 182일, 5월 3일 첫 공판이 열린 지 158일. 서울중앙지법원 1심 재판부는 10월 5일 "다스의 실소유주가 피고인이라는 점이 넉넉히 인정된다."고 판시했다. 바꾸어 말하면, 이명박 전 대통령에게 징역 15년과 벌금 130억 원, 추징금 82억 7,070만 원이 선고되고, 자동차 부품기업 다스의 실소유자는 이명박 전 대통령이라고 판결한 것이다.

이 전 대통령은 줄곧 "다스는 친형인 이상은 회장과 처남 고(故) 김재정 씨가 세운 회사"라고 주장했었지만, 법원은 다스 전 · 현직 임직원 등의 진술을 근거로 이 전 대통령을 실질적인 다스의 소유자로 결론을 내렸던 것이니 "다스는 엠비(MB)것"이라는 검찰의 결론이 맞았다고 본 것으로 풀이된다.

그러한 보도를 접하면서 나는 '사필귀정(事必歸正)'이라는 말이 떠올랐었다. 하지만 예측한 대로 이 전 대통령은 사법부의 판결을 받아들이지 않았다. 2007년 처음 의혹이 불거졌을 때부터 "새빨간 거짓말"이라고 항변했던 그였기에 그다지 놀라운 반응은 아니리라.

자산 8조 원대로 추정되는 다스(DAS)의 실소유자로 엠비의 유죄를 선고한 1심 판결이 내려졌지만 불과 1년 전만 해도 상황은 전혀 달랐었다며 언론들은 관련된 검찰의 수사상의 비하인드 스토리를 아래와 같이 보도했으니….

갖은 의혹으로 여론이 들끓었지만, 검찰은 수사에 확신을 갖지 못했다. 여러 이유를 대며 미적거렸다. 한때 수사를 아예 접을 뻔한 아슬아슬한 순간도 있었단다. 그러다 결정적 제보가 검찰에 날아들었다고. 우연인지 필연인지 알 수 없는 몇 번의 반전이 이 전 대통령의 운명을 바꿔 놓았다고 보도한 것이다.

원래 검찰이 꼽았던 '적폐수사' 리스트에는 이 전 대통령은 들어있지 않았단다. 장기간 계속된 국정원 수사로 검찰이 '진'을 뺀 탓도 있지만, 커지는 의혹에 비해 증거가 미약하다는 판단이 깔려 있었다는 것이다. 당시 검찰 관계자는 "다스는 새로 들여다볼 여지가 없다. 10년 이상 제기된 의혹"이라며 "어떻게 뼈 바르듯 하겠냐?"고 반문했던 것.

2007년~2008년 사이 '선배' 검찰과 비비케이(BBK) 정호영 특검이 이 전 대통령에게 발부해 준 면죄부도 '후배' 검찰의 발목을 잡았다나. 검찰의 다른 관계자는 "엠비는 판도라의 상자다. 수사 여력도 없다. 그러니 상자는 열지 말고, 가급적 고발에 한정해서 수사하는 게 맞다."고 말했다니. 한마디로 검찰이 적극적이지 않았다고 봐야 할 것이다.

그러다가, 작년 10월 중순께 비비케이 주가조작 사건의 피해자인 장 아무개 옵셔널캐피탈 대표가 이 전 대통령을 직권남용 혐의로 고발했고, 문재인 정부 들어 처음으로 이 전 대통령이 '피의자'로 적시된 사건이 되었는데. 서울중앙지검 첨단범죄수사1부가 이를 맡아서 기초 검토에 들어갔던 것. 당시 검찰 관계자는 "제기된 의혹 중에서 그게 그래도 가장 가능성이 있겠다 싶어 기대를 걸었다."고 했다. 그러나 검토 결과는 '죄가 안 된다'로 나왔고, 주례보고 자리에서 윤석열 서울중앙지검장이 문무일 검찰총장에게 같은 내용을 보고했는데, 두 사람은 "어쩔 수 없다. 둘이 나눠서 욕을 먹더라도 여기서 털 수밖에 없다."고 결론을 냈었다고 한다.

그러던 중, 참여연대와 민주사회를 위한 변호사모임이 이 전 대통령을 횡령 · 조세포탈 등 여러 혐의로 고발했던 것, 지난해 12월7일의 일이다. 고발 대상엔 비비케이 사건 정호영 특검도 포함됐다. 그날 검찰 관계자는 "고발장이 들어왔다고 칼춤 출 일 아니다. 토끼몰이하면 역효과가 난다."고 했다. 암튼 서울중앙지검 형사1부에 배당됐다. 검찰 안에서도 "왜 특수부가 아니라 형사1부인지 이해가 안 된다."는 말이 나왔다. 검찰의 소극적 태도는 변화가 없었던 것이다. 그런데 얼마 지나지 않아 한 변호사에게서 결정적인 제보가 날아든다. 이 전 대통령과 관련한 여러 의혹, 특히 재임 전후 청와대에서 일어난 일을 소상히 진술할 증인이 있다고.

그 전말은 이랬다. 앞서 그해 10월 서울중앙지검 형사3부는 서울 서초동의 한 변호사 사무실에서 흉기에 찔려 숨진 한 연기자의 남편이 청부살해를 당한 것이라는 수사 결과를 발표했다. 경찰에서 우발적 살인으로 송치한 사건을 검찰이 끈질긴 수사 끝에 뒤집은 것이다. 검찰에 빚을 졌다고 생각한 피해자 쪽 변호사는 평소 '친구'에게 들은 얘기를 검찰 간부에게 그대로 전달했다. 이명박 청와대에서 의전비서관 · 제1부속실장을 지낸 이 전 대통령의 심복 김희중 씨가 그 변호사의 '친구'였다. "엠비 수사의 결정적 장면을 딱 하나만 꼽으라면 바로 그 제보다."는 검찰 측의 의견.

다만 해당 변호사는 〈한겨레〉와의 통화에서 "내가 검찰에 제보했다는 검찰 관계자의 말은 전혀 사실이 아니다. 김희중 전 실장이 검찰 수사를 받는다는 사실은 김 전 실장 압수수색이 있던 날 처음 알았다. 그날 변호인 자격으로 검찰 청사에 들어가 김 전 실장을 만나고 나서야 수사 내용을 알았다. 김 전 실장은 제보자가 아니며 검찰에 소환됐을 때는 검찰이 이미 혐의 내용 대부분을 파악하고 있어서 부인할 수 없는 상황이었다."고 말했다고 한다.

검찰은 김 전 실장의 제보를 받아든 뒤에야 비로소 '가능성'을 찾았다. 그러나 갈 길이 멀었다. 이 전 대통령을 둘러싼 의혹의 '몸통'인 다스의 실체를 밝히지 못하면 수사는 실패할 것이 분명했기 때문이다. 특히 공소시효가 결정적으로 중요했다. 이 '미션'은 서울동부지검에 별도로 꾸린 수사팀(팀장 문찬석)이 해결했다. 2008년 비비케이 특검 때 120억 비자금 조성(횡령)에 관여하고도 다스에 계속 다니고 있던 경리직원 조 아무개 씨를 추궁해 "엠비를 비롯한 오너 일가가 해먹은 제일 큰 비자금 덩어리"를 찾아낸 것이다. "솔직히 큰 기대를 하지 않았는데, 동부 그 팀이 수사를 잘했다고. 그쪽 수사가 성공하면서 서울중앙지검에서 찾아낸 다른 퍼즐 조각과 모자이크가 딱딱 맞춰졌다."고 검찰 핵심 관계자의 이야기이다.

검찰 수사가 궤도에 오르자 김성우 전 다스 대표 등이 자수했다. 김희중 전 부속실장의 진술을 토대로 국정원 특활비 수사도 빠르게 진척됐다. 궁지에 몰린 김백준 전 총무기획관은 '다스 소송비 삼성 대납' 사실을 실토했고, 이학수 전 삼성 부회장이 나와 이를 인정했다. 측근들이 무너지면서, 수사는 일사천리로 진척되게 됐었다고….

뇌물 혐의 수사의 백미는 이팔성 전 우리금융지주 회장이었다. 그는 수사팀이 압수수색을 나갔을 때 때마침 '엠비 메모'를 입에 넣은 채 씹고 있었다고 한다. 이를 말리는 과정에서 한 수사관이 이 전 회장에게 손가락을 물려 전치 3주의 교상을 입기도 했는데, 결국 '엠비 일가의 모든 치부'를 적은 비망록이 검찰의 손에 들어왔다던 것.

"엠비 수사를 돌아다보면 '운칠기삼'이었다."며 "엠비는 검찰이 수사를 잘해서라기보다 '주변 사람' 관리에 실패함으로써 몰락을 자초했다."고 10월 7일 평했다는 검찰 핵심 관계자의 말이 실린 보도가 나의 가슴에 오래도록 남기도….

이명박(1941~) 전 대통령. 주지하듯이, 그는 16대 노무현 대통령의 뒤를 이어 제17대 대한민국의 대통령을 지낸 사람이다. 대한민국 땅이 아닌 일본국 태생인 그는 30대 젊은 나이에 우리나라 굴지의 최고 건설회사인 현대건설 사장으로 오랫동안 화려한 현실 경제적인 불도저 경력을 쌓고 국회의원의 정치적 경력도 쌓은 후, 박정희 대통령이 세운 청계천 고가도로를 과감히 철거하고 청계천 복원사업을 야심차게 밀어붙인 서울시장 시의 추진력 등을 인정받아 경제대통령으로 잘할 거라는 국민들의 성원에 힘입어 운 좋게도 국가의 최고 통수권자인 대통령으로 당선됐던 것이다.

그러나 그의 대통령으로의 재임 기간(2008.2.25~2013.2.24.) 국민들의 여망과는 달리, 그는 광우병 젖소 문제 등을 비롯한 시책추진에 헛발질을 해대면서 좀 궁지에 몰리자, 그러한 문제에 대한 재빠른 만회를 노렸는지 그만의 특허라도 된 듯 특유의 불도저적인 저돌적 추진력을 발휘하기 시작했다고 생각된다.

즉, 조상들이 물려준 삼천리금수강산을 훼손하는 것은 자연에 대한 큰 모독이라고 재고하라는 법정스님 등의 양심적인 반대에도 아랑곳하지 않고 '한반도 대운하 건설'을 '4대강 복원'이라는 미명하에 그대로 밀어붙여서 우려대로 국토 환경이 크게 파괴되는 비극적 결과를 가져온 점, 해외 자원개발 사업으로 국부를 증진시킨다고 무리하고 졸속하게 밀어붙인 결과 적자에 허덕이는 대한광물자원공사나 대한석유공사 등의 부실을 초래해 국고를 탕진한 점 등은 나라를 책임진 경제대통령으로선 결코 할 수 없는, 해서는 안 될, 누구를 위해 그러한 망상적인 거대한 사업을 추진했는지 지금도 의문투성이로 남아 있다고 매스컴들은 보도하고 있으니….

그리고 그 외에도 대통령은 나라의 최고 어른으로서 모든 면을 모든 집단을 지역을 편 가르기 해서 비소속자에겐 씻을 수 없는 한(恨)의 상처를 줄 것이 아니라 화합하게 하고 통 크게 국민통합해서 그 시너지 효과를 배가시켜야 함에도 그렇지를 못한 큰 과오도 정말 큰 거라고 봐야 할 것이다. 왜 그러한 행태를 저질렀을까? 아마도 출생지가 섬나라 일본 땅이라서 원래 체화(體化)된 태생적 도국근성(島國根

性)에서 비롯된 것은 아닐는지.

또한, MB 맨이라고 분류돼서 잘나갔었던 서울시청의 행시22회 동기이자 동료인 김병일 국장이 어느 날 갑자기 홍콩의 어느 호텔에서 투신자살했다는 짤막한 귀퉁이 보도를 깜작 놀라 읽었던 기억이 있는데, 왜 이러한 사고가 있었는지에 대한 해명이라도 언젠가는 나와야 하지 않은가. 그 외에도 유사한…, 재임 시에 노무현 대통령을 비롯해서 김수한 추기경, 법정스님 등 나라의 등불이 되셨던 큰 어르신들이 일시에 하늘나라로 가시는 국가적 큰 손실이 빚어졌는지 생각할수록 지금도 애석하고 원통하기만 하다.

필자가 '이명박'이라는 이름을 처음 들었을 때를 생각해 보니, 내가 공직에 입문할 무렵인 지난 세기 80년도 초 상공부 근무 시절이었다. 상공정책을 담당한 부처업무의 특성상 과장님과의 기업인에 대한 어떤 대화 도중 사원으로 출발, 고속승진 30대에 사장을 하고 있는 현대건설의 이명박 사장은 한국 샐러리맨의 성공신화를 창출해 낸 기업인이라고 높게 평가되고 있다는 얘기를 들었던 기억이 있었다.

하지만, 옆에서 지켜본다든가 같이 일을 해 볼 기회는 없어서 그의 마인드와 품성은 어떤지 어떠한 이상(理想)과 인생관의 소유자인지 그 진실된 실체를 알 수 없는 상태에서 떠도는 풍문으로만 대단한 경제통으로만 알고 있는 정도였는데 그가 서울시장으로 당선돼서, 같이 일할 기회가 온 듯했었으나 그러지를 못하고 말았던 것. 이 시장 전임인 고건 시장이 국장급으로 승진시켜 서울시에서 나를 청와대로 전출시켜 준 바람에 제15대 김대중 정부 말기에 청와대 행정관(국장)으로 재직 중 MB가 서울시장으로 당선됐었고, 노무현 대통령 취임

후 나는 우여곡절 끝에 서울시로 복귀하였었는데, 미보직 상태에서 이명박 시장과 원세훈 부시장으로부터 졸지에 강제명퇴를 당하고 말았었다.

아마도 젊은 30대에 화려한 현대건설 사장을 한 그로서는 50대 중반인 필자 정도는 늦깎이로서 용도폐기(用度廢棄)되어야 할 쓰레기라고 치부했던 것이리라. 그 후 나를 필두로 특정 지역의 동료들이 같은 운명이 되고 말았으니…. 공직을 천직으로 알고 공복이라는 사명감을 가지고 살아온 나로서는 MB파워로 분식(粉飾)된 그 당시 분위기에선 그 어디에 하소할 데도 없는 작은 몸이 돼 있어서, 내가 옹졸해서인지 평소 애정을 가지고 근무했었던 서울시청이었으나 그 근처엔 아예 발길을 돌리고 싶지도 않은 채 한 많은 세월을 그저 나락에서 헤매었던 것이다.

지금은 영어(囹圄)의 몸이 된 전직 대통령 MB. 자신은 본래 선민(選民) 출신이어서 영어의 몸이 되리라곤 세상에 꿈에도 생각지 못하고 의기양양 양지의 세상만을 누비어 왔을 터인데. 권불십년(權不十年)이라는 선인(先人)들의 인생무상의 말씀이 이제는 귀에 들리기나 할 것인지. 영어의 몸이 됐으면 측은하고 참 안됐다는 생각이 들어야 할 것인데 나로서는 왜 그런지 그런 생각은 전연 들지 않는다, 나의 성격이 못돼서인가.

그가 구속 수감됐다는 소식을 나에게 급보(急報)해 주면서 자업자득(自業自得)으로서 '만시지탄이나 사필귀정'이라며 속이 후련하다고까지 말하는 사람이 있는가 하면, 어떤 사람들은 그는 원래 대통령이 돼서는 안 되었던 사람이라고까지 거침없이 독설을 퍼붓는 사람들이 있게 됐다. 한 나라를 통치할 철학을 지닌 큰 그릇이 아니라 한낱 범부(凡夫) 장사치 수준을 보여 준 재임 시의 황당한 행태에서 그렇게 감지된 결과의 당연한 반응들이리라. 그러한 사람들일수록 역지사지적인 입장에서 나의 과거 처지에 대해 이해해 주기도 한다.

전직 대통령이 감옥에 가 있는 상황은 본인뿐만 아니라 국가 국민으로서도 있어서는 안 될 매우 커다란 불행일진데, 그는 자신의 현 처지를 억울하다며 정치적 보복 운운하지 말고, 자기를 신(神)처럼 추종했던 최측근들이 왜 자신을 감옥에 처넣도록 등 돌린 인사들로 돌변하게 됐는지를 포함해서 한 나라의 대통령으로서 재임 시 국가와 국민을 위해 공명정대한 공익적 사명(公益的使命)을 다했었는지를 오늘의 국민들은 엄중히 묻고 있다는 것을, 겸허히 낮은 자세가 되어 처절히 온몸으로 참회하는 시간으로 값지게 보내야 할 것이다. 그래도 그렇게 하는 것만이 한 때 대통령으로 밀어준 국민들에 대한 최소한의 남은 예의가 아닌가 하는 생각이 들기 때문이다.

징역 15년과 벌금 130억 원, 추징금 82억 7,070만 원을 선고한 1심에 불복해서 변호사를 보강하여 항소했다는 보도의 소식이 들리고 있는데…, 그곳에선 생각할 시간도 많을 것이니 '만사는 사필귀정'이라는 금언도 곰곰이 음미해 보시길.

넷째 마당

# 홍익인간

대한민국의 뜻은 천지의 이상을 실현하는 백성들이 모인 나라란 뜻이다. 대한을 사자성어로 말하면 '홍인인간(弘益人間)'이라 한다는 것이다.

그러니 홀을 가득 메운 참가자들의 우레와 같은 뜨거운 박수를 받을 수밖에.

# 사서삼경

무릇 모든 사람들에게 읽으면 읽을수록
삶의 힘을 얻게 하고 깨달음을 선사해 주는
지혜의 동양고전, 사서삼경은

명명덕(明明德), 친민(親民), 지어지선(止於至善)의 『대학(大學)』
공자와 제자와의 문답에 서린 인생의 교훈집인 『논어(論語)』
성선설과 왕도정치를 설파한 『맹자(孟子)』
천명지위성(天命之謂性), 솔성지위도(率性之謂道), 수도지위교(修道之謂敎)의 유교의 고전인 『중용(中庸)』
고대 중국인들의 생활상을 진솔하게 노래한 『시경(詩經)』
유가의 정치이념을 가장 잘 드러내고 있는 『서경(書經)』
상경 · 하경 및 십익(十翼)으로 구성되어 있는 『주역(周易)』으로

동서고금의 인류에게 생명 에너지를
끝없이 빚어내 주는 영원한 옹달샘이다.

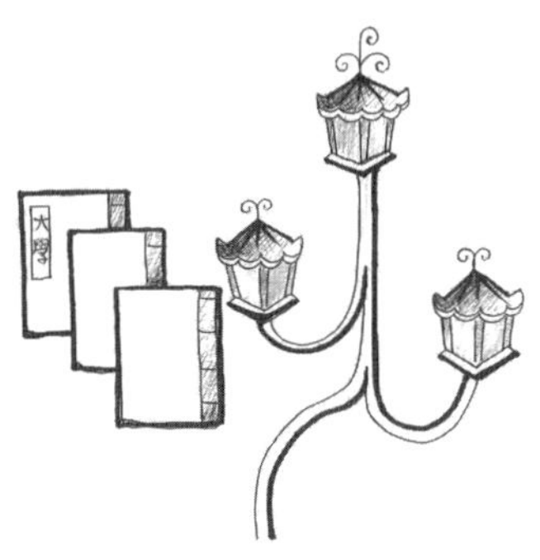

내가 사서삼경 중 맨 먼저 읽은 책은 『논어』이다. 살다 보니 이순이 됐고 60 평생을 살아온 마당에 어느 날인가 이순 대에 걸맞는 무언가 고전을 좀 읽어야 되지 않나 하는 철학적인 생각이 들었다. 그중에서도 동양인의 한 사람으로서 의당 동양고전을 읽어야 한다는 생각이 든 것이다. 읽고 싶은 것보다는 읽어야만 한다는 심리적 압력의지가 저 밑의 심연에서 오롯이 작동한 것이다. 이순 대 연령 이전에 이미 읽은 분들이 많겠지마는, 나는 늦깎이로서 이제라도 읽어야 함을 나 스스로 채근한 것에 다름 아니라는 것이 보다 정확한 표현이리라.

동양고전에 대해 문외한인 나로서는 우선 머리에 쉽게 떠오른 것이 『논어』여서 내가 애용하곤 했던 성동구립도서관에 가 보았더니 좀 낡은 표지의 여러 종류의 책들이 진열돼 있음을 보고 대충 서문 정도와 목차 정도만 간단히 일별했다. 그러고선 서점으로 가 보니 역시 최신본을 포함해 여러 종류의 색다른 책들이 살포시 얼굴을 내밀고 있었다. 나는 그중에서 초보자가 접근할 수 있도록 쉽게 해설한 새 책을 골라 사면서 앞으로 『논어』를 읽으면서 도움용으로 필요할 것 같아 공자의 일생을 서술한 공자 책도 같이 구입했다.

『논어』 책만 구입했지 바로 읽질 않고 그냥 책상 위의 서고에 꽂아 두었다. 그렇게 한 달쯤 지났을까. 읽고 싶어졌다. 나는 어느 책이든지 읽게 되면 시간이 걸리더라도 끝까지 읽어야만 하는 성질을 가지고 있다. 읽다가 지치거나 싫증이 나면 덮어 놓고 쉬거나 다른 책을 보더라도 결국은 끝 페이지까지 읽는다는 말이다. 그래서 가볍고 즐거운 책은 단숨에 읽어 버리거나 며칠 만에 다 읽는 경우도 있지만 어떤 경우에는 몇 달을 걸려서 완독하는 경우도 더러 있다. 이 논어도 몇 달 걸렸음은 물론이다.

안갯속의 막연한 공자가 유가의 또렷한 거인상으로 부각됨을 느끼게 됐고 안회 등 제자들의 실상도 배우게 됐다. 위대한 성인들은 반드시 훌륭한 제자들이 곁에 앞뒤로 포진되어 있음을 확인할 수 있었다. 말하자면, 그러한 소회의 편린을 담은 것이 나의 졸저 세 번째 수필집인 『100세 클럽 가입을 위하여』에 실린 '공자의 인(仁)'인 것이다. 그러고 나서, 『대학』, 『중용』, 『맹자』, 『주역』 순으로 읽었던 것.

읽으면 힘을 얻고 깨달음을 주는 지혜의 고전으로서 누구나 한 번쯤은 읽어야 할 사서삼경(四書三經)의 대강(大綱)에 대해서 기술해 보자 한다.

사서(四書)란 무엇인가? 유교(儒教)의 기본 경전으로 사서는 『논어(論語)』, 『맹자(孟子)』, 『대학(大學)』, 『중용(中庸)』을 합하여 말한 것이다.

중국 송나라 때 정자라는 분이 자은(子思)의 『예기(禮記)』에서 대학, 중용을 분리하여, 논어, 맹자와 함께 엮어 내어서 사서로 만들었다. 그 전에는 오경(五經)이 읽혔으나, 어려워서 별로 호응을 못 받았다고 한다. 송나라 때부터 사서를 중시하고, 원나라 때는 고시 과목으로 중시되었으며, 명나라의 영락제에 의해서 사서대전이 만들어졌다. 주자(朱子, 1130~1200)는 사서대전에 주해를 달아 '사서집주(四書集註)'라고 하였다. 『대학』과 『중용』에는 '장구(章句)', 『논어』와 『맹자』에는 '집주(集註)'라는 명칭을 붙였다.

사서를 배울 때는 먼저 대학을 읽고 공부의 자세와 학문의 규모를 정하고, 논어에서 사람을 사랑하라는 공자의 가르침인 근본을 배우고, 맹자에서 인간의 본성과 정의를 참고한 그 발전을 터득한 후, 마지막 중용에서 이 모든 과정을 거쳐 우주자연의 질서로까지 발전한 선인들의 높은 사상을 음미하게 된다. 이것은 주자가 사서의 독서법으로 추천한 것이기도 하다.

1

먼저, 『대학(大學)』은 공자(公子)의 손자 자사(子思)가 예기(禮記) 49편 중에서 제42편으로 들어 있던 것을 별책으로 엮은 것이다. "대학은 공자가 남긴 글이고, 초학자가 덕으로 들어가는 문호이다. 지금에 있으면서 옛날 사람들이 학문을 한 차서(次序)를 알 수 있게 되는 것은 오직 이 책이 남아 있기 때문이고, 논어와 맹자는 그다음이다. 배우는 사람들이 반드시 이 책에 따라서 배운다면 거의 오차를 범하지 않을 것이다."라는 말로 그 중요성을 말할 수 있겠다.

나아가, 대학의 도는 명명덕(明明德), 친민(親民), 지어지선(止於至善)에 있다. 물(物)에는 본말(本末)이 있고 사(事)에는 종시(終始)가 있으니,

선후를 가릴 줄 안다면 도(道)에 가깝다. 옛날 천하에 명덕을 밝히려는[明明德於天下] 자는 우선 자기 나라를 다스렸고[治國], 나라를 다스리려는 자는 우선 자기 가정을 다스렸고[齊家], 가정을 다스리려는 자는 우선 수신(修身)했고, 수신하려는 자는 우선 마음을 바르게 했고[正心], 마음을 바르게 하려는 자는 우선 뜻을 참되게 했고[誠意], 뜻을 참되게 하려는 자는 우선 올바른 앎에 도달했다[致知]. 올바른 앎에의 도달은 격물(格物)에 달려 있는 것이다.

말하자면, 격물이 된 연후에 올바른 앎에 이르고, 올바른 앎에 이른 연후에 뜻이 참되어지고, 뜻이 참되어진 연후에 마음이 바르게 되고, 마음이 바르게 된 연후에 수신이 되고, 수신이 된 연후에 가정이 다스려지고, 가정이 다스려진 연후에 나라가 다스려지고, 나라가 다스려진 연후에 천하가 태평해진다는 취지이다.

바꾸어 말하면, 『대학』의 내용은 윤리 · 철학을 정치와 일체로 융합되어 있고, 옛날 태학 교육의 법규였었다. 이 책에서 제시된 명명덕(明明德), 친민(親民), 지어지선(止於至善)의 삼강령(三綱領)과 격물(格物), 치지(致知), 성의(誠意), 정심(正心), 수신(修身), 제가(齊家), 치국(治國), 평천하(平天下)의 팔조목(八條目)은 유학의 "내성외왕(內聖外王)의 학문"의 기본 강령과 주요 원칙이 되었던 것이다.

## 2

『논어(論語)』는 유가(儒家)의 성전(聖典)이라고도 할 수 있다. 주지하듯이 공자(孔子, B.C551~479)의 언행록으로서 고대 중국의 사상가 공자의 가르침을 전하는 가장 확실한 옛 문헌이다. 공자의 제자들이 공자의 사후에 편찬한 책으로서, 공자와 그 제자와의 문답을 주로 하고, 공자의 발언과 행적 등 인생의 교훈이 되는 말들이 간결하고도 함축성 있게 기재되어 있다. 아울러 공자의 핵심 사상인 인(仁)에 대하여 일관되게 말하고 있음도 본다. 인은 다른 사람에 대한 사랑으로 요약할 수 있다.

특히, 조국 노(魯)나라를 나와서 제자들과 18년 동안 천하를 주유(周遊)하다 68세에 귀국하여 집필 등으로 소일하다가 73세에 생을 마감한 공자가 자기의 삶을 뒤돌아보며 자신의 수양 과정에 대해서 말한 것으로 짐작되는, "나는 열다섯 살에 학문에 뜻을 두었고, 서른 살에는 자립을 했으며, 마흔 살에는 판단에 혼란을 일으키지 않았고, 쉰 살에는 천명을 알게 되었으며, 예순 살에는 귀로 듣는 대로 모든 것을 이해하게 되었고, 일흔 살에는 마음 내키는 대로 좇아도 법도를 넘어서지 않게 되었다[子曰 吾十有五而志于學(오십유오이지우학)하고 三十而立(삼십이입)하고 四十而不惑(사십이불혹)하고 五十而知天命(오십이지천명)하고 六十而耳順(육십이이순)하고 七十而從心所欲(칠십이종심소욕)하야 不踰矩(불유구)호라]."는 「위정편(爲政篇)」의 귀감 구절이 2,500년 후의 나에게도 지속하여 큰 울림을 주고 있다고 생각된다.

『논어』라는 서명(書名)은 공자의 말씀을 모아 간추려서 일정한 순서로 편집한 것이라는 뜻인데, 누가 지은 이름인지는 분명치 않은 상태다. 현존본은 「학이편(學而篇)」에서 「요왈편(堯曰篇)」에 이르는 20편으로 이루어졌으며, 각기 편의 말을 따서 그 편명(篇名)을 붙였다. 「학이편」은 인간의 종신(終身)의 업(業)인 학문과 덕행을, 「요왈편」은 역대 성인의 정치 이상을 주제로 하였다. 이처럼 각 편마다 주제가 있기는 하나, 용어가 통일되지 않았고, 같은 문장의 중복도 있음을 본다. 특히 전반(前半) 10편을 상론(上論), 후반을 하론(下論)이라고 하는데, 그 사이에는 문체나 내용에 약간의 차이도 보이고 있다.

그럼, 논어 20편 중 위정편(爲政篇)의 한 대목을 다시 한 번 보자.

"子曰: 溫故而知新(온고이지신), 可以爲師矣(가이위사의)"

사실 한자성어 온고지신(溫故知新)이 옛것을 익혀서 새로운 것을 안다는 뜻으로만 배워 왔었는데, 내가 읽은 『논어』 책에서는 과연 '고(故)'가 옛것을 뜻하는 말일까 하는 자문(自問)을 하면서 우리가 당연시해 오던 온고지신의 뜻이 과연 공자가 우리에게 전하려던 본뜻에 적이 부합하는지 문제를 제기해 보게 된다. 공자가 말하려던 '온고이지신, 가이위사의(溫故而知新, 可以爲師矣)'의 뜻을 풀이하면 "배운 것을 거듭 익혀서 새로운 것을 깨달아 알면 다른 사람의 스승이 될 수 있다."인데, 그렇다면 온고지신의 고(故)가 옛것이 아니라 '배움'을 뜻한다는 것으로 해석하는 게 더 옳지 않을까 하는 생각이 드니….

## 3

맹자(孟子, B.C372~289)는 공자의 뜻을 계승 · 진술하여 제자들과 함께 『맹자(孟子)』 7편을 저술하였다. 즉, 맹자는 덕에 의한 정치, 즉 왕도정치를 주장하는 정치철학서이다. 왕도정치는 민생의 보장에서 시작하여 도덕적인 교화에서 완성된다. 군주가 덕에 의해 백성을 교화하는 정치를 하고 백성이 그 덕에 화답함으로써 나라 전체가 도덕적인 관계로 맺어진다는 왕도정치는 성선설을 전제로 한다. 군주가 덕으로써 정치를 할 수 있고 백성들이 거기에 호응하는 근거는 모든 사람의 본성이 선하기 때문이라는 성선설(性善說)을 밑바탕에 깔고 있는 것으로 보인다는 말이다.

맹자는 이 왕도정치가 자신의 창견이 아니라 전설적인 인물인 요(堯)·순(舜) 이래의 정치라고 주장하면서, 공자에게까지 이어지는 성왕의 계보를 제시했다. 자신들이 진리를 전수해 온 정통의 집단이라고 자부하는 이러한 도통(道統)의식은 이단(異端)에 대한 비판을 동반하기도…. 나아가, 공자가 언급하지 않는 내용도 시세에 순응시켜 부가하였다. 공자가 인(仁)만 말씀하신 것을 보완·확장하여 의(義)를 덧붙여 설명하면서, 인의(仁義)를 근본으로 하여 패도를 배격하고, 인뿐만 아니라 절제를 또한 존중하기도 하였던 것이다.

헌데, 맹자는 산둥성 추현 지방 출생으로 이름은 가(軻), 자는 자여(子輿) 또는 자거(子車)로서, 세 살 때에 아버지를 잃고 편모슬하에서 성장했는데, 조숙했던 공자와는 달리 말썽꾸러기였다. 모방하려는 기질이 강하여 주변 지역의 풍습을 곧잘 흉내 냈기 때문에, 그 어머니가 세 번 이사를 다니며 가르쳤다고 하는 맹모삼천지교(孟母三遷之敎)의 일화가 지금까지 널리 전해지고 있다.

그런가 하면, 누구든지 돈이 많아지면 성적인 음란에 빠지고 술이나 도박에 취하기 십상인데, 도덕적으로 수양이 잘된 사람은 결코 그런 일에 결코 빠져들지 않는다. 말하자면, "아무리 부귀하여도 음탕

한 데 빠지지 않으며, 아무리 빈천하여도 주체 없이 이리저리 움직이지 않으며, 아무리 무력으로 위협하더라도 굴복하지 않는다(富貴不能淫 貧賤不能移 威武不能屈)."라는 금언을 남기고 있다.

한편 맹자는 "백성의 지지를 받지 못하는 권력자는 언제라도 물러나게 해야 한다."라고 주장했기 때문에 그의 초상화와 글이 문묘(文廟)에서 제거된 일도 있었다. 즉, 역대의 왕들이 자신들의 위치를 흔들 수도 있는 맹자의 정치사상에 동조하지 않았다는 뜻이리라. 그럼에도 불구하고 그의 사상은 오늘날 민주주의 사회에서 공감을 불러일으키는 면이 많은 것으로 평가되고 있다.

## 4

『중용(中庸)』은 동양철학의 중요한 개념을 담고 있는 유교의 고전으로 공자의 손자인 자사(子思)의 저서라고 알려져 있다. 오늘날 전해지는 것은 오경(五經)의 하나인 『예기(禮記)』에 있는 「중용편(中庸篇)」이 송(宋)나라 때 단행본이 된 것으로, 송학(宋學)의 중요한 교재가 되었다.

여기서 '中'이란 어느 한쪽으로 치우치지 않는다는 것, '庸'이란 평상(平常)을 뜻한다. 인간의 본성은 천부적(天賦的)인 것이기 때문에 무릇 인간은 그 본성을 따르지 않으면 안 된다는 말이다. 따라서 본성을 좇아 행동하는 것이 인간의 도(道)이며, 도를 닦기 위해서는 궁리(窮理)가 필요하다. 이 궁리를 교(敎)라고 한다. 『중용』은 요컨대 이 궁리를 연구한 책이다. 즉 인간의 본성은 한마디로 말해서 성(誠)일진대, 사람은 어떻게 하여 이 성으로 돌아가는가를 규명한 책이라고도 할 수 있다.

좀 더 부연 설명하자면, 성선설을 중심으로 천인합일(天人合一) 사상을 명백히 하고 있다는 것. 33장으로 구성된 중용 제1장[首章]에서 성(性), 도(道), 교(敎)의 관계, 즉 천명(天命)은 성(性)이요, 성(性)에 따르는 것은 도(道)요, 도(道)를 닦는 것을 교(敎)라고 정의하고 있다. 즉,

| | |
|---|---|
| **天命之謂性(천명지위성)이오** | 하늘이 명한 것을 성품이라 이르고 |
| **率性之謂道(솔성지위도)이오** | 천명의 성품을 그대로 따르는 것을 도라 이르고 |
| **修道之謂敎(수도지위교)니라.** | 그 성품을 따르는 길을 닦는 것을 가르침이라 이르느니라. |

보다 자세히 설명하면 성(性)의 본질을 성(誠)의 입장에서 여러 가지 문제를 설명하고 있다. 지(知), 인(仁), 용(勇)은 삼달덕(三達德)이고, 친(親), 의(義), 별(別), 서(序), 신(信)의 오달도는 그 궁극이 성(誠)으로 돌아간다고 할 수 있다.

한편 주자(朱子)는 『중용장구(中庸章句)』라고 하는 주석서(註釋書)를 지었는데, 여기서 그는 자사가 도학(道學)의 전통을 위해 중용을 썼다고 주장하기도 하였다.

## 5

그러면 삼경(三經)은 무엇인가? 유교(儒敎)의 기본 경전으로 『시경(詩

經)』, 『서경(書經)』, 『주역(周易)』인 역경(易經)을 합하여 말한다.

먼저 『시경(詩經)』은 BC 470년경에 만들어진 책이다. 고대 중국의 풍토와 사회를 배경으로, 그 속에서 살아가는 사람들의 생활을 노래한 가장 오래된 시가집이다. '시경'이란 '시의 성전(聖典)'이라는 뜻이다. 서주(西周) 초기(BC 11세기)부터 춘추시대 중기(BC 6세기)까지 전승된 많은 시가 실려 있다.

시의 양식으로는 신내림[降神]의 종교적 가요[呪謠]가 나중에 지방의 풍습이나 사람들의 생활 감정을 노래하는 민요적 시로 변화한 '풍(風)', 가면을 쓰고 춤을 추면서 조상의 공덕을 노래하는 서사적인 시로서 씨족 집단의 결속을 강화하는 목적으로 만들어졌으나 나중에는 궁정과 귀족사회에서 벌어지던 향연에서 불리게 된 '아(雅)', 원래는 '아'와 동일하게 조상의 공덕을 가무로 재현하는 서사적 시로서 나라의 종묘(宗廟)에서만 이루어졌다는 점이 '아'와는 다른, 용모를 흉내낸다는 뜻의 '송(頌)'의 세 가지가 있다.

또한 시의 표현 방식으론, 느낀 것을 있는 그대로 노래하는 방법인 '부(賦)', 직유와 은유 등 비유를 이용해 어떤 감정이나 정경을 노래하는 방법인 '비(比)', 흥사(興詞)로 노래하려는 감정이나 상황을 규정하는 방법인 '흥(興)'의 세 가지를 일컫는다. 흥사란 고대 신앙을 배경으로 한 주술적 언어에서 발생한 것으로 시간이 지남에 따라 관용화된 시구를 말하는데, 초목조수(草木鳥獸)와 같은 사물이나 풀을 뜯고 나무를 베는 등의 신성한 행위를 표현하면서 그와 관련된 무언가를 상징하는 것을 말하는 것이다.

**종사(螽斯, 베짱이) - 자손의 번영을 축복하는 시**

| | |
|---|---|
| **螽斯羽詵詵兮** | 베짱이 떼 많기도 하네. |
| **宜爾子孫振振兮** | 너의 자손 번성하리라. |
| **螽斯羽薨薨兮** | 베짱이 울음소리 시끄럽기도 하네. |
| **宜爾子孫繩繩兮** | 너의 자손 번성하리라. |
| **螽斯羽揖揖兮** | 베짱이 울음소리 끝도 없네. |
| **宜爾子孫蟄蟄兮** | 너의 자손 번성하리라. |

베짱이는 다산의 상징이며 약으로도 쓰는 상서로운 곤충이다. 흥사를 사용한 것으로, 베짱이가 떼 지어 날갯짓을 하면서 날아오르는 모양을 묘사함으로써 자손의 번영을 축복하는 시이다. 아마도 결혼식 때 춤을 추면서 불렀을 것이다. 이처럼 『시경』에는 노래와 춤이 함께하는 시가 많이 포함되어 있는 것이 눈에 띈다.

## 6

『서경(書經)』은 원래 그냥 '서'라 불렸다. 뒷날 '서'는 일반적인 책을 가리키는 말이 되었는데, 원래 쓴다는 행위는 궁정의 사관이 왕의 말을 기록하는 것이었다. 이러한 고대 사관의 기록이 춘추전국시대에 들어서면서 점차 정치의 규범이자 경전으로 인식되었고, 그 내용도 확대되었다.

전설에 따르면 공자가 고대의 기록 3,240편 가운데서 102편을 선별해 편찬한 것이라 하는데, 그 틀은 아마도 춘추전국시대에 걸쳐 서서히 형성되었던 것으로 보인다. 현재는 100편의 제목이 적힌 목록이 남아 있으며, 본문이 현존하는 것은 전설상의 성왕 요·순부터, 춘추시대 진(秦)나라의 목공(穆公)에 이르는 58편뿐이다.

그중 진(秦)나라의 박사였던 복생(伏生)이 전한 32편은 그 무렵 통용되는 문자로 적었다 하여 『금문상서(今文尙書)』라 하고, 공자의 자손이 살던 집의 벽에서 나왔다는 25편은 『고문상서(古文尙書)』라고 한다. 이 둘은 엄격히 구별되지 않은 채 경서로 존중되어 왔으나 시대가 흐름에 따라 『고문상서』의 내용에 의문이 생기기 시작했고, 청나라 초기 염약거(閻若璩)의 『고문상서소증(古文尙書疏証)』에 이르러서는 후세의 위작이라는 사실이 결정적으로 밝혀져, 오늘날에는 이 25편을 『위고문상서(僞古文尙書)』라고 한다.

천명에 따르고 덕이 있는 자를 존중하며 덕으로 백성을 편안히 한다는 유가의 정치 이념을 가장 잘 드러내고 있는 이 책은 옛날부터 '정치의 근본'으로 높이 평가받았다. 책 속의 명문장을 한번 살펴보자.

**野無遺賢, 萬邦咸寧** 야무유현, 만방함녕

'현자가 들판을 헤매지 않으면, 만천하가 편안하다'라는 뜻이다. 재능 있고 어진 사람들이 등용되지 못해 들판에서 헤매는 사회는 건강하지 못하며, 그런 현자를 널리 채용해야 정치의 권위가 선다는 뜻이다.

# 7

『주역(周易)』은 동양에서 가장 오래된 경전인 동시에 가장 난해한 글로 일컬어진다. 경(經)·전(傳)의 두 부분을 포함하며 대략 2만 4,000자이다. 주(周)의 문왕이 지었다고 전해진다. 공자가 이를 극히 진중하게 여겨 받들고 주희(朱熹)가 '역경(易經)'이라 이름하여 숭상한 이래로 『주역』은 오경의 으뜸으로 손꼽히게 되었다. 『주역』은 상경(上經)·하경(下經) 및 십익(十翼)으로 구성되어 있다. 십익은 단전(彖傳) 상하, 상전(象傳) 상하, 계사전(繫辭傳) 상하, 문언전(文言傳)·설괘전(說卦傳)·서괘전(序卦傳)·잡괘전(雜卦傳) 등 10편을 말한다.

한대(漢代)의 학자 정현(鄭玄)은 "역에는 세 가지 뜻이 포함되어 있으니 이간(易簡)이 첫째요, 변역(變易)이 둘째요, 불역(不易)이 셋째다."라 하였고, 송대의 주희도 "교역(交易)·변역의 뜻이 있으므로 역이라 이른다."고 하였다. 이간이란 하늘과 땅이 서로 영향을 미쳐 만물을 생성케 하는 이법(理法)은 실로 단순하며, 그래서 알기 쉽고 따르기 쉽다는 뜻이다. 변역이란 천지간의 현상, 인간 사회의 모든 사행(事行)은 끊임없이 변화한다는 뜻이고, 불역이란 이런 중에도 결코 변하지 않는 줄기가 있으니 예컨대, 하늘은 높고 땅은 낮으며 해와 달이 갈마들어 밝히고 부모는 자애를 베풀고 자식은 그를 받들어 모시는 것과 같다는 것이다.

주희의 교역이란 천지와 상하 사방이 대대(對待)함을 이르는 것이고, 변역은 음양과 주야의 유행(流行)을 뜻하는 것이라 하였다. 『설문(說文)』에는 역이라는 글자를 도마뱀[蜥易, 蝘蜓, 守宮]이라 풀이하고 있다. 말하자면, 易자는 그 상형으로 日은 머리 부분이고 아래쪽 勿은 발과 꼬리를 나타내고 있다. 도마뱀은 하루에도 12번이나 몸의 빛깔을 변하기 때문에 역이라 한다고 하였다. 또, 역은 일월(日月)을 가리키는 것이고 음양을 말하는 것이라고도 하였다. 이상 여러 설을 종합해 보면 역이란 도마뱀의 상형으로 천변만화하는 자연 · 인사(人事)의 사상(事象)을 뜻하는 것이라고 할 수 있다.

나아가, 『주역』은 점을 보는 점서(占書)이기도 한데, 양효(陽爻)와 음효(陰爻)를 여섯 개의 선으로 된 그림에 설명을 붙이고 있다. 그 각각의 그림을 괘(卦)라고 하는데, 괘 · 효(爻)의 2가지 부호를 중첩하여 이루어진 64괘 · 384효, 괘사, 효사(爻辭)로 구성되어 있는데, 괘상에 따라 길흉화복을 점쳤다. 삼죽(三竹)과 산목(算木)을 써서 그림을 구하여 길흉을 판단한다. 음양(陰陽), 사상(四象), 팔괘(八卦) 등 『주역』의 우주관은 후세의 철학 · 윤리 · 정치에 많은 영향을 끼쳐 오고 있음은 주지의 사실이다.

그럼, 『주역』 64괘 중 11번째인 지천태(地天泰)괘의 풀이를 한 예로 들어 보면, 위에는 땅이고 아래에는 하늘이 있는 형상이다. 태(泰)는 클 태, 편안할 태로 쓰인다. 위에서 땅의 기운이 내려오고, 아래에서 하늘의 기운이 올라가니 서로 화합을 하는구나라고 생각된다. 따라서, 지천태(地天泰)괘는 '밖으로는 유연하고 안으로는 건실해서 모든 일이 마음먹은 대로 풀리게 된다.'라고 풀이하기도 한다.

지금까지 사서삼경의 대강을 간략하게 훑어보았다. 위에서 이야기한 대로 나는 그렇지를 못했지만 사서삼경을 읽고 공부하는 일반적인 순서는 『대학(大學)』 → 『논어(論語)』 → 『맹자(孟子)』 → 『중용(中庸)』 →

『시경(詩經)』→『서경(書經)』→『주역(周易)』이라고 한다. 난이도와 넓음의 폭을 고려한 것이리라.

사서삼경은 우리 인간의 삶에 필수적인 지혜의 자양분을 제공해 주는 동양철학의 정수(精髓)를 담은 녹슬지 않는 영원한 보고(寶庫)요 순전한 생명 에너지로 가득 차 마르지 않는 오롯한 옹달샘이다. 그래서 언제부턴가 나는 한 권으로 된 사서삼경을 내 책상 위의 서고에 항상 정중히 모셔 두고 있다. 생이 다할 때까지 꾸준히 수시로 벗하면서 그 지혜의 자양분으로 살아가기 위해서….

# 태양神

날이 새고 나면 늘 하는 습관이 있다, 눈비가 오거나 흐린 날은 제외하고. 동녘 하늘을 그윽이 바라보는 것 말이다. 다름 아닌, 살며시 여명이 거친 동트는 새벽의 해돋이 광경을 보기 위해서이다. 동녘 하늘의 산마루에선 위로 붉은 물감을 칠해 놓더니 이윽고 황금색 눈썹 모양이 나타나 점점 커지더니 둥그런 모양의 찬란한 태양이 솟아오른다. 가까이 보이는 엄청 커다란 해다. 바로 고대하던 해맞이 시간이 된다.

장관이다! 신비롭다! 해로부터 태양의 은총인 에너지가 온 대지 위로 빛으로 쏟아진다. 말하자면, 삼라만상에게 존재의 원초적 의미를 부여하는 생기(生氣)를 무수히 내려 주는 것이다. 눈앞에 산을 가리는 커다란 나무들이라도 있게 되면 더욱 좋다. 그 나뭇가지 사이로 뚫고 나오는 줄기진 수많은 햇살들은 순전(純全)한 생기 바로 그 차체로서 온대지를, 삼라만상을, 특히 나 자신을 주사(注射)시켜 주는 신령스러운 모습을 또렷이 볼 수 있기 때문이다. 한마디로 햇빛은 햇살은 기의 엄청난 본체다. 기로 가없이 충만된 나는 '알신일신우일신(日新日新

又日新)'의 새로운 희망찬 하루를 기분 좋게 맞게 되는 것이다.

해로부터의 이러한 생생경험(生生經驗)은 산정에서 또는, 나뭇가지 사이에서의 해가 돋는 해맞이는 가평살이를 하면서 겪는 일과이지만, 서울살이에서는 주로 고층 아파트 사이로 떠오르는 해돋이를 가끔씩 볼 수 있었다. 서울에서도 자연 기를 받았음은 물론이란 말이다. 드넓은 하늘에 완전 떠올라 커다란 둥근 게 작아진 먼 모습으로 변할 때까지 기를 받기 위해 한참 동안 눈부신 해를 보다 보면, 21세기를 살아가는 나를 포함한 지구촌 인류들의 원시조상들의 경우는 어떠했을까 하는 생각이 나의 머리에 새록새록 깃을 틀기 일쑤였다. 수천 년, 아니 수만 년 전의 궁금증에 새로운 궁금증이 끊임없이 더하여 꼬리를 물고 일어났던 것이다.

아마도 떴다지곤 하는 해, 뜨면 어김없이 날이 환하게 밝아지고 지면 어김없이 캄캄해지는 밤이 되게 하는 위용스런 해야말로 작은 그들이 감히 접할 수 없는 두렵고 두려운 존엄 대상의 그 무엇, 경외의 절대자인 신(God)! 바로 그것이라고 느꼈을 것이리라. 해를 자신들의 숭배대상으로 삼고 더 나아가 영원한 신으로 받아들이고 한결같이 믿는 태양신(神) 말이다. 그래서 평화스런 안도감과 즐거움 속에 연속된 하루하루를 보내게 됐을 것이다. 어느덧 태양을 신(神)으로 맞아들이고 믿고 떠받치는 그들만의 삶이 시작된 것이다….

하루를 마감하며 지쳐서 저무는 서녘의 해님이 무렵에도 물론 해맞이 시와 같은 유사한 체험을 하곤 했다. 아침 해맞이는 자못 업된 기분이나 저녁 해넘이는 차분히 가라앉은 다운된 기분이랄까 하는 감의 차이는 좀 있었지만. 눈비가 오고 구름 낀 날에는 어쩔 수 없이 체험할 수 없었지만 말이다.

그러다 보니 나는 신화 그것도 태양과 관련된 창세신화에 관심을 가지게 됐다, 인생 제2막을 여는 늦은 이순의 나이에. 대저 신화(神話)는 신비성을 품고 있는 게 공통점이다. 신비성이야말로 신화의 영속성을 오늘날까지도 잇게 한 중요 요인이라고 생각하는 데 이의가 없으리라. 지구상의 대부부의 나라들은 특히 오래된 나라들일수록 자신들의 나라를 있게 한 신화를 중요 자산으로 갖고 있다. 그들은 자신들의 모습들이 후세에도 이어줄 견고하고 영속적인 일체감(Identity)의 지혜가 자신들의 신화로부터 자발(自發)되고 있음을 간파한 지 오래다.

말하자면, 먼 조상들로부터 창조돼 대대로 끈질기게 구전되다가 문자화되면서 다듬어져 오늘날의 문학성까지도 가미된 세련된 신화의 전형(典型) 모습으로 만들어졌었고, 아마도 나중에 생긴 나라나 민족들도 자신들의 필요성에 의해 슬기롭게 그러한 선례들을 밟았던 것으로 짐작된다. 신화는 그저 신화일 뿐이라고 할 수도 있겠으나 그것을 감당하는 민족과 인류에게는 빛과 같은 정신적 영혼 에너지의 원천을 지속적으로 제공해 주고 있다고 사료되는 것은 당연한 것이라고 생각해 보게 된다.

이러한 사고(思考)의 연장선에서 여느 나라의 신화에도 관심이 가는 것은 물론이지만, 4대문명의 발상지의 하나이자 성경에도 등장하는 나라인 이집트의 고대 신화와 배달겨레의 구성원(構成員)이기에 단군조선의 원천인 「단군신화」를 특히 좋아해 기술해 보고자 한다.

먼저 이집트의 창세 신화를 보자. 기원전 3000년대, 땅이 기름진

하(下)이집트 중에서도 헬리오폴리스는 가장 번성한 도시였으며 도시의 막강한 세력에 따라 신화도 발달되었다. 헬리오폴리스에서 전해지는 창세 신화는 태양신 라(Ra)에서부터 시작된다. 아주 먼 옛날, 세상에는 검은 물만이 일렁이고 있었다. 소리도 없고 빛도 없는 무한의 공간에 죽은 듯 누워 있는 물을 누 혹은 눈이라고 불렀는데, 이것이 바로 오늘의 나일강이다.

어느 날, 고요한 누의 저편에서 언덕이 하나 불쑥 튀어나왔다고 한다. 이 태초의 언덕은 견고한 피라미드 계단 형태였다. 그 언덕 너머에서 붉은 태양이 솟아올랐다. 그러자 세상은 곧 환한 빛으로 가득 차게 됐다. 바로 태양신이 태어난 것이다. 태양신은 아침에는 케프리, 한낮에는 라(Ra), 해 질 녘에는 아툼이라고도 불리는데, 이집트인들이 가장 숭배하는 신이다.

태초의 언덕 위에 있던 라가 긴 숨을 내쉬자 슈와 테프누트가 태어났다. 슈는 '공기'라는 뜻이고 테프누트는 '물기'라는 뜻이다. 그런데 슈가 태어나자마자 그만 어둠의 물속으로 빠져 버리고 말았다. 태양신 라는 깜짝 놀라서 얼른 자신의 눈 하나를 빼서 또 다른 딸 하토르를 만들었다. 갓 만들어진 하토르는 물속으로 들어가 슈를 구해 온다. 하토르는 그 대가로 영원히 아버지 라 곁에서 라의 명령을 집행하는 여신이 될 수 있었다. 하토르는 갓 태어난 아기들을 지켜 주는 여신이기도 하다.

또한, 불사조 베누는 '눈부심 속에 일어서다'라는 뜻으로, 헬리오폴리스의 태양신 라의 상징이다. 긴 머리 깃털이 있는 해오라기 새의 모습인데 머리에는 항상 해를 상징하는 둥근 공을 올려놓고 있다. 이

베누는 그리스로 건너가 불사조 피닉스의 전설이 되기도 한다.

공기의 신 슈와 물기의 신 테프누트는 오누이지만 결혼해서 부부가 되었다. 신들의 사이에서는 남매끼리 결혼하는 것이 가장 이상적인 일이었고, 슈와 테프누트가 오누이 부부 1호로 탄생한 것이다. 둘 사이에서 게브와 누트 남매가 태어났는데, 잘생긴 그들도 곧 사랑에 빠져 결혼한다. 땅의 신 게브와 하늘의 신 누트는 금슬이 얼마나 좋은지 한시도 떨어지려 하지 않았다. 게브는 길게 바닥에 눕고 누트는 게브 위에 몸을 포갠 채 가만히 누워 그들만의 행복을 누리고 있었다.

어느 날 라가 너무 답답해서 세상을 빙 둘러 돌아보니 게브와 누트가 너무 꼭 붙어 있음을 내려다봤다. 그러니 그 사이에 빛이 들어갈 수도 없었고 다른 생물들은 자연 자라지 못할 수밖에. 라는 생각다 못해 아들 슈를 불러 그 둘을 떼어 놓으라고 명령했다. 그러자 슈는 자신의 아이들인 게브와 누트 사이로 들어가 게브를 꾹꾹 밟아 바닥으로 붙이고, 누트를 하늘 높이 들어 올렸다. 그러자 하늘과 땅 사이에 빛과 공기가 가득 차게 됐음은 물론이다.

라는 게브와 누트가 다시 만나 세상이 무너지게 될까 봐 걱정되었다. 그래서 라는 1년을 360일로 정하고 게브와 누트는 단 하루도 만나서는 안 된다고 명령했다고 한다. 그럼에도 불구하고 게브와 누트는 라의 명령을 어기고 밤에 몰래 만나곤 했다. 그러다 보니 누트가 임신을 하게 되었다. 후에 그 사실을 알게 된 라는 불같이 화를 냈던 것.

"내 명령 없이는 어떤 날에도 애들을 낳을 수 없다."

배 속에서는 아이가 점점 커지는데 출산해서는 안 된다니, 게브와 누트에게는 정말 큰일이 아닐 수 없었다. 누트는 생각다 못해 지혜의 신인 토트에게 달려가 상의했다. 토트는 달의 신 콘수를 찾아가 내기를 하자고 청했다.

"우리 체스 게임을 해서 내가 이기면 당신의 빛을 나눠 주고 당신이 이기면 내 지혜를 나눠 주도록 합시다."

평소 토트의 지혜가 한없이 부러웠던 콘수는 흔쾌히 허락했다. 그러나 지혜의 신 토트를 어찌 감히 이길 수 있단 말인가. 콘수는 지고 말았다. 결국 콘수는 꽤 많은 빛을 잃었는데 5일 정도 비출 만한 양이었다. 이렇게 해서 1년이 365일이 되었고, 이전까지는 늘 보름달 형태였던 달이 15일 간격으로 점점 작아져 빛을 잃었다가 다시 커지는 주기를 반복하게 된 것이라고 한다.

태양신 라가 정한 360일 외에 5일을 번 토트는 그 기간에 누트에게 아이를 낳도록 해 주었다. 누트는 첫날에 오시리스를 낳았다. 잘생긴 얼굴에 눈빛도 온화하고 피부도 아름다운 오시리스는 한눈에도 멋져 보였다. 첫째 오시리스가 태어나던 날, 온 이집트에는 하늘의 우렁찬 목소리가 도도하게 들려왔다.

"만물의 주인인 오시리스 왕이 태어났도다!"

둘째 날에는 매의 머리를 한 호루스를 낳았는데, 나중에 전쟁의 신이 된다. 이시스와 오시리스가 낳은 아들도 호루스인데, 그와 구별하기 위해 누트가 낳은 둘째 아들을 대(大)호루스라고 부른다.

연 이틀을 출산한 누트는 좀 지쳤다. 그래서 잠시 쉬고 있는데 난폭하고 성질 급한 아기가 옆구리를 찢고 튀어나오고 말았다. 바로 셋째 아들 세트였다. 세트는 얼굴이 붉고 머리에 뿔이 두 개 달린 모습으로 질투심도 많고 싸우기를 좋아하는 다혈질이었다.

넷째 날에는 이시스를 낳았다. 그녀는 우아하고 사랑스럽고 향기로웠다. 말솜씨도 뛰어나고 눈빛도 매혹적이라서 누구든 그녀를 보고 있으면 마법에 걸린 것처럼 좋아하게 되었다.

다섯째 날에는 네프티스를 낳았는데 그녀는 언니 이시스와 참 많이 닮았다. 우아하고 아름다웠고 곱고 향기로운 머릿결을 가졌다. 그러나 이시스보다는 조용한 편으로 남의 눈에 띄는 것을 매우 꺼려했다.

이들 다섯 쌍둥이는 어릴 때 사이가 참 좋았다. 특히 오시리스와 이시스는 배 속에서부터 손을 잡고 있었다. 그 둘은 서로 사랑하고 있었고 커서 결혼을 한다. 그리고 세트는 막냇동생 네프티스와 결혼한다. 처음에는 사이가 좋았던 오시리스와 세트는 자라면서 조금씩 사이가 벌어지기 시작했다. 사실 오시리스는 세트에 대해 좋은 감정을 가지고 있었다. 그러나 모두에게 사랑받는 형 오시리스를 동생인 세트가 일방적으로 시기하고 미워하기 시작한다. 이집트 신화의 절정은 바로 세트의 질투로부터 시작된다.

나아가, 태양신 라는 그리스신화에서 신들의 신으로 불리는 제우스신에 해당하는 이집트 신이라고 생각하면 타당할 것 같다.

다음으로 우리나라의 「단군신화」를 간략하게 보기로 하자. 「단군신화」에 관한 가장 오래된 기록으로는 중국의 『위서(魏書)』와 우리나라의 『고기(古記)』를 인용한 『삼국유사』를 들 수 있다. 그 밖에 고려 후기 이승휴(李承休)의 『제왕운기(帝王韻紀)』, 조선 초기 권람의 『응제시주(應製詩註)』와 『세종실록』 지리지에도 기록되어 있다. 이 가운데 내용이 풍부하여 일반적으로 인용되는 기록은 『삼국유사』에 실려 있는 「고기」의 것인데 내용은 다음과 같다.

"아주 오랜 옛날에 천제(天帝)인 환인(桓因)의 서자인 환웅(桓雄)이 항상 인간세상을 구하고자 하는 뜻을 가지고 있으므로 아버지 환인이 아들의 뜻을 알고 천부인 3개를 주어 세상에 내려보내서 인간세계를 다스리도록 했다. 이에 환웅이 무리 3,000을 이끌고 현재의 백두산인 태백산(太白山) 꼭대기에 있는 신단수(神檀樹) 아래로 내려와서 여기를 신시(神市)라 이르니 그분이 곧 환웅천왕(桓雄天王)이시다. 그분은 풍백 · 우사 · 운사를 거느리고 곡(穀) · 명 · 병 · 형(刑) · 선 · 악 등 무릇 인간의 360가지 일을 맡아서 세상을 다스리고 교화했다.

이때 곰 한 마리와 호랑이 한 마리가 있어 같은 굴속에 살면서 항상 환웅에게 사람이 되게 해달라고 빌었다고 한다. 한번은 환웅이 이들에게 신령스러운 쑥 1자루와 마늘 20쪽을 주면서 이것을 먹고 100일 동안 햇빛을 보지 않으면 사람이 된다고 했다. 곰은 이것을 받아서 먹고 근신하여 3 · 7일인 21일 만에 여자의 몸이 되고 호랑이는 이것을 참지 못하여 사람이 되지 못하고 말았다. 웅녀는 그와 혼인해 주는 이가 없으므로 신단수 아래에서 아이를 가지게 해 달라고 기원했다. 이에 환웅이 잠시 변하여 결혼해서 아들을 낳으니 그분이 곧 단군왕검이시다.

즉위 50년 뒤인 경인년에 평양성에 도읍을 정하고 비로소 조선(朝鮮)이라 일컬었다. 이어서 도읍을 백악산의 아사달(阿斯達)로 옮겼는데 그곳을 궁홀산 또는 금미달이라고도 했다. 단군은 1,500년 동안 나라를 다스리고 주(周)의 호왕이 즉위한 기묘년에 기자를 조선왕에 봉하고, 자신은 장당경으로 옮겼다가 뒤에 아사달(阿斯達)에 돌아와 숨어서 산신이 되니 나이가 1,908세였다."

그 밖의 다른 기록들도 세부적인 면에서 약간의 차이는 있으나 기본적으로 비슷한 내용을 담고 있다. 말하자면, 「단군신화」는 5000여 년 전(前) 고(古) 조선의 건국 신화로, '환인[祖] – 환웅[父] – 단군[子]'의 삼대기(三代記) 구조로 이루어져 있다. 즉, 천상적 존재 환인, 천상과 지상을 매개하는 환웅, 천상적 존재와 지상적 존재의 결합을 상징하는 단군의 삼대에 걸친 이야기이다. 또한 천상계를 대표하는 환웅과 지상계를 대표하는 지모신 격인 웅녀의 혼인으로 단군이 탄생했다는 것을 통해 「단군신화」가 전형적인 '천부지모형(天父地母形)'의 신화적 성격을 지녔음을 알 수 있다.

이러한 신화에는 당시의 정치적 · 문화적 · 사회적 상황이 담겨 있다고 본다. 즉, 환웅이 천왕(天王)으로 불린 것에서 그가 주술권과 지배권을 모두 장악한 제정일치(祭政一致) 시대의 통치자였음을 알 수 있고, 곰과 범이 등장하는 데서 특정 자연물이나 동식물을 집단의 상징물로 삼는 토템 신앙을 엿볼 수 있으며, 풍백[바람] · 우사[비] · 운사[구름]를 통해 농경 사회의 특징도 찾아볼 수 있다고 생각된다. 이집트신화의 '라(Ra)'는 그 자체가 최고의 신인 태양신(Sun God)을 의미해서 해를 신격화했음은 불문가지이다.

헌데, 우리 배달겨레의 단군신화에서도 천제인 '환인', 그의 아들 '환웅'에서 볼 수 있듯이 '환하다'는 의미인바 고래로 내려온 우리말의

'환하다'의 어간(語幹) '환'은 '밝다'를 뜻하는 것임이 누가 보아도 분명하므로 이에 대해 왈가왈부 두말하면 잔소리이리라. 오늘날에도 날이 샐 때, '날이 환하게 밝아 온다.' 또는 '달 밝은 밤이면 낮처럼 환하네.'라고 하지 않은가 말이다. 즉, '환한 것', '밝은 것'은 위로 올라가 「해[太陽]」를 뜻하는 것으로 풀이된다.

국호 '조선(朝鮮)'은 도읍지 '아사달(阿斯達)'과 통하는 것으로 '아사((阿斯)'는 '아침[朝]'의 시원어(始源語)로서 '「해[太陽]」가 떠오르는 밝은 아침'이라는 내재적 의미를 담고 있는 것으로 풀이돼서 모두 「해[太陽]」를 전제로 형성된 건국신화로 해석된다. 이러한 생각의 연장선에서 보다 확장하면, 우리 배달겨레는 태생적으로 태양을 숭배하는 민족이라는 큰 결론에 이르게 되는 것이다.

나는 어릴 제, 시골에서 밝은 대낮이 갑자기 어두워지거나 해가 아예 없어져 버리는 기이한 현상을 봤었다. 그때 마을 어르신들은 당신들이 잘못하고 죄를 져서 오랑캐가 해를 완전히 먹었다느니 반만 먹었다느니 하면서 하얗게 겁먹은 얼굴들이 됐던 것을 보았다. 그러곤 큰 죄인들이라고 하면서 하늘에 대고 진심으로 기도하며 크게 용서를 비는 집단적 무리 모습을 보이곤 했었던 것.

기도를 들어주시면 하늘이 감복하게 되고 오랑캐가 먹은 해를 다시 뱉어 낸다나…. 어르신들이 합심해서 진실로 용서를 빌어서인지 시간이 지나자 어둠이 가시고 해가 다시 나타났었다…. 커서 알게 되니 부분일식이나 개기일식이었는데, 그때는 어른들의 말씀이 백번 옳은 것으로서 정말 그런 줄 알았던 것이다.

지금 생각하면 그 어르신들이 무지몽매(無知蒙昧)해서라기보다는 조상 대대로 이어져 온 태양숭배사상(Sun Worship)이 자신도 모르게 몸에 배어서 그러한 극한 상황이 오면 그렇게 대처해 왔었던 것이었을 거라고 생각해 본다. 해가 있어서 만물을 소생케 하고 자라게 하고 여물게 해서 곡식을 만들어 줘 자신들의 생명을 존속케 해 주고, 나무, 새나 짐승 등 온대지의 생명체들도 살고 있었으니 태양은 엄청 고맙고 경배해야 할 크나큰 대상으로서 바로 신이었던 것이다.

그러고 보니 이집트의 '라(Ra)'나 우리 배달겨레의 '환(桓)'은 모두 기본적으로는 빛에서 비롯하는 태양, 태양신이라는 신화상(神話上)의 공통분모 위에서 성립됐다는 신기한 생각이 든다. 또한, 국가를 대표 · 상징하는 국기(國旗)에 빛을 발하는 달과 별들을, 더 나아가 자랑스럽게 해를 그려 넣은 여러 나라의 많은 국기들에서 그러한 흔적들이 오늘날도 실제로 살아남아 있음을 보는 것이다.

# 광장문화

우리가 살고 있는 지구촌에는 주지하듯이 동양과 서양이 있다. 우리가 살고 있는 지구촌을 동양과 서양으로 구분한다는 말이다. 물론, 지리상의 다름이 인류로 하여금 오래전부터 동양과 서양으로 크게 구분해 놓게 하였겠지만 아마도 인종, 역사, 철학, 사고(思考), 문화, 삶의 방식 등 여러 가지 면에서 서로의 다름이 자연스럽게 그렇게 하였으리라.

그러한 생각의 연장선에서 나는 동양과 서양의 다름의 하나로 광장문화의 유무를 들고 싶다. 즉, 서양에는 광장문화가 있고 동양에는 없다는 것을 일컫는다. 다시 말하면 서양에는 광장문화가 있어 왔으나 동양에는 없었다는 말이다. 유럽이나 미주 등 서양 여행을 하다 보면 나에게는 으레 광장이 눈에 관심 있게 들어오고 그러면서 자못 '광장문화'라는 것이 색다르게 느껴지는 때가 많았다.

광장! 그것은 확실히 서양의 것이다. 광장문화! 그것은 확실히 서양의 문화이다. 그럼에도 불구하고 나에겐 특별한 관심의 대상이다.

광장하면…, 맨 먼저 무엇이 떠오르는가? 사람마다 다를 것이지만 나에게는 우선 넓은 공간이 머리에 떠오른다. 작은 도시건 큰 도시건 공통적으로 광장하면 매우 넓다는 생각부터 떠오르는 것이다. 그러곤 도시의 중앙에 위치한 원형의 모습이나 네모진 모습들이 눈에 들어온다. 더러는 한가운데의 중앙이 아닌 경우도 있지만 크게 보면 그래도 도시의 중앙쯤에 자리를 잡고 있는 경우가 대부분이라는 말이다. 도심지는 땅값이 비쌀 터인데도 왜 도시의 중앙에 덩그마니 자리를 잡게 되었을까?

그것은 아마도 광장을 찾는 도시주민들에게 거리상의 공평한 기회를 제공해 주기 위한 것에서 비롯됐다는 생각이 든다. 어느 외곽 지역에 넓은 공간이 확보되어도 통상 위락시설이나 레저시설 혹은 경기장이나 공원 등은 설치될망정 광장은 설치되지 않고 있다. 그 외곽 지역에 거주하는 이들에게는 거리가 가까워서 좋고 만족감을 줄지 모르지만 그 지역 외의 사람들이나 정반대 외곽 지역의 사람들에게는 먼 거리로 인해 상당한 불편이나 부담감을 줄 수 있기 때문이다. 말하자면, 광장은 어느 일부 지역 사람들만을 위한 특정 시설이 아니라 해당 도시의 전체 주민들이 공평하게 향유해야 하는 전형적인 공공재(公共財)에 속한 것이기 때문이다.

또한 도시 주민들을 위한 축제의 장소로도 제격이다. 오늘날의 유럽은 대부분이 도시국가에서 출발했다. 그래서 그런지 그 도시가 생긴 날을 특별히 기념한다든지 혹은 대부분이 기독교를 종교로 믿기에 성탄절 등을 기념하고 다수가 모여 자축하고 즐기는, 수세기에 걸쳐 그렇게 함으로써 서로 간에 일체감이나 동질감을 확인하고 자기 도시만의 전설을 만들어 내는 전통적인 축제를 가져오고 있는데, 그러한 장소로 중앙의 광장이 안성맞춤의 장소로 제공되어 오고 있다는 것이다.

넓은 광장 주변을 빙 둘러보면 주민들이 살아가는 데 필수적인 시설들이 자리하여 도움을 주고 있기도 한다. 이를테면, 대성당과 종탑, 시청 등 관공서, 은행, 그리고 시장이나 가게들이 그것들이다. 그리고 광장 중앙엔 그 도시의 수호성인이나 그 도시를 빛낸 위인 상을 영원히 기리도록 반드시 세워 관리 · 추모함으로써 자신들이 사는 도시를 자부심을 가지고 자연스럽게 사랑하게 만들고 있다.

이러한 광장의 전형적인 모습은 유럽에서는 물론이지만 그보다는 스페인의 오랜 지배하에 있었던 중남미의 여러 나라 광장들의 쇠락한 모습들에서 여행 시 더욱 뚜렷이 볼 수 있게 된다. 이러한 일련의 모습이나 삶의 패턴들이 나에게는 바로, 광장문화라는 값진 생각으로 지펴 오는 것이란 말이다.

이제 그러한 광장이나 광장문화를 살짝 더듬어 보고자 한다. 유네스코 세계문화유산으로 등재된 아름다운 물의 도시 이태리 베니스에는 산 마르코 광장((Piazza San Marco)이 있다. 그 오랜 역사와 풍부한 문화가 가득 담긴 종탑과 박물관을 보려고 곤돌라를 타고 온 여러 나라 사람들로 항상 인산인해를 이룬다. 특이하게도 물위에 세워진 도시의 광장이어서인지 어쩔 땐 꿀렁꿀렁 움직임이 있음에도 구경하는 사람들은 여전히 아랑곳하지 않는다. 산 마르코를 상징하는 사자상이 즐비한 멋진 건물들에 한마디로 매혹당하기 일쑤이기 때문이다.

베니스의 랜드마크인 두칼레궁은 옛 베네치아 공화국의 총독 관저로 쓰였던 곳으로, 사랑스럽고 세련된 외관과 화려한 내부가 매력적인 곳으로 현재는 박물관으로 운영되고 있어서, 호화로운 번영을 누렸던 옛 베니스의 역사와 문화에 대해 알아볼 수 있다. 셰익스피어의 『베니스의 상인』의 구상 현장이기도 하고 독일의 대문호 괴테가 여행와서 아름다움에 입을 다물지 못할 정도로 감탄했다는 곳인가 하면, 나폴레옹도 '세상에서 가장 아름다운 응접실'이라고까지 격찬한 곳인 만큼, 이곳은 베네치아 여행에서 빼놓을 수 없는 곳으로 꼽혀 왔음은 물론이다.

원래 이곳은 채소밭이었는데, 1723년 티랄리가 광장의 바닥을 설계하면서 지금과 같은 대표적인 광장으로 크게 변모되었다고 하는데…, 그러한 산 마르코 광장에서 나도 지는 석양의 환상적인 아름다움에 흠뻑 취해 보기도 했었던 기억이 난다.

다음은 유명한 스페인 광장인데 동명의 스페인 광장이 스페인의 마드리드를 비롯해 여러 군데지만 가장 유명한 곳은 역시, 이태리 로마 여행에서 빼놓을 수 없는 로마 소재의 스페인 광장(Piazza di Spagna)이니 그곳을 언급하기로 하자. 17세기에 이 광장 주변에 스페인 대사관이 자리를 잡음으로써 현재의 이름이 붙게 되었다고 한다. 전반적인 양식은 화려한 로코코(Rococo) 양식이다.

이 스페인 광장과 계단은 영화 〈로마의 휴일〉에 나오는 여주인공 '오드리 햅번'이 사뿐히 걸어 내려왔던 곳으로 이 영화 이후부터 일반인들에게 많이 알려지게 됐고, 수많은 연인들이 부럽게 찾아와 오드리 햅번 스타일의 그윽하고 한없이 해맑은 왕방울 눈빛을 서로 교환하며 환하고 밝은 사랑을 나누는 연인들의 천국 장소가 된 것. 그런가 하면 원래부터 이 광장은 수많은 세계적 예술가들이 쉬어 가던 곳이었는데 괴테, 발자크, 셸리, 바그너 등이 즐겨 찾던 곳이기도 했다나. 또한 스페인 계단 정면으로 나 있는 콘도티 거리에는 세계의 명품 브랜드숍들이 가득 차 있어 보는 이들을 한껏 매료시키기도. 특별히 쇼핑을 하지 않더라도 스페인 광장의 계단에서 한가로이 앞을 보게 되면 저절로 두 눈이 즐거워지기 때문이다.

그리고 한 걸음 나아가, 넬슨제독 동상으로 이름 높은 영국 런던의 트라팔가 광장(Trafalgar Square)을 살펴보지 않을 수 없다고 생각된다. 런던 한가운데 자리하고 있는 코번트 가든에 소재한 트라팔가 광장은 원래는 윌리엄 4세 광장이라고 불렸으나 1805년 나폴레옹군을 격파한 트라팔가 해전에서 그 이름을 새롭게 따다 붙이자는 건축가인 조지 리드웰 테일러(George Ledwell Taylor)의 제안으로 인해 트라팔가 광장으로 명명되었다고 한다. 이 광장은 에드워드 1세의 시대에는 왕가의 정원이었는데, 1820년대 조지 4세가 건축가 존 내슈에게 이 지역의 재개발을 의뢰하면서 지금의 형태가 된 것은 1845년에 이르러서였다고.

이 광장에서 한눈에 들어오는 50m 높이의 넬슨 제독(Horatio Nelson) 동상은 트라팔가 해전 당시 전사한 넬슨 제독을 기념하기 위해 세워졌음은 불문가지이다. 동상 주변으로 거대한 사자 상 네 마리가 앉아 있는데 이 사자상은 트라팔가 해전에서 승리하며 얻은 나폴레옹군의 대포를 녹여서 만든 것이란다. 광장 북쪽엔 내셔널 갤러리, 동쪽엔 세인트 마틴 인더 필즈 교회가 있다. 또 남동쪽엔 아드미럴티 아치에 인접해 있고, 남쪽에는 화이트 홀과 사우스 아프리카 하우스, 북쪽에는 차링 크로스 로드, 서쪽에는 캐나다 하우스가 위치하고 있다.

그리고, 내셔널 갤러리 바깥으로 나오면 어느 누구든 거리의 행위 예술가들을 많이 만나 볼 수 있게 된다. 대개 막대기 하나를 짚고 서 있는 마술을 선보여 눈길을 끌게 하며, 런던너들에게 버스킹 하면 생각나는 곳으로 꼽힐 만큼 늦은 저녁까지도 버스커들로 붐빈다. 또한 이 광장은 정치 연설을 하는 사람들이 많은 것으로도 유명하여, 주말에는 여러 가지 집회가 이루어지는 경우가 많은데, 예를 들면 유럽공동체(EC) 탈퇴의 브렉시트(Brexit) 관련 집회도 최근에 이곳에서 열렸었다.

나는 피 끓은 젊은 30대 시절인 공무원 초창기 시절 1985년도 말에 단기그룹 해외연수차 20여 명의 젊은 정부관리들과 함께 3개월간 영국에서 머물렀던 기회가 있었다. 잘만 하면 해외 견문을 넓힐 수 있는 좋은 기회였다. 우리나라와는 달리 주 5일제이기에 주말이면 정해진 일과가 없어서 맘 맞는 동료들 몇 명이서 트라팔가 광장에도 들러 저만큼 높이 보이는, 고교 역사교과서에서 읽은 넬슨 제독의 동상을 바로 앞에서 우러러보며 우리나라의 이순신 장군을 떠올려 봤던 시절이 있었다.

그때 광장에서 사진을 찍는 직업의 사진사가 우리를 보고 "겐기데스까?" 하고 말을 걸어와, "노오, 아임 낫 자패니스. 아이 엠 코리언."이라고 신경질적으로 말했더니, 우리들보다 나이가 많아 보인 중년의 그는 미안하다고 반색하며 대꾸해 왔던 기억이 지금도 새롭다. 그 당시엔 동양인을 보면 거의 일본인이었기에 그 사진사도 반가운 나머지 평소처럼 일부러 짐짓 나에게 던져 보았던 토막말이었겠지만 우리의 역사적 원수인 일본인 취급을 해외에서 받았기에 적이

기분이 상했던 나였었다.

바꾸어 보면 패전한 일본은 우뚝 일어나서 지구의 반대편인 유럽에서까지 동양을 대표하는 나라로 크게 변신해서 모든 면에서 동양을 대표하고 있었으니…, 우리의 늦음을 기분 저하돼서 반성할 수밖에. 가끔 대영제국(G.B)의 트라팔가 광장을 생각하면 고희가 된 지금도 그러한 움츠린 생각이 나고 있으니.

이제 서양에서 동양으로 건너와 보자. 중국 근현대사의 중심 무대인 톈안먼 광장(天安門廣場)은 총 면적이 44만㎡로, 모스크바에 있는 붉은 광장의 3배요 우리나라 여의도 공원 면적의 2배에 달한다고 한다. 100만 명을 동시 수용할 수 있는 규모로 중국 근현대사의 기원을 여는 핵심적인 일들이 이곳에서 벌어졌었다. 1919년 신문화 운동인 5·4운동을 시작으로, 1949년 10월 1일 중화인민공화국 건국 선포, 1966년 중국을 10년간 집단적 광기로 몰아넣었던 문화대혁명의 홍위병 집결, 그리고 1989년 6월 4일 민주화를 요구하는 천안문 사건이 일어났던 곳이다.

명·청대에는 천안문 광장 일대가 내성(內城)에 속해서, 자금성 바로 바깥의 궁정 광장으로 활용되었다는 걸 떠올리면 흥미롭다고 생각된다. 신중국의 수도를 베이징으로 정한 마오쩌둥은 구시대의 자취를 없애고자 성벽과 성문, 옛 관청 등을 허물고 천안문 광장이라는 열린 공간을 조성했다. 이로써 베이징의 중심은 과거보다 약간 남쪽으로 이동되게 됐다고. 현재의 광장은 남북 길이가 880m, 동서 너비가 500m에 달하는 자못, 거대하고 웅장한 규모다.

이 광장 사방에 배치된 건축물 구도를 주목해 보면, 과거의 유물이 가득한 중국국가박물관이 현재의 중국을 이끌어 가는 인민대회당과 마주 보며 서 있음을 알 수 있다. 건국기념일이면 주석이 단상에 올라 연설을 하는 천안문(天安门)이 과거의 지도자가 안치되어 있는 마오주석 기념관, 인민 영웅 기념비를 마주 본다. 마치 현재와 과거가 서로를 응시하고 있는 듯하다고나 할까.

그리고 이 광장 맨 앞에 해당하는 국기게양대[升旗台]는 이색적인 일출과 일몰을 볼 수 있는 명소이기도 하다. 해가 뜨고 지는 시각에 맞춰서 국기 게양식과 하강식을 거행하는데, 담당 군인들이 한 치의 오차 없이 내딛는 발걸음과 근엄한 표정이 인상적이어서, 그 광경을 보려고 중국인들이 1~2시간 전부터 국기게양대 앞에서 장사진을 치는 모습이 목격되기도 한다.

그런가 하면, 천안문 광장 중앙에 위치한 인민 영웅 기념비(人民英雄纪念碑)는 19~20세기 신 중국을 건설하기까지 희생된 이들을 추모하는 비다. 높이 37.94m에 달하는 석조 비석 정면에 '인민의 영웅은 영원하다(人民英雄永垂不朽).'라는 글귀가 새겨져 있다. 기단부에 조각한 8개의 부조가 매우 인상적이다. 1840년 아편전쟁, 1851년 태평천국운동, 1911년 우창봉기, 1919년 5·4 운동, 1925년 5·30 총파업, 1927년 난창봉기, 1937년 중·일 전쟁, 1949년 창강(长江) 도하, 중국 근대 혁명사의 주요 장면이 담겨 있기에.

1976년 저우언라이(周恩来, 1898~1976)가 타계했을 때는 이 기념비 앞에 추모의 화환이 산처럼 쌓였고, 그것을 저지하는 당국과의 마찰이 시위로 연결되어 4만여 명이 체포되었는데, 이것이 바로 1차 천안문 사건이다. 1989년 민주화를 요구하는 2차 천안문 사건 때도 다시 시위대의 집결지가 되었다. 현재는 기념비 주위를 경찰이 철저히 호위하고 있어서 멀찌감치 떨어져서 볼 수밖에 없게 돼 좀 안타까운 마음이 들기도 한다.

지금은 바야흐로 세계가 일일생활권 내에 들어온 지구촌시대가 됐다. 광장, 광장문화는 원래 서양에서 발원했음이 분명하나, 살다 보니 세계가 이웃이 된 오늘날의 지구촌시대에는 서양만의 전유물인 시대는 저만치 흘러가 버리고 말았다. 동양에서도 상기(上記)한 바와 같이 천안문 광장과 같은 중국 특유의 거대한 광장문화가 나타난 것에 주목하지 않을 수 없다는 말이다.

한 걸음 나아가, 우리나라도 메가트렌드에서 예외는 아니어서 서울의 대표적 중심가인 광화문 광장에서 21세기를 선구자적으로 밝히는 정의의 촛불혁명이 3년 전에 거족적으로 일어났지 않은가 말이다.

# 맨부커상

2년 전쯤이다. 맨부커상(賞)은 2016년 5월 중순까지만 하더라도 나로서는 그 상의 존재조차도 까맣게 몰랐던 상이었다. 같은 해 5월 16일 소설가 한강이 『채식주의자(The Vegetarian)』라는 연작소설로 한국인 최초로 한국이 아닌 영국에서 그 상을 수상하게 되자마자 매스컴의 반응은 뜨거워서 대서특필하여 보도하게 됨에 따라 비로소 맨부커상을 알게 되었던 것이다. 아마도 우리나라 사람들 대다수도 맨부커상에 대해 나와 크게 다르지 않았을 것이라고 생각됐다.

수필로 문학을 하는 사람이어서인지 나는 그때, 매스컴의 그러한 대단한 반응이 엄청 놀라웠고 자연 그 상이 어떠한 상인지에 대해 몹시 궁금해졌다. 바로 인터넷 검색을 해 보니, 과연 그럴 만하구나 하고 공감이 되었었다. 맨부커상은 영국 최고 권위를 자랑하는 문학상으로 노벨문학상, 콩크르문학상과 함께 세계 3대 문학상으로 꼽히는 권위 있는 상이라는 멘트가 눈에 들어왔기 때문이다.

또한 한강 소설가가 『채식주의자(The Vegetarian)』로 국제적으로 권위 있는 수상을 함으로써 우리 한국문학을 통한 우리의 조국, 대한민국의 국격(國格)을 한층 드높이는 멋진 쾌거(快擧)를 이루어 냈다는 생각이 불현듯 샘솟아나서 문학인의 한 사람으로서 강한 자부심이 용솟음치기도 했었다.

그리고 며칠이 지났다. 나는 가끔 하듯이 광화문의 교보문고에 들렀더니, 『채식주의자』 등이 수북이 진열된 맨부커상을 수상한 한강 작가의 특별코너가 어느새 설치돼 많은 사람들의 발길이 머무는 성황을 이루고 있었다. 글쓴이들은 누구나 자신의 작품이 한 번쯤은 해봤음은 하는 그 베스트셀러가 된 것이다. 수상작은 생각보다는 부피가 그리 크지 않은 책이었다. 한강 작가를 알아보기 위해 먼저 약력사항을 훑어보고 대충 일별한 후에 그 책을 사서 집에 돌아와 단숨에 읽었던 기억이 지금도 새롭다.

나아가 『채식주의자』 등을 읽으면서 한강 소설가는 1970년 광주에서 태어나 20대 초반에 시로 등단한 작가이며, 『채식주의자』 외에도 『희랍어 시간』, 『그대의 차가운 손』, 『검은 사슴』, 『여수의 사랑』 등을 발표했었고, 시적인 유려한 문체를 잘 구사하고, 인간 내면에 숨어 있는 근원적인 고독과 폭력성 등을 소설로 써 온 뛰어난 작가라는 사실도 새롭게 인식하게 되었다.

그 후 들리는 바로는 수상 소식이 전해진 직후에는, 우리나라 서점에서는 『채식주의자』가 1분당 10권씩 팔리며 품절(品切)돼 버린 기이한 현상도 발생했다나…. 그만큼 당시 독자들의 반응과 관심도 매우 컸다고 봐야 할 것이다.

『채식주의자』는 육식을 거부하고 스스로 나무가 되어 간다고 믿는 주인공을 다룬 작품인데, 심사위원장인 보이드 톤킨은 이 소설을 두고 "치밀하고 정교하며 충격적인 이야기"라며, "독자들의 가슴속, 그리고 심지어 꿈속에서도 오래 남아 있게 될 것"이라고 극찬하기도 한 작품이다. 이 소설이 상을 타는 데는 다행히도 번역의 힘도 한몫했다고 지적되고 있으니, 『채식주의자』는 2007년에 발간돼 이미 9년이 지난 소설이지만 영국 번역가 데버러 스미스 덕분에 결정적으로 빛을 본 것이라고 평가되기 때문이다. 데버러는 한국어 번역을 하는 사람이 영국에 거의 없다는 희소성 때문에 한국어 공부를 시작했고, 한강의 문학을 세계적으로 알리는 데 기여를 하면서 한국어의 완벽한 번역 실력을 가진 자로 알려지게도 됐다.

이제, 맨부커 인터내셔널 수상작인 『채식주의자』의 줄거리를 좀 더 구체적으로 들여다보자. 한강의 『채식주의자』는 책을 읽어 본 사람들은 공감할 수 있겠지만, 약간 충격적이다. 아무래도, 예술이라고 할지라도 형부와 처제의 나체는 수용될 수 있는 영역이 아니기에. 그래서 우리나라에서는 찬밥 취급을 받던 이 책이 맨부커상을 수상하자마자 베스트셀러가 됐고 지금도 많은 사람들이 읽고 있는 것으로 생각된다.

1부 '채식주의자', 2부 '몽고반점', 3부 '나무 불꽃'으로 구성되어 있고 문체가 약간 건조한 것 같으면서도 빨려들어 가는 매력이 있다고 느껴진다. 또 책의 특징이 작가가 마음껏 상상의 나래를 펼칠 수 있기 때문에 무한한 상상을 할 수도 있다는 점이다. 다시 말하면, 『채식주의자』는 장편이나 단편소설이 아니라 '연작소설'이다. 위에서 언급한 바와 같이, 1부와 2부, 3부의 내용이 연결되는 내용이니까. 공연을 볼 때, 1막, 2막, 3막 정도로 생각하면 될 것 같다.

1부 '채식주의자'는 책의 주인공인 영혜와 그 남편의 이야기. 1부의 화자는 영혜의 남편이다. 수수하고 특별한 특징이 없는 영혜는 조용한 성격이고 이러한 점이 마음에 들어서 영혜와 결혼을 했다. 그런데 어느 날부턴가 아내가 고기를 먹지 않는다. 어떤 계기라고 하긴 좀 그렇지만 무서운 꿈 때문에 '채식주의자'가 된다. 가족들이 먹으라고 권해도, 아버지한테 맞아도 고기를 절대 먹지 않는다. 그러고는 점점 다른 음식도 제대로 먹지 않기 시작하고 자신의 젖가슴에 집착하기 시작한다. 서서히 브래지어를 착용하지 않고 외출도 하고 부부 동반 모임도 한다. 누가 봐도 정신적으로 문제가 있다고 판단되는 수준에 이른다.

2부 '몽고반점'은 영혜와 형부의 이야기. 화자는 영혜의 형부다. 아내와 이야기하다가 "영혜 엉덩이에 아직 몽고반점 있잖아."라고 한 한마디에 처제 엉덩이의 몽고반점을 탐하며 예술혼을 불태우는 사진작가가 된다. 굉장히 말수가 없고 조용한 사람인데 자신의 작품 활동에 대한 숨은 욕망이 있었다. 몽고반점 이야기를 들은 후 영혜의 몽고반점을 기점으로 바디페인팅을 해서 예술영상을 찍고 싶어 했다. 그래서 영혜에게 자신의 영상 모델이 되어 달라고 부탁하고 영혜는 수락하게 된다.

영혜의 몽고반점을 클로즈업하면서 몽고반점에서 꽃이 피고 예술이 되는 영상이었는데 부족해서 남자 모델을 섭외하고, 그 남자와 관계를 맺기를 원하나 거절당하자 자신의 몸에 직접 꽃을 그리고 영혜의 몸의 꽃과 자신의 꽃을 합친다. 영혜의 자취방을 찾은 영혜의 언니가 그 영상을 발견하게 되고 둘을 신고해서 정신병원에 들어가게 된다.

3부 '나무 불꽃'은 영혜와 언니의 이야기. 화자는 영혜 언니다. 동생과 남편을 응급대에 신고하고 정신병원에 보냈는데 남편은 길고긴 구명운동을 해서 풀려났고, 사라졌다. 그리고 영혜는 아직 정신병원에 있다. 그러나 음식을 거부한다. 고기뿐만 아니라 약, 음식 다 거부한다. 안 먹어도 괜찮은데 왜 먹어야 하는지 의문스러워하고, 나무가 되고 싶다고 말한다. 영혜의 언니 인혜는 두 사람의 영상을 봤으나 평소대로, 그냥 그렇게 살아간다.

한강 『채식주의자』의 결말은 이 책에 나오는 주인공들은 그 누구도 행복한 사람이 없다는 점이다. 작가의 문체는 잔잔한 것 같지만 섬뜩하기까지 하다. 그렇지만 결코 흔한 주제가 아니기 때문에 관심이 쏠리고, 책을 덮은 다음에도 여운이 많이 남는 것 같으니…. 그리고 보통은 책을 다 읽으면 몇 달 후에 줄거리가 가물가물한데 어찌나 충격적이었는지 아직도 어제 읽은 것처럼 기억난다.

아마 우리나라에서는 이 줄거리가 그렇게 좋은 평을 받을 수는 없었다는 것도 이해가 된다. 난 아무래도 언니 인혜의 입장에서 이 책을 바라보게 된다. 예술이야 어찌 됐건 그 대상이 처제였다는 것이 불편했기에, 너무 여운이 남은…. 생각하면 우울해지는 책이기도. 지난 세기 80년도 광주사태가 연상되어서일까….

이왕 이야기가 나왔으니, 맨부커상(The Man Booker Prize)에 대하여 좀 더 자세히 살펴보기로 한다. 1969년 영국의 부커사(Booker)가 제정한 문학상으로 영어로 창작되어 영국에서 출간된 책 중에서 수상작을 선정하는 맨부커상과 영어로 번역된 영국 출간 작품에 상을 수여하는 맨부커상 인터내셔널 부문으로 나뉜다.

초기에는 영연방 국가 출신 작가들이 영어로 쓴 소설로 후보 대상을 한정했지만 2014년부터는 작가의 국적과 상관없이 영국에서 출간된 영문 소설은 모두 후보가 될 수 있도록 했다. 맨부커 인터내셔널 부문은 2005년 신설돼 격년제로 운영되다가 2016년부터 매년 시상하며 작가와 번역자에게 상을 함께 수여한다. 영화로 치면 미국 아카데미상의 외국어작품상에 해당된다고 보면 된다.

출판과 독서 증진을 위한 독립기금인 북 트러스트(Book Trust)의 후원을 받아 부커사의 주관으로 운영되던 것이 2002년부터는 맨 그룹(Man group)이 스폰서로 나서면서 명칭이 부커-맥코넬상에서 맨부커상(The Man Booker Prize)으로 바뀌었고, 수상자에게는 주어지는 상금도 2만 1,000파운드에서 5만 파운드로 상향되었다.

이 상은 영어권 출판업자들의 추천을 받은 소설 작품을 후보작으로 하여 신망받는 평론가와 소설가, 학자들로 구성된 심사위원회에서 최종 후보작과 수상작을 선정한다. 맨부커상 후보에 오른 작가들에게는 그들 작품의 특별판을 제작해 주고, 최종 수상자는 상금과 함께 국제적인 명성을 보증받는다.

우리나라에서는 상술(上述)한 바와 같이, 소설가 한강이 2016년 5월 16일(현지시간) 열린 맨부커상 시상식에서 『채식주의자(The Vegetarian)』로 아시아인 최초이자 최연소로 맨 부커 인터내셔널상을 수상했다. 또 이 작품을 번역한 영국인 번역자 데버러 스미스도 공동 수상자로 이름을 올렸던 것이다.

십여 년 전부터인가, 가무(歌舞)의 끼로 충만됐던 배달겨레의 후손답게 우리의 젊은 세대의 노래인 케이팝(K-Pop)의 붐이 지구촌에 일기 시작하더니, 올해는 순 우리말로 부르는 방탄소년단(BTS)의 케이팝이 빌보드 차트를 연속하여 석권하는 등 지구촌에 전대미문(前代未聞)의 엄청난 광풍을 휘몰아 오고 있음은 누구나 익히 다 아는 현실이 되고 있다. 지구촌의 수많은 젊은이들이 한국어 노래를 스스로 우리말로 부르며 그저 열광하고 있는 것이다. 이 또한 우리나라 대한민국의 국격을 드높이는 대단한 일로서 몇 년 전까지만 해도 상상할 수도 없었던 것이 아니던가.

우리 한국문학에서도 그러한 날이 왔으면 더없이 좋겠다는 생각을 해 본다. 국제적인 견지에서 볼 때 우리 문학을 통한 국격을 한층 드높이어 문학선진국 또는 문화선진국이 되는 그러한 거룩하고 훌륭한 쾌거를 만드는 것이다. 노력하다 보면 그러한 날이 올 수도 있다는 희망을 가져 본다. 한강 작가의 맨부커 인터내셔널상 수상으로 그러한 희망의 싹을 보았기에 말이다.

헌데, 우리말의 영어로의 번역이 잘됐기 때문에 가능했었다고 볼 때 그러한 측면에서의 원시적이고 폭넓은 사전 검토와 계획 · 실천이 반드시 필요하다고 판단된다. 즉, 영어, 불어, 독어, 스페인어, 러시아어 등 지구촌의 유력한 주요 언어로의 완벽한 번역이 수반되는 국제적인 한국문학이 되어야 한다는 것이다. 그러기 위해서는 정부에서 국가 차원의 가칭 '한국문학외국어번역원' 같은 재단이나 연구기관을 관련 부처 내나 관련 대학에 설치하여 꾸준하고 공정하게 운영하는 것이 반드시 필요하다고 감히 제안해 본다.

동인문학상 등 매년 선정되는 국내 주요 작품 중에서도 시 · 소설 등 장르별로 몇 편씩을 엄선, 주요 외국어로 번역하고 출판해서, 온 정성을 쏟아 생산된 작품들을 지구촌 각국에 배포하여 소개하는 일련의 작업까지를 재단이나 연구기관에서 맡도록 의무화시키자는 것이다. 내 · 외국인을 막론하고 주요 외국어에 정통한 전문 인력을 정규직으로 채용하여 우대하여 운용하여야 함은 물론이다.

모두가 합심하여 열정을 쏟아 일념으로 진행해 나가다 보면 생각보다 빨리 노벨문학상도 수상하게 되는 우리의 한국문인도 나오리라 본다. 국문학도인 내가 세계문학에 대해 과문(寡聞)해서인지는 모르겠으나 노벨상을 받은 외국 작품들을 읽어 보면 우리 한국 작가들의 작품들이 그들에게 결코 뒤지지 않는다든가 때로는, 오히려 더 우수하지 않나 하는 생각이 들 때도 있었다. 우리 한국인의 우수한 문학작품들이 국제적으로 제대로 된 대우나 평가를 받지 못하고 있는 것은 우리들 자신에 그 일차적인 원인이 있어 왔다는 생각이 든 지 오래다. 그것은 다름 아닌 우리 한국 작품의 완벽한 번역 작품 생산에 대한 노력을 너무나 등한시해 왔다는 만시지탄적인 반성인 것이다.

한강 작가의 맨부커 인터내셔널상 수상에는 번역의 역할이 주효했음을 다시 새기게 되니, 우리의 국격을 높이는 한국 문학의 국제화를 위해서는 '한국문학외국어번역원'이 실현되는 그날이 어서 왔으면 하고 각별한 마음 되어 소망해 본다.

# 발칸 3국 여행

지난 12월 6일에서 13일까지 6박 8일 일정으로 집사람과 외손자 송민이와 함께 패키지로 발칸반도를 여행하고 돌아왔다. 이번 여행팀은 가족 단위 8가구 20명으로 구성됐고, 하나여행사의 가이드 1명이 동반되었다. 그리고 관광지에서 가이드의 설명을 들을 수 있는 수신기를 각자 지급받아 유익하게 활용했다.

언제나 여행하면 설레게 마련인데 드물게 하는 해외여행은 더욱 그러했다. 잔뜩 설렘을 안고 우리 가족은 한밤중인 6일 0:40 인천공항에서 터키항공으로 12시간 날아 경유지인 터키 이스탄불에서 2시간 멈췄다가[STOP OVER] 약 2시간 더 비행한 후 우리나라와 8시간 뒤진 시차로 발칸반도의 크로아티아 자그레브공항에 아침 08:30 도착, 대기 중인 45인승 전세버스에 가방을 전부 옮겨 싣고 모두 승차했다. 이 버스로 엿새 동안 내내 돌아다닌다고 한다.

## 1

차창 밖으로 보이는 시가지의 첫인상이 깨끗하게 들어온다. 차 안에서 처음 보는 크로아티아의 자그레브공항은 규모가 작아 우리나라의 지방 공항을 연상시켰다. 놀랍게도 한국 관광객을 환영한다는 대형 한글 간판이 공항 인근에서 우리를 맞이해 주었는데, 관광을 와서 물건을 많이 사 주는 한국 관광객들에 대한 어느 사업가의 감사 표시 광고라는 동행한 가이드의 설명이다.

오랜 비행이었기에 여독도 풀 겸 호텔로 향해 여장을 풀 만도 했건만 당초의 일정대로 시내투어로 직행하게 됐다. 관광지마다 현지 가이드가 붙어야 한단다.

두 개의 첨탑(108m)이 높이 솟은 1102년에 완공됐고 한번에 5천 명까지 예배를 볼 수 있다는 고색의 자그레브 대성당을 무리 지어 스마트폰에 담으면서 구경한 후, 시차와 여독 때문인지 모두들 무거운 걸음 거리로 반 옐라치치광장(BAN JELACIC SQUARE)을 느릿느릿 산책하면서 광장의 한편인 시청 뒤에 열려 있는 작은 규모의 크리스마스 마켓을 둘러봤다. 현지 과일과 채소류가 대부분이다.

유럽은 기독교를 믿는 국가들이어서 크리스마스를 최고의 대중적 명절로 즐긴다는데, 이 나라도 가톨릭 국가라서 그런지 곳곳에 설치된 크리스마스트리가 보이는 등 벌써부터 크리스마스 분위기를 내는 중이란다. 1991년에 유고슬라비아로부터 독립한 이 나라는 2013년 EU에 가입했지만 자국화폐인 쿠나만 쓴다고 하며 가이드가 환전을 권고하기에 다른 일행들처럼 우리 가족도 소량을 환전했다.

그리고 시험상 그 크리스마스마켓에서 귤과 소시지를 구입해 보았다. 조식은 기내식으로 해결했던 우리들은 주로 빵과 야채샐러드인 현지식 점심을 그런대로 맛있게 들었다. 여행하는 동안 한 끼 정도는 한식을 드려야 하지만 발칸반도에는 현재 한식 자체가 아예 없으니 어쩔 수 없이 현지식만 계속 드릴 수밖에 없어서 죄송하다는 가이드의 말을 받아들일 수밖에…. 여행하면서는 어쩌면 현지 음식을 드는 게 당연한 것이니 특히, 해외여행의 묘미와 멋을 한층 더 즐기려고 한다면 현지 음식에 익숙해지도록 노력하는 것도 어느 면에선 좋으리라.

점심 후 슬로베니아로 이동했다. 한 30분 정도 달려 국경에 도착하자 파란 국경검문소에서 경찰이 차로 올라와 각자의 여권에 스탬프를 찍어 주며 통과시켜 주었다. 국경을 넘자 바로 슬로베니아 국경검문소에서도 동일한 절차를 밟았는데, 이번엔 가이드에게 여권을 모아 오게 해 스탬프를 찍어 주고 입국을 허용해 주었다. 5년 전 집사람 회갑 기념으로 남미8국을 여행했을 때, 엘살바도르에서 과테말라로 육로국경을 넘을 때도 장사진의 차량으로 시간이 꽤 걸렸었던 기억이 나기도…. 지금은 비수기라서 시간이 걸리지 않았지만, 성수기엔 2시간 이상 걸리는 때도 많단다.

좀 춥지만 차창 밖으로 보이는 파란 하늘 아래의 푸른 잔디밭, 갖가지 나무들과 굽이쳐 흐르는 냇물, 붉은 지붕의 멋스런 집들 그리고 간혹 보이는 한가로운 양 떼들의 모습이 만들어 내는 연속된 경관이 정말 아름답다고 느껴졌다.

1시간 반 더 달려 슬로베니아의 수도 류블랴나에 오후 늦게 도착했다. 류블랴나의 류블랴나차강에 있는 세 개의 다리가 한 몸처럼 붙어 있다고 해서 지어진 이름의 트리플 브리지(Triple Bridge)를 관람했다. 구시가지와 신시가지가 다리로 구분되는데, 오가는 수많은 사람들로 붐빈다. 대부분 관광객들인 듯. 우리들은 다리를 오가며 저 멀리 류블랴나성을 폼 잡고서 올려다보거나 크리스마스트리가 설치된 성당이나 시인상(像)을 배경으로 사진도 찍으면서 자유 시간을 즐감했다.

오래된 목재다리가 화재로 무너진 것을 1842년 돌로 재건한 후 슬로베니아의 대건축가 요제 플러츠니크가 양쪽에 덧붙여 현재의 관광 명소 석재 다리로 만들었고, 또한 강변을 고려한 도시계획의 틀도 그때 같이 설계하여 지어져 그 빛이 지금까지 이어진다나. 우리는 강변을 따라 나 있는 건물과 상점들을 관광한 후, 끄트머리에 있는 파장 시장에서 석류와 귤 등을 저렴하게 사는 재미를 맛보기도 했다.

이미 날이 저물어 호텔로 돌아오는 길에 어린 학생들이 보였는데 모두들 즐겁고 밝은 모습들이다. 하교하는 초등학생들이라고 한다. 대학 진학률이 30%로서 자유롭게 공부하는 분위기로 우리나라처럼 경쟁이 치열하지 않아서 공부의 부담을 학생들이 느끼지는 않는다고…. 슬로베니아는 우리나라 면적의 5분의 1 정도의 작은 나라이나 붕괴된 유고슬라비아에서 제일 먼저 2004년 EU에 가입한 GNP 2만 불로써 발칸국가 중 가장 발전된 나라라고 동반 가이드는 소개했다.

블레드의 파크호텔에 도착한 우리 가족은 3인실을 배정받았는데, 좀 좁았으나 따뜻해서 지낼 만했다. 7시에 석식하고 샤워 후 첫날 차의 잠에 들었다.

## 2

12월 7일(금) 자다 깨다 숙면을 이루지 못하고 06:30 기상, 07:30 호텔 내 조식, 08:30 출발. 조식 후 시간이 남아 손자 송민이와 함께 오늘 구경할 호텔에서 가까운 아름다운 블레드 호수 주위를 가벼운 산책으로 호흡을 취하니 상쾌했다. 옅은 안개가 서려 호수 저쪽은 보이지 않은 데에도 호숫가에는 상업용이나 별장용의 멋스런 집들이 많이 들어서 있음이 눈에 들어왔다.

가방을 버스에 실은 후, 호텔에서 걸어서 블레드 호숫가의 플레트나 나룻배를 탔다. 물 보호를 위해 기름을 쓰지 않는 나룻배만이 교통수단으로 허용된단다. 두 분은 과거에 구경을 했기 때문에 옵션인 이번 구경은 현지 가이드 포함하여 20명이 탔다. 뱃사공은 젊은이로서 대대로 내려오는 영광스런 직업이라고 한다. 안개도 걷히고 주변의 수려한 경관이 또렷이 보이는데 맑은 물을 10분 정도 저어 나가 호수 가운데의 조그만 섬에서 모두들 하선했다.

섬에 내리니 티토대통령이 김일성을 초청하여 묵곤 했었다는, 지금은 박물관으로 쓰이는 그 별장이 저 건너 더 잘 보였다. 우리는 99개 계단을 걸어 올라가 아담하게 지어진 성당 안을 구경한 후 돌아가며 소원을 빌면서 높은 종루로 연결된 종치기 줄을 힘껏 당겨 종을 쳐 댔다. 장엄하게 울려 퍼진다. 나도 남북통일을 기원하며 경건히 종을 치고 송민이 차례가 되자 여느 팀처럼 기념사진을 찍어 줬다.

그리고 구불구불 계단을 걸어올라 종탑 꼭대기에 다다라 우리가 친 종을 바로 앞에서 호기심 속에 보면서 높은 그곳에서 외관을 둘러보았다. 저 멀리 눈 덮인 알프스산도 그윽이 보였다. 과연 장관이다. 반대편으로 내려왔다. 내려와서 빙 둘러 호수 주변을 조망하니 기분이 매우 상쾌해졌다.

구경을 마친 후 힐링된 기분으로 나룻배에서 내려 버스를 타고, 1004년에 지어져 현재는 박물관으로 쓰이는 호숫가 높은 지역의 블레드성(城)으로 갔다. 호수 전체가 한눈에 들어온다. 갑옷, 투구 등 옛날의 다양한 골동품들과 미라형 시신도 잘 진열해 놓아 교육과 관광용인 것 같았다.

점심을 먹고 2시간 이동하여 포스토이나 종유석 동굴을 구경하였다. 포스토이나는 수도인 류블랴나에서 50㎞ 떨어진 시골이지만 1818년 종유석 동굴이 발견되고 1819년부터 왕족 등 귀족에게만 공개되다가 지금은 세계적인 관광명소이자 세계 제2의 긴 동굴로서 동굴학(洞窟學)의 효시가 됐다고 한다. 현재 22㎞까지 개발되었고, 5.2㎞는 왕복 레일카로 그 외는 걸어서 총 1시간 정도 걸린다.

우리나라 고수동굴과는 비교될 수 없는 방대한 규모에 놀라고 기괴무쌍한 무수한 석순, 종유석과 석주들이 모두 신의 작품 그것으로서 그저 장관을 이루니 보는 이들의 감탄, 감탄, 또 감탄을 자아낸다. 지하에 이런 신의 걸작관(傑作館)이 있었다니…! 여기저기서 황홀경에 빠져 셔터를 눌러 대곤 한다. 1차 대전 시 러시아 노예들이 지었다는 '러시아 다리'도 공중에 매달려 그 운치를 더해 주고 있다. 돌림길을 돌아 어스름한 길을 걷다 보니 어느덧 더워져서 겨울 겉옷을 벗어 든 사람들이 많아 나도 그렇게 해 보았다. 구경을 마치고 나온 여러 나라 사람들은 꿈속의 별천지에 갔다 온 만족스런 인상들이다.

30분 달려 세자나로 이동해 타보르 호텔에서 여장을 풀고 석식 후 취침했다.

## 3

12월 8일(토) 6시 기상, 7시 조식, 8시 출발. 비가 오고 추운 날씨다. 1시간 달려서 목적지인 피란에 도착해 비옷이나 우산 차림으로 관광에 나섰다. 피란은 아드리아해(海)의 1천 년 된 도시로서 '피란'의 '피'는 불빛 등대를 의미한다고 하니 피란이 아드리아의 해변도시임을 알게 해 준다. 유럽의 도시엔 광장을 중심으로 성당, 관청, 카페 등 상점 그리고 은행 등이 존재하는 패턴인데 이곳도 마찬가지이다.

파르타니 광장에서 돌길포장으로 이루어진 경사 길을 걸어 올라가 꼭대기에 위치한 성 조지성당에 다다랐으나 굳게 문이 닫혀 있어서 발길을 아래로 되돌렸다. 다시 광장으로 내려온 우리는 자유 시간을 갖게 되자 시청 뒤의 크리스마스마켓에서 송민이 할머니는 올리브오일 2병을 20유로에 사는 간단한 쇼핑 시간을 갖기도 하며 비 오는 시간을 보내기도.

해변가에서 내륙으로 가는 도중 슬로베니아에서 크로아티아로 국경이 바뀌는 곳에서 첫날의 경우와 같은 국경검문을 마치고서, 1시간여 달리니 내륙도시 포터 분에 11시경 도착해 이른 점심을 들었다.

흐린 날씨지만 다행히 비가 그쳤다. 점심을 마친 우리들은 셔틀버스를 타고 올라가 내려서 구릉지의 꼭대기에 위치한 옛날식 포터 분 동네를 둘러봤다. 허름하고 을씨년스러운 성곽형이었는데 지금도 사람들이 살고 있다고 하며 높은 지대라서 낮은 주위가 파노라마로 조망돼, 우리가 점심 먹은 곳도 저 아래 보이기도 했다. 내려오는 길에 사람들이 많아 보여 물어보니 장례식장에서 장례를 치르는 중이라니 독특하다는 생각이 들었다.

다시 셔틀버스를 타고 되돌아왔다. 로비니로 가는 버스 안에서 가이드가 현지어 몇 마디를 가르쳐 줬으니, 아침 인사는 '보뜨로 유뜨로', 오후 인사는 '바달라 단', 고맙다는 '흐발라'로 한단다.

1시간쯤 달려서 이스트라 반도의 진주라고 불리는 로비니에 도착했다. 해안가 도시로서 어떤 곳은 빽빽한 집 앞이 바로 바다로 이어지고 있었다. 걸어 올라서 성녀 유페미아를 기리는 언덕의 유페미아 성당에 올랐으나 보수 중이어서 부는 바람 속에 해 지는 주위를 조망하며 벤치에서 휴식을 취해 보기도.

해변가 광장에서 1유로로 소변을 보고 어둠 속을 달려서 6시경 오파티아에 도착, 4성급 아마드리아 파크 그랜드 호텔에 여장을 푸니 넓고 정말 쾌적했다.

## 4

12월 9일(일) 출발 전에 일출 광경을 사진으로 담았다. 08:15 출발, 비가 오다.

약 3시간 달려 플리트비체 호수의 국립공원으로 가는 도중에 라스케토 마을을 지나쳤는데, 〈꽃보다 누나〉로 유명해진 곳이라 한다. 그래서 발칸 여행의 각광을 받게 됐지만 시끄러운 중국 관광객이 물밀

듯 밀려오자 어느 시간이 지나니 그곳에선 중국 관광객은 사절하기로 했다나…. 그리고 겨울은 문을 닫아 버리기 때문에 우리도 그곳을 볼 수가 없었다. 11:30, 폴리트비체를 방문했다면 꼭 먹어 보아야 한다는 큼직한 송어구이와 감자요리가 곁들어 나오는 폴리트비체 송어구이로 특식 중식을 했다.

호수와 숲으로 둘러싸인 천혜의 자연환경인 폴리트비체는 1949년 국립공원으로 지정된 유네스코 세계자연유산으로서 16개 호수와 92개의 폭포, 1,267종의 식물들이 계절마다 다양한 변화를 보여 주며 태고의 원시림 풍경을 만들고 있어서 마치 요정이 살고 있는 것 같다는 말을 실감할 수 있었으나, 여기저기 눈이 쌓여 있고 춥고 길이 미끄러워 조심조심 걸으며 절경들을 감상했다. 점점 깊이 들어갈수록 옷 벗은 큰 나무들의 가지 사이로 보이는 계단식 푸른 폭포들에 탄성을 자아내며 기념촬영을 해 본다.

겨울이고 눈이 내려서 일부 코스가 막혔다고 한다. 우리는 셔틀버스를 타고 오르막을 지나서 배를 타고서 멋진 주위 경관을 보면서 호수 한 곳을 둘러보는데, 송민이와 아내가 어떤 싱가포르 부부와 만나 대화를 나눈다. 나도 동참해 얘기를 나눠보니 싱가포르 부부 중 아내는 한국의 부산 태생으로 아주 어릴 제 싱가포르로 갔기 때문에 한국말을 전혀 모른다며 한국인인 우리를 보자 매우 반가워서 말을 걸어왔다고 한다. 즐거운 담소를 나누는 사이 목적지에 도달해 그들은 내렸고 우리 일행은 조금 있다가 다시 그 배로 되돌아왔다.

걸어 올라와 셔틀버스를 타고 폴리트비체 국립공원을 빠져나왔다. 추웠지만 멋진 절경을 맘껏 완상해서인지 마음들은 업돼 보였다. 빗

속에 약 2시간 달려서 숙소가 있는 자다르에 5시경 도착했다.

호텔 포르토에 여장을 풀고 7시 석식에서 난 가이드가 권고한 레몬 맥주를 주문하여 마셔 보았다. 순하면서 역시 레몬 맛이 났다. 석식을 마치고 송민이와 호텔 주변을 가볍게 산책한 후 호텔로 돌아왔는데, 첫날부터 해 오는 대로 송민이는 오늘의 일기를 할머니 지도하에 썼고 모두 샤워 후 잠자리에 들었다.

## 5

12월 10일(월) 08:15 출발하여 자다르 해변으로 갔다. 과거 달마티아의 수도였던 자다르는 동쪽에는 알프스가, 서쪽에는 푸른 아드리아해가 자리하고 있는 아름다운 항구도시이다. 2005년 자다르시 리디자인 프로젝트에 참여하게 된 건축가 바시치가 어린 시절 자신이 자란 섬마을의 파도 소리에서 들은 영감으로 만들었다는 바다오르간 소리를, 수평선에서 아침 해가 떠오르는 광경을 보며 귀 기울여 조용히 들어 봤다. 역시 무슨 소린가 났다! 가만히 소리를 완상하는데 웬 중국인 관광객들이 무리로 모여 와 잡음을 넣는구나….

2개의 동그란 장미 모양의 창문이 특징인 아나스타샤 대성당을 보고, 자다르의 중심거리인 시로카 대로의 끝에 위치한, 1562년 베네치아인들이 건축했다는 르네상스 양식의 시계탑을 구경하면서 근처의 노천카페, 시청사 등도 유유히 걸으면서 감상했다. 점심으론 오징어 먹물로 만든 특식인 검은 해물스파게티를 별나게 먹어 봤다.

점심 후 약 2시간 달려서 트로기르에 도착, 1193년에 첫 공사를 시작으로 400년이 지난 1550년경에 완성된 크로아티아 최고의 걸작 성당인 성 로브르 성당을 구경했다. 하나의 건물 안에 다양한 건축 양식을 담고 있는 것이 특징으로서 1층과 2층은 고딕 양식이고 3층은 후기 르네상스 양식인데, 입구에서 당시 최고의 조각가인 라도반의 대표작인 아담과 이브가 우리를 맞아 주었다.

그리고 약 1시간 달려서 20만여 명의 인구가 살고 있는 아름다운 지중해 도시인 스플리트로 이동했다. 중앙 달마티아의 중요한 항구도시로 크로아티아 제2의 도시란다. 스플리트에서 가장 유명한, 빠트리면 안 될 관광의 필수 코스인 명소인 디오클레티안 궁전(Diocletian's Palace)을 가이드의 설명에 귀 기울이며 주욱 둘러보면서 사진도 찍었다.

AD 295년부터 10년간의 공사 끝에 AD 305년에 완공된 28,000㎡가 넘는 넓은 공간을 차지하고 있는 주주식(Peristyle) 건축 양식의 엄청난 석조건축물로서 그 안에 주거 공간, 예배 보는 곳, 보초군인의 공간, 신하들의 공간 등이 큰 도로를 경계로 구획되어 있는데, 현재도 사람들이 살고 있었다. 궁전을 빠져나오는 인근 한 건물의 꼭대기에 자기 집이 있다고 현지 가이드가 말한다.

궁전을 구경한 후 1시간의 자유시간이 주어졌다. 궁전 앞은 넓은 도로형 광장으로서 노천카페들에 사람들로 즐비한데 설치된 크리스마스트리가 일제히 점등되자 그 운치가 물씬 더해졌다. 우리 가족은 유유자적 걸으면서 사진도 찍었다.

우리 손주 송민이는 거리에 있는 군밤장수에서 스스로 군밤을 사서 먹어 보니 맛이 괜찮았던지 더 구입해서 우리 일행들에게 나누어 선물한다. 일행들의 반응도 귀여워하며 좋아 보였다. 그러한 어린 송민이가 대견하고 자랑스럽다는 생각이 들었다. 우리 내외가 송민이를 데리고 해외여행을 네 번째 하다 보니 평소 영어 공부에 열심인 송민이도 이젠 경험상의 자신감이 붙었는지 웬만큼은 스스럼없이 간단한 영어는 해대니 말이다.

스플리트의 호텔 발렌나 스콜라에서 여장을 풀고서 석식 시 10유로를 지불하고 와인 한 병을 마시고서 우리 가족은 일찍 잠자리에 들었다.

## 6

12월 11일(화) 05:30 기상, 06:20 조식, 07:10 출발. 약 4시간을 달려서 아드리아해의 보석이자 유네스코 세계문화유산으로 지정된 두브로브니크(Dubrovnik)로 이동했다. 이동하는 동안 보스니아의 국경네움을 필요 절차를 거친 후 통과해 다시 크로아티아로 나왔다. 두브로브니크는 7세기에 생겨난 이후 전쟁 등의 역사적 격랑을 거치면서도 19세기에 이르기까지 크로아티아에서 유일하게 값진 독립을 지킨 지역이란다.

오늘 투어는 90유로짜리 '스르지산 전망대+성벽투어+연안크루즈' 옵션투어인데 도착하자 7인승 밴으로 바꿔 타고 구불구불 가파른 길을 올라서 먼저 스르지산 전망대에 올랐다. 아드리아 해변에 자리 잡은 확 트인 시내가 깔끔하고 멋스럽게 조망되고, 시원스런 바람도 불어와 한결 기분이 업됐다. 전망대 꼭대기에서 오르내리는 케이블카도 보면서 기념촬영으로 한껏 기분을 내 보았다.

내려와 점심을 먹고 두브로브니크의 구시가지의 중심이자 카페, 식당, 기념품판매처 등으로 가장 번화한 곳인 대리석 바닥의 플라차 거리를 거닌 후 백미(白眉)인 빙 둘러진 성벽투어에 들어갔다. 자유시간 2시간 반이 주어져 약 1시간가량 소요된 성벽투어에서 여러 가지 시설물을 보았는데 그 성벽 내의 고색창연한 건물들에 사람들이 살고 있다고 하니 신기하기도 했다. 바다를 내려다봄과 동시에 성벽을 돌면서 포즈를 취하곤 한 송민이는 연속 사진을 찍어 달란다. 성벽을 돌고 나니 좀 피곤해 성벽 바깥의 바다부두에 쉬면서 비둘기에 모이를 주거나 물고기들에 먹을 것을 던져 주며 우리 가족은 시간을 즐겼다.

시간이 되자 연안 크루즈에 나섰다. 두 대의 배에 나눠 타고 성벽 바깥의 푸른 바다를 돌면서 저 멀리 나가고 돌아오는 코스여서 바다에서 성벽 전체가 그윽하게 조망되고 석양의 운치도 더해져 즐감스러웠다. 좀 추웠지만 말이다.

5시경이 되니 플라차 거리의 크리스마스트리에 점등이 되니 환상적인 분위기로 바뀌어 거리에는 정다운 사람들로 활기차 더욱 붐비기 시작했다.

두브로브니크 투어를 마치고 숙박지인 보스니아의 네움으로 돌아왔다. 호텔 아드란의 지하층에 있는 마켓에서 손자들인 강민과 해솔의 선물로 차 장난감 등을 사고 석식 후에 샤워를 하고 마지막 잠자리에 들었다.

## 7

12월 12일(수) 조식 후 약 1시간 30분 달려서 모스타르에 도착했다. 오는 도중 귤 생산지들이 많았는데 버스를 계속 운전해 준 기사가 귤을 사 우리들에게 주는 게 아닌가. '흐발라' 고마움을 표시하며 맛있게들 먹었다.

오래된 다리라는 뜻을 지닌 모스타르는 헤르체고비나의 수도였으며 네레트바강 위에 놓인 '스타리 모스트'라는 옛 다리와 강 주위의 터키풍의 주택들로 유명했었다고 한다. 하지만 1993년 발발한 전쟁으로 도시와 그 다리가 파괴됐으나 최근에 유네스코의 기부에 의해 복원되었다고…. 우리는 복원된 다리를 건너보며 무상(無常)에 젖어 보기도 하며 거리의 보도블록을 온통 맨들맨들한 조약돌로 포장한 조약돌 거리를 거닐며 터키풍의 건물들을 감상하기도 했다.

점심을 들고서 쉬는데, 붙임성이 좋은 송민이는 거구인 현지 가이드와 사귀어서 그녀가 우리 송민이한테 친구라며 가벼운 포옹을 해준다. 옆에서 내가 나의 손자라고 했더니 나한테도 미소로 반응을 보이는 이채로운 잔재미를 맛보기도.

약 3시간을 달려서 마지막 관광지인 보스니아의 수도인 사라예보에 도착했다. 1984년 동계올림픽 개최지로서 규모도 크고 역사적이고 멋스런 도시풍이 느껴졌다. 저녁 무렵으로 시간이 흘러가 재촉하며 구경을 하게 됐다. 이곳 현지 가이드는 외국인이 아니고 한국인이어서 깜짝 놀랐다. 한국국제협력단(KOICA) 등에서 일하다 현지에서 눌러앉게 돼 20년째 사라예보에 거주하고 있으며 영사업무와 가이드

등을 한다고 자기를 소개했다.

첨으로 한국어로 듣게 된 현지 가이드의 안내로 제1차 세계대전의 도화선이 된 현장으로 유명한 라틴다리를 구경했다. 1914년 6월28일 오스트리아 황태자 프란츠 페르디난트 대공과 그의 아내 소피아가 세르비아 민족주의 청년 프린츠프에게 암살되어 제1차 세계대전이 발발하게 됐다는 설명을 간결하게 해 준다. 그때의 사진들이 건물들의 유리창에 생생하게 붙여져 있다. 그것을 배경으로 사진들을 찍어 댄다.

그 후 러시아 정교회 사원, 회교의 대표적 모스크, 케토릭 사원들을 둘러봤다. 그리고 중앙시장이라는 의미의 터키풍 바슈카르즈지아 시장에서 저녁을 맞아 자유 시간을 갖고서 현지 가이드와 작별을 고하고 우리들은 사라예보 공항으로 달려갔다. 사라예보공항에서 지금까지 안전운전해 준 크로아티아 기사에게 스발라 고마움을 표하고선 그와도 아쉬운 이별을 고했다.

20:20 터키항공으로 사라예보 공항을 떠난 우리는 이스탄불을 경유해서 12월 13일 18:25 인천공항에 도착해 각자 그리운 자신의 집으로 향했다. 이번 여행은 노련한 가이드를 만나 차질 없이 일정이 잘 진행됐고 또한 이번 여행팀도 모녀간의 효도관광 등 호흡이 잘 맞는 가족 단위여서 순조로웠었다는 나름의 생각이 들었다.

그런가 하면, 유럽의 어디를 가던 유럽인의 정신적 지주인 대성당이 상징적인 요지에 공통적으로 자리하고 있는데 요즘은, 그 대성당의 신부가 될 수 있는 수도사들의 희망자가 없어서 아프리카에서 수입해 오고 있다니 이런 아이러니가 다 있나, 라는 망상이 여행이 끝난 지금도 나의 머리에 감돌고 있으니….

# 천자문

살아오면서 내가 한자(漢字)를 처음 접한 지는 고향의 초등학교 5학년 때였다고 아스라이 기억된다.

50년이 훨씬 더 지난 전 일이다. 1년 선배들의 졸업식장에서 후배들을 대표해서 송사인 '선배들을 보내는 글'을 낭독한 적이 있었다. 두루마리로 된 그 긴 글은 우리 반 담임인 박병식 선생님이 붓글씨로 공들여 써 주신 글월인데 '형설지공(螢雪之功)' 등 그 당시 어린 나로서는 이해하기 어려운 한자어로 된 말들이 많았었고 중요한 단어는 실제 한자로 작성된 것을 나는 박 선생님이 가르쳐 준 대로 며칠 동안 열심히 암기해서 식장에서 실수 없이 낭독했던 가물가물한 기억이 어렴풋이 지금도 난다.

그 후 전주로 중학교에 들어가서 한자과목 시간에 극히 간단히 배운 것이 한자를 공식 배운 시초가 됐고, 서울로 유학해서 경복고등학교에서 고문시간(古文時間)을 포함한 국어시간에 고사성어 등 좀 수준이 높아진 일부 한자를 배운 것으로 기억된다. 지금 생각해 보면 '한글전용'이니 '한자병용'이니 하는 어문정책이 표류하던 시기에 중 · 고등학교를 다녀서 어쩔 수 없이 체계적인 한자 · 한문 교육을 받지 못했었던 거 같으니…. 따라서 당시엔 나뿐만이 아니라 대부분의 학생들이 불가불 한문맹(漢文盲) 상태 바로 그러한 상황이었었던 것으로 기억될 뿐이다.

그러한 상태로 대학에 들어갔던 바, 나로서는 국문과라서 고문서를 이수하여야 하는 필수 과정이 있었는데, 노(老)교수가 가르쳐 준 우리 조상들의 저서를 제대로 읽지도 못했고 제대로의 해석은 더욱 불가능해서 더구나 고리타분한 것으로만 여겨져 감히 접하기가 두려워지는 후손된 대학인으로서 부끄러운 경험을 해야만 했었다.

당시 그 교수님 말씀이 우리 선조들은 평소 대화 시에도 스스럼없이 인용하곤 하는 인구에 회자되는 한문자들이라는데, 나는 우리들은 어색하고 서툴러서 제대로 수용하지를 못했었다. 오히려 장문의 영어 문장은 혼자서도 해석하고 자신 있게 이해할 수 있었는데에도 과거 우리 조상들이 일반생활 과정에서 익숙한 한문에 대해선 그렇지를 못했고 한문이라는 것이 영어보다 훨씬 더 어렵다는 못난 생각만 잔뜩 들었었다.

이런 일도 있었다. 선친을 비롯한 조부모 · 증조부모 · 고조부모님 등 조상님들의 기일을 맞으면 반드시 제사를 지내는 일이 농촌 집안에서는 어느 집이나 대사(大事)에 속했다. 일찍이 아버지를 여윈 나의 경우도 마찬가지였었다. 어머님이 나를 가르치시기 위해 초등 3년부터 서울로 가셔서 직장을 다니셨기 때문에 내가 성인이 될 때까지는 숙부모님이 나의 후견인 노릇을 해 오시면서 가능한 모든 걸 챙겨 주셨다.

선친의 제사를 포함해 조상님께 제사 지내는 데에도 신경을 많이 쓰셨다. 정 많은 숙모님이 정성스레 마련하신 제사 음식을 가득 차려 놓고선 당연히 지방을 써서 선친을 포함하여 조상의 상 앞에 올려 붙여야 하는데 나는 지방 쓰는 법을 아예 몰랐었고, 대학까지 다니는 놈이 우리도 잘 쓰는 지방 하나 못 쓰느냐고 엄한 숙부님으로부터 제사만 지내게 되면 되게 혼났던 것이다. 제사 지내는 데 있어서 지방은 조상 대대로 내려오는 필수적으로 갖춰야 하는 것으로 물론 한자로 쓰는 것이다. 나는 지방 쓰는 것을 학교에서 배워 본 적이 없었으니 자괴감이 들었지만 당시엔 어떻게 할 수가 없었다.

또 하나 축문 작성도 마찬가지였다. 결국은 숙부님이 모두 쓰시곤 했다. 허나 가정형편이 어려워서 중학 진학을 못하는 초등 동문 중엔 고향에서 서당(書堂)에 다니는 친구들이 더러 있었는데, 그들에겐 지방이나 축문 쓰는 것은 기초 중의 기초라서 별문제가 아니 되었다. 그들은 서당의 훈장으로부터 『천자문(千字文)』을 비롯해서 『명심보감(明心寶鑑)』, 나아가서는 『논어』·『맹자』 등 사서삼경까지도 배운 이들도 있었기 때문이다.

조상 대대로의 유교 전통문화에 이골 난 유생(儒生) 숙부님의 입장에선 대처에 나가 신문물(新文物)인 고등교육을 받은 조카인 내가 그들에 미치지 못하다니 얼마나 분통이 터졌을까 말이다. 대쪽 같은 점잖은 체면에 정말 기가 찰 노릇이었을 것이다. 다름을 인정하지 못하는 자기 인생만의 패턴에 굳어져 버린 숙부님으로서는 절대로 이해가 안 되셨으나 나로서도 완고한 숙부님을 어떻게 이해시킬 수가 없어서 그저 답답하기만….

또 이런 일도 있었다. 추석이나 설 등 명절이 오면 집에서 차례를 마치고 직접 조상의 산소를 찾아가 여럿이 인사드리는 절차가 있었는데, 과거엔 무심코 지나쳤던 상석이나 비석에 쓰인 글들이 내 눈에 들어오기 시작했었다. 대충 글자는 읽을 수 있었지만 역시 구체적인 해석을 제대로 할 수가 없었다. 조상들에겐 상식인 풍수적인 앎이나 족보에 대한 상식이 어느 정도 있어야 요해(了解)되었기 때문이다. 그러니 또 숙부님한테 야단과 핀잔을 맞으며 조금씩 배우기도 했던 것이다.

물론 시간이 흘러 결혼해서 내가 제사를 주관하게 됐을 때에는 제사 지내는 요령 등을 책자에서 알게 되거나 다른 집안의 진전된 사례들을 참고해서 한글 지방이나 축문이 활용되는 것을 벤치마킹하고 진행 과정도 간소화해 제사 드리기를 시도했었다. 한곳에서 모여 살던 전통적인 대가족제도에서 벗어나 여기저기로 흩어져 사는 오늘날의 처지에서는 번거로운 과거식의 제사 절차는 사실상 지키기 어려웠고 어떤 집안에선 심한 경우 종교적인 이유로 조상께 드리는 제사도 생략해 버리는 등 시대 조류가 많이 변한 것이 사실이 아닌가 말이다. 첨엔 못마땅해 사시(斜視)로 보고 대하던 숙부님도 별말씀이 없으시다 소천하셨다. 어쩔 수 없이 시대의 변화 조류를 인지하신 것이리라.

숙부님의 타계 전 겪은 위의 일들이 트라우마가 되어서인지 언제부턴가 나는 한문을 배워야겠다는 생각이 자꾸 들곤 했었다. 하지만 바쁜 직장 생활에 쫓기다 보니, 작심삼일로 흘려보내 버리기 일쑤였으니….

헌데, 강제명퇴당하고 시간이 좀 나게 되자 한문을 배워야겠다는 생각이 점점 깊어 가던 중, 나로서는 충격을 받게 된 사건이 있었다. 초등학교에 가기 전 한자 등을 배우는 외손자 송민이가 어느새 천자문까지 배우고 있지 않은가. 어린이들에게 호기심을 끌기 위해선지 아기자기한 만화로 된 책이었는데, 살짝 들춰 보니 천자문인데도 내가 전혀 접해 보지 못한 어려운 한자들이 상당히 보이는 게 아닌가.

나는 과거 영등포구청에서 근무하던 시절 『명심보감』을 홀로 일독한 적이 있었고, 그 후엔 『논어』와 『중용』의 해설서도 알기 위해 억지로 읽은 적이 있었으므로 『명심보감』과 내가 읽은 책들은 천자문보다는 윗수준의 책이므로 천자문 정도의 한자는 거의 알겠지 하는 잘못된 오만이 있었던 것이니…. 나는 이제는 제대로 천자문을 배우지 않으면 안 되겠다는 뼈저린 결론에 이르게 된 것이다. 어떻게 보면 늦었지만 다행이라고나 할까.

그러한 생각을 가져서인지 어느 날 왕십리 지하철 환승역의 작은 서점에서 "天地玄黃(천지현황)"으로 시작해서 "以而哉焉(이이재언)"으로 끝나는 포켓용 『천자문』 책을 발견하고 바로 구입해서 서두르지 않고 공부를 시작했던 것이다. 아마도 6, 7년 전의 일인 것 같다. 나이가 들어서인지 자꾸 잊어 먹는다. 그래도 자꾸자꾸 보려고 다짐한다. 그렇게 하고 있는 중이다. 지금 내 나이엔 그렇게 하는 거 외엔 다른 뾰족한 방법이 없으니까.

우리가 일상생활에서 한자를 몰라 가끔 용어를 잘못 쓰더라도 무식하다는 소리 정도 들을지언정 크게 불편을 느끼는 것은 없었다고 생각된다. 그러나 우리말의 60~70%가 한자용어인 현실에서, 일상생활에서 품위 있는 언어를 구사하고, 깊이 있는 학문을 연구하고, 격조(格調) 높은 문화를 발전시키기 위해서는 누구나가 한자의 정확한 이해가 필수임은 두말이 필요치 않은 것이다.

거슬러 올라가, 몇 가지 이설은 있지만 천자문은 6세기 초 중국 양(梁)나라의 주흥사(周興嗣, 470~521)가 많이 쓰이는 한자 1천 자를 250구(句)의 대구(對句)로 엮은 것에서 비롯했다는 설에 공감이 간다. 천자문에는 자연의 이치, 고대의 역사, 인간의 도리 등 중국의 고대 문화가 고스란히 녹아 있음을 확인된다. 그뿐만 아니라 4자 1구의 구문(構文) 속에는 한문 해석의 원리도 들어 있어 천자문 한 권을 외우고 익히면 한문 문장의 기본 이해도 깨우치게 된다.

그러하니 이 책은 지난 1천 5백여 년 동안, 한자 문화권의 모든 나라에서 한문 기초교재로 부동의 위치를 점유해 왔던 것이다. 우리나라도 예외는 아니어서 한문 한 자 모르는 사람의 입에서도 천자문 몇 구절쯤은 술술 나올 정도로 대중화되었던 것. 외는 것이 어학 학습의 왕도(王道)임을 감안할 때, 한문 공부에 있어서 천자문의 가치는 시공(時空)을 초월하여 유효한 것이라는 생각도 든다.

그럼, 우리가 왜 한자(漢字)를 배워야 하는가? 우선, 한자는 학습효율을 높인다는 점이다. 한자는 2천여 년 전부터 전래되어 우리 문자화됐기 때문에 우리가 사용하는 단어의 60~70%가 한자어로 되어 있음에 새삼 놀라기도 한다. 우리 헌법 제1조의 "대한민국(大韓民國)은 민주공화국(民主共和國)이다."를 보자. 여기서 순우리말은 '은'과 '이다' 뿐이다. 대부분의 우리말은 이런 한자어의 궤(軌)에 속하고 있다.

한자는 익히 알고 있듯이 뜻글자이기 때문에 읽을 줄만 알아서는 별 소용이 없다. 그러나 한자의 뜻을 정확히 알게 되면 그 활용도는 무궁무진해진다. 이 중에서 '나라 국(國)'이라는 한자의 뜻을 알고 있다면 이 글자가 앞뒤로 붙어 만들어진 국가(國家)·국방(國防)·조국(祖國)·외국(外國) 등 수백 개 단어의 뜻을 이미 반은 이해하고, 짝이 되는 한자의 뜻까지 알고 있다면 그 단어는 배우지 않고도 자연스럽게 알게 된다.

초등학교에서 무릇 모든 과목의 기초는 국어이다. 어떤 과목이든 국어를 모르고선 교과 내용을 제대로 이해할 수 없기 때문이다. 그런데 국어의 기본은 단어 해석이고, 그 단어의 대부분은 한자어로 구성되어 있는 것이다. 따라서 좀 비약한 것으로 들릴 줄 모르겠으나 모든 과목의 기본은 한자라는 결론에 도달하게 된다는 점이다.

다음으로, 세계화 시대에 있어서 한자는 필수라는 점이다. 우리는 지금 지구촌, 즉 '세계화'란 화두(話頭) 속에 살고 있음은 불문가지이다. 이러한 때에 한자를 모르고선 세계 인구의 4분의 1이나 되는 중국·일본 등 한자문화권 국가와의 교류가 불가능해질 수도 있다. 세계 제2·제3의 경제 대국인 중국과 일본에서 사용하는 한자가 간체자(簡體字)·약자(略字) 등 우리와 다소 차이가 있지만 한자를 이미 아는 사람이라면 이것은 조금만 노력하면 쉽게 극복할 수 있는 문제에 지나지 않기 때문이다.

끝으로, 3천 자만 익히면 60만 단어 정도는 저절로 알게 된다는 점이다. 중국인들은 문자를 신성시하여 한번 만든 문자는 버리지 않고 계속 축적해 놓았기 때문에 한자는 무려 4~5만 자에 이른다. 그러나 그 많은 한자를 다 익힐 수도 없거니와 그럴 필요도 없다. 우리가 일상생활을 하는 데는 기본 한자 1,800자면 충분하고, 고전을 읽는 데에도 3,000자 정도만 정확히 알면 별반 어려움이 없을 것이기 때문이다.

영어는 대학입시를 치르려면 5천 단어는 알아야 하고, 구미에서 생활하자면 최소한 단어 1만여 개, 학술 연구를 하자면 3~4만 개는 익혀야 한다고들 말하고 있지 않은가. 헌데, 한자는 그 많은 자획(字劃) 때문에 처음 배우려는 사람의 기를 많이 꺾어 놓는 수는 있다. 꼬불꼬불 이리저리 그어진 자획을 들여다보노라면 처음 배우는 사람에게는, 뜻과 음은 고사하고 보고 따라서 그리려 해도 엄두가 나지 않을 수도 있기에 말이다. 한글이나 알파벳처럼 간략한 글자에 익숙해진 이들의 눈에는 더욱 그러하리라!

그러나 아무리 복잡한 한자라도 대부분은 상형(象形)에 바탕을 둔, 부수라고 하는 214글자의 조합으로 이루어졌다는 점에 주목해 볼 필요가 있다. 부수는 상형에서 출발했기 때문에 보다 익히기가 쉽다. 부수는 단독으로 문자의 기능을 행하기도 하지만, 대다수의 글자는 이것의 중복된 조합으로 복잡한 글자를 구성하고 있는 것이다. 따라서 부수만 숙지(熟知)한다면 2~3천 자를 익히기는 그리 어려운 일이 아니라고 본다.

그러면 한자는 왜 이렇게 소수로 족한가? 앞에서 본 바와 같이 한자 2개를 앞뒤로 연결함으로써 무제한의 조합이 가능하기 때문이다. 그래서 한자 3천 자를 2자씩 연결하면 60만 단어가 된다. 그 결과 기본 한자 3천 자를 알면 60만 단어를 배우지 않고도 알 수 있게 된다는 놀라운 결론에 도달하게 되는 것이다.

고희가 된 지금도 나는 포켓용 '천자문'을 항시 주머니에 넣고 다니다가 지하철을 타고 경로석이나 자리에 앉게 되거나 또는 한가한 시간이 나면 종종 읽어 보면서 소일하기도 하는데 그럴 제가 마냥 즐겁기만 하니….

# 춘화도

어느 날 카톡을 열어 보니 진기한 그림이 있었다. 국방대학원 동기인데 졸업 후에는 거의 만남이 없었던 외교관 출신의 지인이 보내 준 것이었다. 신윤복의 춘화도(春畵圖)였다! 왜 이런 걸 다 보내 줬나 의아심이 나기도 했으나 오히려 호기심이 더 일어서 우선 인터넷사전을 찾아보기로 했다.

춘화도(春花圖) 또는 운우도(雲雨圖)라고도 하였으며, 중국에서는 주로 춘궁화(春宮畫)라고 불렀다. '남녀교합지상(男女交合之狀)'이나 '남녀상교지형(男女相交之形)'을 노골적이고 선정적으로 묘사하여 춘흥을 즐기거나 성욕을 촉진시키는 최음(催淫)을 목적으로 그려졌다. 채색과 담채를 사용하여 비교적 사실적으로 다루어졌으며, 판화로 제작되기도 하였다.

서기전 2세기경 한대(漢代)의 재상 진평(陳平)과 서기전 1세기경의 광천왕(廣川王)에 의하여 향락용으로 그려지기 시작하였다. 당대(唐代)에 창가(娼家)의 머리 병풍용으로 많이 그려졌다. 원대(元代)에는 몽고풍의 춘화가 유행되기도 하였다. 그러나 일반인들에게까지 널리 보급

되었던 것은 호색 문화(好色文化)가 크게 성행하였던 명대(明代) 후반부터였다.

우리나라는, 조선 영조 때 현감을 지낸 박양한(朴亮漢)의 『매옹한록(梅翁閑錄)』에 의하면, 조선 중기인 인조연간(1623~1649)에 상아 조각품의 형태로 처음 전래되었다고 한다. 그러나 원나라 왕실과의 밀접하였던 관계 등을 고려하면 늦어도 고려 후기부터는 왕실을 중심으로 사용되었을 것으로 추정된다.

본격적인 유입은 소설류를 비롯하여 명 · 청대의 호색 문화가 들어오는 조선 후기를 통하여 이루어졌다. 하지만 강한 유교적인 윤리 의식 때문에 중국이나 일본에 비하여 크게 성행하지 못하였다. 조선 후기의 유품들은 모두 낙관을 하지 않은 작가 미상으로 묘사력이 전반적으로 떨어진다. 그리고 성기 부분의 과장과 같은 노골적인 장면도 드문 편이다.

대부분 19세기 양식을 반영하고 있으며, 화풍은 대체로 김홍도(金弘道, 1745~?)와 신윤복(申潤福, 1758~1814?)의 풍속화의 영향을 짙게 보이고 있다. 대표적인 작품으로 김홍도의 도인이 찍혀 있는 〈춘화사계첩(春花四季帖)〉(덕원미술관) 등이 있다. 그러나 이러한 조선 후기의 유품은 상당히 드물고, 현재 전하고 있는 것은 주로 일제 강점기에 일본인들에 의하여 유입되었던 일본 춘화들이다.

이러한 인터넷사전을 접하고서, 그렇게나 오래전인 2,300년 전부터 있었다니, 그것도 왕실을 중심으로 한 귀족층에서부터 즐감한 귀족문화의 산물이라니…, 기가 차게 의아하고 어이가 없어서 난 한참이나 멍해졌었다.

그리고 열흘이 지나갔다. 어떤 책을 읽던 중에 까맣게 잊고 지냈던, 재작년인 2017년 11월 인도 여행 시 카주라호(Khjuraho)의 힌두교 사원에서 보았던 수많은 에로틱 장면들이 불현듯 떠올랐다. 그동안 카톡의 춘화도 보기를 기피해 온 이성의 저장소인 나의 머리에 면죄부를 주려는 감성과 정(情)의 저장소인 또 다른 나인 가슴의 겨눔이 아닌가 생각됐다.

놀라움과 환상적인 전율이었던 카주라호 관광에 대해 기억을 더듬어 본다. 카주라호는 인도를 대표하는 유적지 중 가장 에로틱한 도시로 더욱 유명하다. 말하자면, 세계에서 제일 야하고 오래된 힌두교 사원이 소재해 세계적인 관광명소로 각광받는 곳이기도 하다. 요즘의 하드코어한 포르노와 비교해도 뒤지지 않을 온갖 체위의 조각상인 미투나(Mithuna)들이 수없이 이어지는 곳이기 때문이리라.

108개의 성교 자세를 서술한 서기 400년경에 쓰인 것으로 알려져 인도의 성애서(性愛書)로 이름 높은 『카마수트라(Kama-sutra)』의 원전이 이 카주라호의 조각이라는 설이 있을 정도로 미투나 조각상들은 지구상에 이런 세상도 다 있나 할 정도로 정말 상상을 초월하는 것이었다. 신성해야 할 사원에 성행위 조각상들이 안팎으로 공공연히 온통 전시돼 있는 탓에 카주라호의 조각상들은 많은 금욕주의자들의 분노를 샀다고 한다. 인도의 국부 마하트마 간디는 '모두 부셔 버리고 싶다!'고까지 말했다고.

어찌 보면 종교와 성은 상극이라 할 수 있을 터인데, 그러한 상념을 깡그리 부숴 버리는 믿을 수 없는 기묘한 양(兩) 접합에 나의 호기심은 더욱 커져 갔으니…, 주위를 가만히 둘러보니 그림들만큼이나 묘한 얼굴들인 관광객 모두의 분위기가 나와 같아 보였다.

카주라호의 유적들은 1000년 전 이곳에서 번영을 누렸던 찬델라 왕조에 의해 건설되었다고 한다. 전성기에는 85개나 되는 사원들이 카주라호를 가득 채웠었는데 이슬람 세력에 의해 파괴되고 지금은 22개만 덩그마니 남아 있다고 한다. 모두 사라지지 않고 22개의 사원이 남겨진 것이 참 다행이라는 생각이 들었다. 그래도 어떻게 22개의 사원이 남겨질 수 있었는지는 고고학자들도 풀지 못한 미스터리라고 가이드는 덧붙인다.

카주라호는 아주 작은 도시다. 볼 것이라곤 사실 힌두 사원이 전부라고 해도 과언이 아니다. 힌두 사원은 가장 많은 사원이 모여 있는 서부 사원군(群)과 반대편에 위치한 동부 사원군 그리고 다소 떨어진 곳에 위치한 남부 사원군 세 군데로 나뉜다. 동부 사원군에는 카주라호 마을도 있다.

카주라호를 유명하게 만든 남녀교합상인 미투나는 대부분 서부 사원군에 있다. 서부 사원군에 있는 조각상들을 하나하나 꼼꼼히 살펴보는 것은 정말 흥미진진한 일이다. 말과 성행위하는 남자와 그를 바라보는 여자상, 남성과 여성뿐 아니라 여러 사람이 뒤얽혀 성행위를 하는 충격적인 모습이 펼쳐진다. 설명을 들으면서 그윽하게 특징적인 사진도 찍고 몇 개 사원을 돌다 보니 처음은 쑥스럽고 부끄러워 눈을 가리고 신기하게 보던 사람들도 담담한 마음으로 진지하게 보게 됐다. 특히 여성 관광객들이 더 관심을 가지고 뚫어져라 쳐다보기도 한다.

둥글둥글하게 풍만하고 아름다운 몸을 하고, 흙으로 구워진 채 사원 벽에 붙어 있으니 정말 무슨 종교적 의식 같기도 하고, 시간이 지나니 모두들 민망함 없이 찬찬한 관찰이 가능하게 됐던 것이다. 원초적 남녀상열지사(男女相悅之事)는 인간을 진짜 인간이게 하는 본성(本性)으로서 퇴폐적이고 외설적이라기보다는 예술적인 아름다움으로 느껴져서일까. 역시 '성(性: SEX)'이라는 것이 어떤 의미를 갖는가? 역시 사회 · 문화적 맥락 속에 놓인 문제라는 것을 실감하면서 말이다.

간디와 더불어 이슬람 금욕주의자들은 사원의 조각상이 종교적이지 못하다며 역정을 냈겠지만 천 년 전 힌두교인들이 봤다면 참으로 억울하고도 어이가 없었을 것이란 생각이 지펴 오기도. 그들에게 참된 종교란 느낄 수 있는 모든 쾌락을 느끼고 타인과의 육체적 합일을 이루는 것이었을 수도 있기 때문이다. 모든 의미는 그 시대의 사회 · 문화적 맥락 속에서 만들어진다. 절대적인 진리라는 것은 없다고 생각됐다. 그렇기 때문에 현재 잠정적으로 여겨지는 진리를 맹목적으로 믿으며 다른 생각과 삶을 파괴하려 든다면 그만큼 어리석고 폭력적인 것도 없을 것이다.

민망해하는 우리를 비웃듯 당당하고 성스러운 자태로 성행위를 보여 주는 천 년 전의 조각상들 앞에서 우리의 오만함과 편협함을 성찰하게 됐다. 그 후 동부와 남부 사원군을 차례로 관람했는데 여러 가지 면에서 서부 사원군에 훨씬 못 미치는 곳으로 느껴졌다. 어인 일인지 사원 구경을 마치고 나오니 마음이 정화됨을 느꼈다.

우리 일행 중에 70대 후반의 전주출신의 백발 잉꼬 부부 시니어 여행객이 있었는데 거리의 소년에게서 한글판 카마수트라 화보집을 사는 게 눈에 띄었다. 쫓아가서 왜 사냐고 물었더니 순간 자신의 부인을 슬쩍 보며 '우리 인간에게 제일 근본적이고 중요한 거'라서 여행 기념으로 샀다고 의미 있게 말씀하신 후 부인에게도 자랑스럽게 보여 주니 부인은 담담히 넘겨보는 게 아닌가. 멋있는 노부부란 생각이 들었다. 좀 걸어 나와 카주라호 관광기념으로 나도 같은 걸로 하나 샀음은 물론이다.

위와 같은 카주라호 힌두교사원들에서 본 에로틱 장면들을 황홀한 추억에 젖어 회상하고 나니 카톡을 다시 볼 수 있겠다는 생각이 일어 지인이 보내 준 카톡을 차분하게 제대로 보게 됐다. 적나라한 카주라호의 그것과는 비교할 수 없으리만큼 은은하고 점잖은 그림들이었다.

단오풍정(端午風情)으로 잘 알려진 혜원(蕙園) 신윤복의 건곤일회첩(乾坤一會帖)이란다. 건곤은 하늘과 땅이요 남녀 음양을 말하는 것으로, 건곤일회는 남녀가 만나는 일이다. 가체(加髢)로 보아 지체 높은 양반가의 두 여인이 고개를 거북이 모양 쑥 빼고서 춘화첩을 감상한다. 둘의 사이는 매우 친분이 두텁고 이부자리 송사까지 터놓고 지내는 사이 같아 보이는 전체 그림이 먼저 나온다.

두 번째부터는 그 그림의 부분부분이 클로즈업되어 나온다. 한겨울 촛불 아래 춘화삼매경에 빠져 본다. 왜냐고요? 동짓달 긴긴 밤의 시간은 정말 굉장히 지루한 시간이겠지요. 문풍지만 바람에 귀신처럼 울어 대는데 속적삼에 흰 저고리 입은 여인이 왼쪽 무릎을 세우고 적극적인 자태를 보여 주는가 하면, 그 옆에 여인의 낯부끄러운 표정이 재미있어 보인다.

– 어머낫, 어머머. 근데 저리 하는 거 옳습니까?

– 글쎄다? 내 아직 해 보질 않았으니 원 알 수가 있어야지…. 자네가 한번 담에 해 보게나….

– 얼마나 즐거운지 보시오, 호호홋….

– 아하! 참으로 그렇구나.

정말 못 잊을 어젯밤이었나를 연상시키는 그림으로 이어진다. 화롯불도 저만큼 떨어져 있고 방문턱에 앉은 것이 혹시 누가 오려나 하고 발자국 소리를 들으며 방문턱에 옮겨 앉은 듯한 부분 그림이 마지막에 나온다.

무릇 사람 사는 인간 세상에서 성(性: SEX)이 없는 삶이란 좀처럼 상상하기조차 어렵다. 우리는 하루라도 성(性)을 생각하지 않고 살아갈 수 없다. 성(SEX)은 신이 내린 최상의 보약이란 말도 있잖은가. 19세기의 학자 최한기(崔漢綺, 1803~1877)는 본연의 성과 기질의 자품(資禀)에는 남자는 여자를 좋아하고 여자는 남자에게 감발(感發)하므로, 천지만물을 영원히 멈추지 않게 하는 커다란 이치는 생생하는 통에 있다고 말했다. 이렇듯 성은 인류의 번식 수단이자 누구나 품는 욕망인 것이다.

근세조선 후기에는 그러한 욕망을 자아내고 성을 자극하며 성을 통해 욕망의 충족감을 드러내기 위해 춘화도를 그려 냈다. 성을 주술적 사고가 아닌, 실제의 미감으로 육체를 관찰하여 드러낸 것이 바로 춘화도다. 춘화도는 보편적 정서의 산물이며 남녀를 윤리적으로 억압하지 않고 자극하는 인류의 문화유산이라고도 칭해진다.

선험적인 이(理)를 부정하고 보편적인 기(氣)를 강조하면서 윤리적인 준거를 물리치며 새로운 인류의 표현 수단을 얻어 낸 것으로서, 열린 공간에서 온몸을 드러내고 자연과 교감을 이루는 성희(性戲) 그림은 우리 근세조선 춘화도만의 독특한 매력이며 과장하지 않고 가식 없는 에로티시즘이 우리 춘화도의 은은한 감칠맛이자 아름다움이 아닐까 생각한다.

사실 춘화도랄 수 있는 에로물을 처음 접한 것은 50여 년 전이다. 왕십리에서 경복고까지 시내버스로 통학했다. 헌데, 하교버스에서 내 가방을 분실해 버린 적이 있었다. 탔다 하면 당시는 지금과 비교할 수 없는 만원이어서 계속 들고 있기엔 힘이 부쳐 그날도 늘 하듯이 불룩한 책가방을 운전기사 옆의 좀 봉긋한 여유 공간에 놓아두었다. 왕십리 하차 지점이 다가와 놓아둔 가방을 찾았으나 없었다.

당황했으나 종점까지 가기로 하고 마장동 종점에 이르니 우리 학교 마크가 찍힌 헐렁한 가방 하나가 놓여 있어서 같은 학교라 그래도 다행이라 삭이면서 그걸 들고 역버스로 집으로 돌아왔다. 가방 안을 살펴봐야 후환이 없겠다는 생각이 버쩍 들어, 뒤졌더니 나와 같은 학년 책들 속에 뭔가 숨겨져 있었다. 20여 장의 흑백사진, 에로물로 젊은 남녀 간의 몸 섞음, 확대된 여성의 옥문(玉門)과 수간(獸姦) 사진도 있었다. 대번에 난 깜짝 놀랐다. 세상에 이런 것들이 다 있다니…! 감수성이 한창인 때라 적이 놀랐고 그러한 걸 본 것 자체가 죄인 된 감도 함께 와 고통스러웠었다.

그날 자는 둥 마는 둥 원상복구한 가방을 들고 등교하니 내 반 교실로 무척이나 당황한 듯한 한 모습이 먼저 와 있었다. 같은 반이 아니어서 모르는 친구였고 말없이 서로 가방을 교환했다. 그 친구는 그 방면에 선천적인 끼가 있어서인지 졸업 후 언제부턴가 친구들 사이에 유능한 호색한으로 정평이 나 있다. 고교 시절의 그 사건은 그와 나만의 비밀로 지금껏 이어지고 있음은 불문가지이다.

비밀스런 그 일이 있은 후, 우연히 세운상가에 들렀더니 천연색의 매혹적인 글래머 아가씨들로 뒤덮인 플레이보이 잡지가 보였다. 생전 처음 본 에로물에 호기심 발동이 걸려서 그걸 샀고 사진만 황홀히 봐 댔던 때도 있었다. 지금으로 치면 어린 나이에 준(準)춘화도급인 에로물에 탐닉했었다고나 할까.

성인이 돼서 공무원 초년 시절 단기코스의 해외연수차 몇 달 간 영국에 갔었다. 시간이 나자 소호거리에서 그 유명한 레이몬드 쇼를 보거나 엄청 커다란 남근상이 인상적인 암스테르담 항구에서의 어느 핑크빛 섹스숍 탐방을 했다. 그리고 새마을 운동 보급차 태국에 갈 기회가 있었는데 방콕의 홍등가에서 말초적인 에로 쇼 구경 등을 했다.

그러면서 매춘은 인류가 생긴 이래 가장 오래된 직업 가운데 하나란 걸 몸소 실감하는 시간을 가진 것이다. 매춘이란 수요가 있으니 당연 공급이 생기는 원리로서 어찌 보면 많은 사람들에게 먹고사는 경제 문제에도 일조한다는 필요악이란 진기(珍奇)한 상상이 들기도 했다. 역시 남녀상열지사는 지구촌 어디를 가도 자기의 현지성 특색을 갖고 엄연히 존재하고 있으니 말이다.

지금은 TV 채널도 다양화돼서 심야엔 자기 집 안에서도 다채로운 에로물이 거리낌 없이 방영돼 시청자를 현란하게 유혹하는가 하면

휴대용 카톡으로도 다양한 에로물을 보거나 전파할 수 있는 시대가 됐다. 절제할 수 있으면 에로물 즐감으로 수명까지 연장된다는 연구 보고가 나온다고 하니 100세 장수시대에 나이 들어가는 세대에게 희망으로 작용하는 하나의 귀감이 될 수 있는 말이 아닌가 생각된다.

그러면서도 자연과 벗하면서 절제의 미덕을 보이는 신윤복 등 근세 조선 조상들의 춘화도는 비아그라에 빠져들면서 무분별한 쾌락에 과도하게 탐닉하는 오늘날의 섹스 문제를 한 걸음 뒤에서 바라보게 하는 여유의 지혜를 고맙게도 우리들 후손들에게 선사해 주고 있다고 생각된다. 지인이 나에게 신윤복의 춘화도를 보내 준 속내가 아마도 그러한 것이리라.

## 홍익인간

'홍익인간'.

'홍익인간'이란 말을 내가 맨 처음 들은 것은 초등학교 때라고 기억된다. 아마도 5학년 때인 것 같다. 개천절 이야기를 하시면서 아주 오랜 옛날 단군 할아버지가 우리나라를 처음 세우시면서 나라를 다스리기 위해 내리신 배달겨레의 국정지표라고 담임 선생님이 말씀하셨던 것 같다. 그리고 그 후에도 살아오면서 10월 3일 개천절이 되면 간간히 '홍익인간'이 나에게 화두가 됐었다고 기억되나 '널리 인간(세상)을 이롭게 함'의 그저 문자풀이 정도였지 그 참뜻에 대해 깊게 음미해 보거나 해석해 보지를 못하고 거의 잊다시피 지내 오고 만 것이 사실이었다.

헌데, 몇 년 전 어느 날 어떤 강연회에 갔었는데, 어떤 외국인이 태극기를 단 룩색을 메고 머리에는 붉은 글씨의 '홍익인간'이 선명한 하얀 띠를 질끈 동여맨 자신 있는 얼굴로 군중들 사이를 왔다 갔다 하는 모습이 내 눈에 들어왔던 것이다. 그 모습을 한참 보다가 다가가 어디에서 왔으며 그 뜻을 아느냐고 물었더니, 물론 훌륭한 그 뜻을 안다면서 연신 홍익인간을 구호해 댔다.

미국인이고 한국에 온 지 5년 됐고 현재 한양대학교에서 교수로 재직 중이라고 우리말로 자신을 소개했다. 그러한 일이 있은 후 외국인도 잘 아는 그 말을 잊고 살아온 나 자신에게 심한 자괴감이 들기도 했다. 그럼에도 불구하고, 나는 배달겨레의 한 후손이 분명한 거라는 징표라고 애써 스스로를 자위했던 것….

그럼, '홍익인간'은 어디에서 비롯된 말인가. 나로선 가장 궁금한 것 가운데의 하나다. 우리 고대사 연구에서 빼놓을 수 없는 귀중한 보고(寶庫)가 있으니 바로 『환단고기(桓檀古記)』이다. 중국인들이 동이(東夷)라고 폄하해 왔지만 사실은 지구상에서 옥(玉)의 시원적 가치를 처음으로 꿰뚫어 홍산문화를 일으킨 최고(最古)의 대문화민족이 우리 배달겨레였던 것. 그러한 진수(眞髓)를 기술해 놓은 오롯한 내용들을 그 책자에서 가슴 벅차게 진실로 접할 수 있으니 6천 년, 아니 9천 년 후의 우리 후손들로서는 얼마나 다행스러운 쾌거가 아닌가 말이다.

저명한 역사학자 아놀드 토인비(Arnold Toynbee, 1889~1975)가 세계 4대문명의 하나로 극찬한 황화문명보다 수천 년이나 앞선 배달겨레의 대문화인 우월한 홍산문화가 20세기 최고의 고고학 발굴로써 엄연히 존재하게 되니 세계 최고의 문화보유국이라 꽹과리 치며 우쭐대 왔었던 중국인들이 동이라 폄하해 온 그 통시적 날들이 계면쩍어져서 가만히 있는지도 모를 일이다.

『환단고기(桓檀古記)』의 「단군세기」를 보면 11세 도해(道奚) 단군께서 나라의 통치이념으로 천명하신 '염표문(念標文)'에서 비롯됐음을 알게 된다. 그리고 원대하고 심오한 통치철학의 연장선상에서 맨 마지막에 가서는 홍익인간으로 방점을 찍은 것에 특히 주목하게 되는 것은 배달겨레로서 갖게 되는 인지상정이리라.

**염표문**(念標文)

- **天은 以玄黙爲大하니 其道也普圓이오 其事也眞一이니라**

하늘은 아득하고 고요함[玄黙]으로 광대하니, 하늘의 도[天道]는 두루 미치어 원만(원융무애)하고, 그 하는 일은 참됨으로 만물을 하나 되게 함[眞一]이니라.

- **地는 以蓄藏爲大하니 其道也効圓이오 其事也勤一이니라**

땅은 하늘의 기운을 모아서[蓄藏] 성대하니, 땅의 도[地道]는 하늘의 도를 본받아 원만하고, 그 하는 일은 쉼 없이 길러 만물을 하나 되게 함[勤一]이니라.

- **人은 以知能爲大하니 其道也擇圓이오 其事也協一이니라**

사람은 지혜와 능력이 있어[知能] 위대하니, 사람의 도[人道]는 천지의 도를 선택하여 원만하고, 그 하는 일은 서로 협력하여 태일의 세계[協一]를 만드는 데 있느니라.

- **故로 一神降衷하사 性通光明하니 在世理化하야 弘益人間하라**

그러므로 삼신[一神]께서 참마음을 내려 주셔서[一神降衷] 사람의 성품은 삼신의 대광명에 통해 있으니[性通光明] 삼신의 가르침으로 세상을 가르치고 깨우쳐[在世理化] 인간을 널리 이롭게 하라[弘益人間].

홍익인간은 『삼국유사』 고조선조와 『제왕운기』 전조선기에 고조선의 건국 과정에서도 거론되고 있으나, 신화적 차원에서 다루어져야 한다는 강단사학계의 강한 주장들이 정통이라고들 하는데, 비사학도여서 그런지는 몰라도 나로서는 잘 납득되지 않는다. 이제는 『삼국유사』나 『제왕운기』의 경우도 신화의 차원이 아니라 우리의 고대사의 지평을 원래대로 복원시켜야 한다는 차원에서 위의 염표문과 같은 맥락에서 천착해 보아야 하지 않을까 하는 생각이 든다.

홍익인간은 흔히 위에서도 언급한 바와 같이 "널리 인간을 이롭게 하라."로 해석되나, 자의(字意)에 보다 충실하게 해석하자면 "인간을 크게 도우라."가 될 것이다. 그것은 말하자면 인간을 모든 가치에 앞세우는 사상이다. 홍익인간은 '인간'을 '홍익'하라는 구조로 되어 있다. 여기서 '홍익' 행위의 대상인 '인간'은 1차적으로는 인간사회나 공동체라는 의미를 가지지만, 좀 더 확장해 보면 신이나 동물에 대한 상대개념으로의 '사람(Human Being)'의 의미도 가지며, 국가나 통치자에 대한 상대개념으로의 '백성' 즉 피치자의 의미와, '나'나 '에고(Ego)'에 대한 상대개념으로의 '남(타인)'의 의미도 가진다고 분석된다.

그리고 좀 더 나가 '홍(弘)'은 '널리'보다는 '크게'의 의미가 우선이라고 봐야 한다. '널리'로의 '홍'은 편중되고 독점되며 불평등한 것에 반대되는 의미이지만, '크게'로의 '홍'은 규모가 작고 부족하며 빈곤한 것에 대립되는 지향을 가진다는 말이다. '익(益)'은 '이롭게 한다'거나 '돕는다'의 의미이며, 행복하게 해 주라는 취지로 의역할 수도 있을 것이다.

그리고, 홍익인간이 추구하는 가치에 대해서는 인본주의나 인간존중 · 복지 · 사랑 · 봉사 · 정의 · 민주주의 · 공동체정신 · 평화 등과 같은 여러 가지로 설명되고 있다고 본다. 그러나 그 핵심적인 세 가지로는 첫째, 국가와 권력 · 돈 · 시장 · 학술 · 종교 · 교육과 과학기술 등 모든 문명장치라는 것은 인간을 위해, 인간의 행복을 위해 봉사해야 한다고 보는 인본주의적 사상과, 둘째, 무릇 인간을 위해 봉사하는 삶을 위대한 것으로 보는 이타주의적 윤리관, 셋째, 내세의 행복이 아닌 현세의 복지를 우선시하는 현세주의적 사고 등이라 할 수 있다.

홍익인간은 인간 행복을 위협하는 모든 상황에 대해 반대하며, 특히 국가와 권력 즉 통치자는 궁극적으로 홍익인간을 위해 존재한다고 본다. 그리고 개개인들에게는 공동체와 이웃을 위해 대가 없이 봉사하는 적극적 윤리를 함축적으로 제시해 주고 있다고 생각된다.

9천 년 전부터 우리 배달겨레의 정신기저에 도도하고 유장히 흘러내려 온 얼인 홍익인간은 우리나라 교육법 제1조에 반영되어 그 맥이 이어져 가는 것은 배달겨레의 후손의 입장에서 볼 때, 지극히 당연한 것이라는 생각이 든다. 즉, "교육은 홍익인간의 이념 아래 모든 국민으로 하여금 인격을 완성하고 자주적인 생활 능력과 공민으로서의 자질을 구유하게 하여 민주 국가 발전에 봉사하며 인류 공영의 이상 실현에 기여하게 함을 목적으로 한다."(교육법 1조)

부연해서 홍익인간의 참얼을 천착해 익혀 본다.

- 홍익인간 사상은 인간은 존엄한 존재로서 그 자체가 목적이 되는 가치임을 의미한다. 홍익인간은 인간 그 자체로서의 타인을 중시하고 나아가 그러한 타인에 의해 형성되는 자기 정체성을 중시하는 것이다.
- 홍익인간은 '널리 인간을 이롭게 하라'는 소극적 의미와 '인간을 크게 도

우라'는 적극적 의미가 함께 내재되어 있다.

- 홍익인간이 추구하는 가치는 인본주의, 인간존중, 복지, 사랑, 봉사, 정의, 공동체정신, 평화 등이다.
- 홍익인간은 우리나라의 건국이념이기는 하나 결코 편협하고 고루한 민족주의 이념의 표현 정도에 머무는 거가 아니고 인류공영에 이바지하는 국제적이고 개방적인 정신인 것이다.
- 우리 민족정신의 정수이며, 기독교의 박애정신, 유교의 인, 불교의 자비심과 서로 상통하는 인류의 정신이기도 하다.
- 홍익인간은 1948년 대한민국 정부 수립 이후에는 교육법의 기본정신이 되기도 하였다. 지금은 위에서와 같이 교육법 제1조에 규정을 두고 있다. 또한 서울의 유수한 대학에는 전통 있는 홍익대학이 있는데, 아마도 이러한 교육을 현실적으로 추구하고 달성하기 위해서 학교 설립자가 교명을 의미 있는 '홍익대학교'로 정한 것이리라.
- 홍익인간의 조건 : 높고 낮음이 없다. 남녀는 평등하다. 누구나 개성에 따른 직업을 선택할 수 있다. 서로 간에는 친하고 친하지 않음이 없다. 서로 간에는 누구라도 섭섭함이 있어서는 안 된다.

그런가 하면 나아가, 홍익인간 사상은, 인간은 존엄한 존재로서 그 자체가 목적이 되는 가치임을 의미한다. 따라서 신에 대한 조건 없는 복종을 요구하는 종교나 인간을 물질의 관점에서 보는 유물론, 또는 인간의 사회적 지위를 차별하는 신분제나 노예제 등과 같이 인간을 목적 가치로 인식하는 것을 저해하는 모든 사고방식을 배척한다.

이러한 홍익인간관에 비추어 볼 때, 개인의 배타적인 자유와 권리를 우선시하는 지나친 개인주의에 대하여 성찰이 요구됨을 알 수 있다. 홍익인간은 인간 그 자체로서의 타인을 중시하고, 나아가 그러한 타인에 의해 형성되는 자기 정체성을 중시하는 것이다. 이러한 인간 존중 사상에서 민주주의의 근본이념과 홍익인간 근본사상이 일치하는 지점을 겸허히 찾을 수 있다고 본다.

'중국과 일본의 어머니 나라가 한국이며 동아시아의 역사의 종통도 한국이다.'라는 내용의 글이 담긴 『아시아의 이상주의(Asian Millenarianism)』의 저자로 유명한 고(故) 이홍범 박사는 이러한 접점의 시너지 효과를 중시하여 '홍익민주주의(Hongik Democracy)'라 부르기도 하였던 것으로 기억된다.

나는 단기 4352년(2019) 지난 2월 19일 오후 3시, 백범김구기념관 컨벤션 홀에서, 사단법인 大韓史郞(Daehan History & Culture Association)이 주최한 '3·1운동·대한민국 임시정부 수립 100주년 대한역사광복 전진대회'에 어느 지기의 권유로 참여하여, "지금은 우리가 힘을 모아 역사광복을 이뤄야 할 때!"라며 참여 열기가 하늘을 찌를 듯한 운집한 수많은 참가자들과 더불어 한겨레의 한 사람으로서 깊은 역사적 감명을 받은 바 있다. 모두가 홍익인간의 얼 에너지로 넘치는 비장하고 자랑스러운 참 한국인의 모습들이었다.

그중에서도 『천부경』을 많은 사람들이 알아듣기 쉽게 특강하면서도 우리 배달겨레의 건국통치이념인 '홍익인간이 바로 대한이다[弘益人間=大韓]'라고 새롭게 풀이하여 역설한 안경전 STB상생방송 이사장의 홍익인간관(觀)이 탁견이어서 큰 깨달음과 감명으로 나에게 다가왔던 기억이 새롭다. 여기서 안경전 이사장의 '홍익인간' 풀이를 좀 더 부연해 본다.

주지하듯이, 『천부경』은 총 81자의 수로 이루어져 있다. 『천부경』은 인류 수학의 원조이자 구구단의 원조다. 우주수학의 원조인 『천부경』이 발전하는 문화사를 살펴보면, 천부경-삼일신고-하도 · 낙서-주역-정역의 계보를 이루며 완성된다. 이것을 모르면 지구촌 문화 원류 맥이 어떻게 발원이 되어서 결실을 맺는지 알 수가 없다. 『천부경』은 진리의 원형정신을 우주수학 81자에 압축하여 전하고 있다. 이 진리를 깨친 우주 광명인간을 '홍익인간'이라 한다. 삼신의 현현인 하늘 · 땅 · 인간이 일체된 큰마음이 태일(太一)이고 그 큰마음을 가진 사람이 '홍익인간'이다.

온 천하를 널리 유익하게 만드는 인간이다. 진리를 깨쳐서 천지의 도덕을 인간 세상에 실천하는 자이다. 문화적으로나 모든 면에서 세상을 유익하게 하는 인간이 '홍익인간'이다. 즉, '홍익인간'은 궁극의 인간상을 말한다. 모든 것과 일체된 큰마음을 가진 사람이다. 천지부모와 하나가 돼서 궁극의 이상을 펼친다. 그게 태일이다. 이 태일을 우리의 조상들은 대한(大韓)이라고 했다. 대한민국의 뜻은 천지의 이상을 실현하는 백성들이 모인 나라란 뜻이다. 대한을 사자성어로 말하면 '홍인인간(弘益人間)'이라 한다는 것이다.

그러니 홀을 가득 메운 참가자들의 우레와 같은 뜨거운 박수를 받을 수밖에.

# 의사와 열사 그리고 지사

우리 배달겨레의 족보인 역사책을, 그중에서도 19세기 말 이후의 한국현대사를 읽다 보면 특히 나의 관심권(關心圈)에 들어오는 인물들이 있게 된다. 의사(義士)와 열사(烈士) 그리고 지사(志士)들에 크게 주목하게 되는 것. 10년 전에 잃어버린 나라를 되찾기 위해 애국심 하나만으로 한겨레 전체가 만세를 목이 터지도록 외쳐 댔던 3 · 1운동의 100주년을 맞는 기해년 2019년 올해가 특히, 감회가 새로워지는 것은 필자도 9천 년 한겨레의 한 후손이어서일 것이리라.

나라를 위해 헌신한 큰 사람으로서 위인(偉人)들의 반열에 든 사람들이란 것은 익히 알겠는데 어떠한 차이가 있어서 구분해서 부르는지가 궁금했던 것. 그래서 어떤 인터넷 검색을 해 보니, 국가보훈처에서는 일제강점기의 의사(義士) · 열사(烈士) · 지사(志士)를 구분하지 않고 '독립유공자'로 통칭하지만 민간 학계에서는 다음과 같은 의미로 구분하기도 한다고.

의사는 나라와 민족을 위해 성패에 관계없이 목숨을 걸고 무력적인 행동으로 항거하며 죽은 사람을 뜻한다. 1909년 이토 히로부미를 저격한 안중근, 1932년 일왕에게 폭탄을 투척한 이봉창, 1932년 중국 홍커우 공원에서 폭탄을 투척해 일본 제국의 주요 인사들을 사상자로 만든 윤봉길 의사 등을 예로 들 수 있다.

열사는 나라를 위해 절의를 굳게 지키면서 의로운 죽음을 통해 굳은 의지를 내보인 사람들을 뜻하는 개념이다. 1905년 을사조약 체결에 반대하며 자결한 민영환, 1907년 헤이그 밀사로 독립의지를 표명하며 자결한 이준, 1910년 경술국치에 항거해 자결한 황현, 1919년 3·1운동 시 옥사한 유관순 열사 등이 이에 해당한다고 볼 수 있다.

지사는 나라와 민족을 위하여 제 몸을 바쳐 일하려는 뜻을 품은 사람이란 뜻으로, 의사와 열사는 순국한 뒤 붙일 수 있는 칭호이지만 지사는 살아 있는 사람에게도 쓸 수 있다는 차이가 있다. 또한, 애국지사란 나라를 위하여 자기의 몸과 마음을 다 바쳐 이바지하는 사람으로서, 국권을 잃거나 위기에 빠진 국가의 국민 중에서 자신의 인생을 국가의 독립 회복과 발전을 위해 바치는 인물을 지칭하는 말이다.

우리나라는 일제강점기의 국권침탈 전후로부터 1945년 8월 14일까지 국내외에서 일제의 국권침탈을 반대하거나 독립운동을 위하여 일제에 항거한 사실이 있는 자로서, 그 공로로 건국훈장·건국포장 또는 대통령 표창을 받은 자를 지칭한다. 그리고 이미 세상을 떠난 애국지사는 순국선열이라고 칭한다.

헌데, 국가에서는 공식적으로 그러한 용어를 쓰지도 않고 시기도 일제강점기로 한정했다고 하는 데에는 뭔가 적절하지도 충분하지도 못하다는 생각이 든다. 왜냐하면 세월이 흐르듯이 역사도 멈추지 않고 흘러가는 것이기 때문이다. 따라서 시기를 일제강점기 이후에서 계속하여 현재까지도 진행형으로 보아야 할 것이므로 의사와 지사는 일제강점기를 벗어났음으로 그 동력(動力)이 떨어져 별개로 치더라도 열사에는 이한열 열사, 박종철 열사, 전태일 열사와 김주열 열사가 포함되는 것은 당연한 것이 아니겠는가?

의사, 열사와 지사 즉, 삼사(三士)는 유구한 우리 역사의 정수리에 영원히 썩지 않는 옳은 정신과 깨움의 생명수를 부어 주고 있는 신성스러운 역할을 수행해 오고 있으니…. 그 얼마나 천추에 빛나는 거룩한 일인가. 삼사 중 몇 분을 들어 그분들의 생전의 얼을 기려 보는 작은 예의를 갖추려고 한다.

먼저, 우리 민족의 영웅인 안중근(安重根) 의사를 보자. 1879년 9월 2일 황해도 해주에서 태어난 안중근 의사는, 어려서부터 말타기와 사격에 능했다. 아버지를 따라 가톨릭에 입문했는데, 이때 프랑스 신부에게 프랑스어를 배우게 됐다. 1904년에 평양에서 홀로 석탄상을 운영하다가 을사늑약이 체결되는 것을 보고 삼흥학교를 설립, 그 후 돈의학교를 인수해 민족 계몽운동에 힘쓰면서 교육자로서 활동하게 된다.

하지만, 국운이 점차 기울자 러시아 연해주에서 의병장 전제덕의 휘하로 들어가 대한의군참모중장 자격으로 항일의병으로 참여해 엄인섭 등과 함께 부하 100여 명을 이끌고 국내에 침투하였으나 압도적인 일본군의 화력에 밀려 그만 지게 되면서 의병으로서 활동을 접게 됐다. 실은, 먼저 붙잡은 일본군 포로와 상인들을 인정상 살려 주었는데 그것 때문인지 모르겠으나 그 뒤로 일본군이 개떼처럼 몰려 공격해와 엄청난 전력손실을 입음과 동시에 불행히도 동지들에게도 신임을 잃어서 의병 활동을 그만두게 됐던 것.

그 후, 러시아 노예프스키에서 대동공보(大同公報)의 탐방원으로 활약하면서 민족의식을 고취시키는 일을 하다가 1909년 10월 하얼빈에서 민족의 철전지 원수인 이토가 온다는 소식을 듣고 님은 유동하, 조도순, 우덕순과 함께 의거를 준비하게 된다. 1909년 10월 26일, 70년 후에도 비슷한 일이 서울에서 벌어지는데….

하얼빈 역에서 이토 히로부미를 저격해 영원히 저세상으로 보내 버렸으니 통쾌한 의거의 성공이었다. 그 후 재판에서 사형을 언도받고 뤼순감옥에서 수감된 후, 글쓰기와 『동양평화론』이라는 책을 쓰는 것에 집중하다가 1910년 2월 14일 님은 사형을 언도 받고 3월 26일 순국했던 것이다. 배달겨레의 독립을 위해 불꽃같은 삶을 살다가 남기고 가신 안중근 의사의 명언들이 지금도 우리의 옷깃을 여미게 하고 있으니….

**見利思義 見危授命(견리사의 견위수명)**

불의를 보거든 정의를 생각해 보고, 위태로움을 보거든 의협심을 갖도록 하라.

**國家安危 勞心焦思(국가안위 노심초사)**

국가의 안위를 걱정하고 애를 태운다. 내가 어찌 도망을 가겠는가? 내가 도망을 치겠다고 마음을 먹었다면 자진해서 이곳까지 들어오지도 않았을 것이다.

**爲國獻身 軍人本分(위국헌신 군인본분)**

나라를 위해 몸 바치는 것은 군인의 본분이다. 나는 천국에 가서도 마땅히 조국의 독립을 위해 힘쓸 것이오. 대한독립의 함성이 천국까지 들려오면 나는 기꺼이 춤을 추면서 만세를 부를 것이오. 나는 대한독립을 위해 죽는 것이며 동양의 평화를 위해 죽는 것인데 어찌 죽음이 유감스럽겠는가! 때가 영웅을 만드는가? 영웅이 때를 만나는가? 북쪽바람이 차기도 하나 내 피는 뜨겁구나. 우리 동포 형제자매들아, 이 공업(功業)을 절대 잊지 말라. 만세, 만세, 대한독립 만세.

**一日不讀書 口中生荊棘(일일불독서 구중생형극)**
하루라도 책을 읽지 않으면 입안에 가시가 돋는다.

**人無遠慮 難成大業(인무원여 난성대업)**
사람이 멀리 생각하지 못하면 큰일을 이루기 어렵다.

**5분만 더 시간을 주십시오, 아직 책을 다 읽지 못했습니다(사형 집행 직전).**

다음은 한말 4대 시인의 한 사람으로 『매천야록』의 저자인 매천 황현 열사에 대해 알아본다. 매천(梅泉) 황현(黃玹, 1855~1910) 열사는 장수 황씨 황시묵과 풍천 노씨 사이에서 1855년(철종6) 12월 11일 전라도 광양현 봉강면 서석촌에서 태어났다. 본관은 장수(長水), 호는 매천(梅泉). 세종대왕 시절 명재상 황희와 임진왜란 당시 진주성 전투에서 전사한 황진과 병자호란 때 의병장을 지낸 황위의 후손이다. 하지만 인조반정으로 집안은 몰락했다.

몰락한 가문에서 태어나 시골의 유생으로서 가난하게 살았지만 어려서부터 총명했다고 전한다. 11세에 서당에서 천사(川社) 왕석보(王錫輔)를 스승으로 삼았는데 왕석보는 1816년에 태어나 1868년 사망한 학자로 그의 문인으로는 황현 열사를 비롯하여 대종교를 창시한 나철, 대한제국 때 계몽운동가인 해학 이기 등이 있다.

황현 열사는 스승 왕석보를 "호남 동쪽에 봉성현이 있는데 전 성 중에 탄환만한 작은 고을이다. 천사 왕 선생이 나온 이후로 전 성이 봉성을 시향(詩鄕)으로 추켜올려졌다. 지금 선생이 돌아가신 지 이십여 년에 선생을 추종하는 시파(詩派)의 흐름이 점점 넓어져 차차 작가의 대열에 오르게 되었다. 천사 같은 분이야말로 한 지방의 풍기(風氣)에 관계되는 분이라고 할 만하다."라 평했다.

황현 열사의 학문과 사상은 기본적으로 유학에서 시작되는데 어려서부터 전통적인 유학과 주자학을 공부했지만 시대적 변화에 적응하지 못하는 주자학에 만족하지 못하고 20세 이후 양명학과 실학에 관심을 더 기울이게 되었다. 특히 실학자인 연암 박지원을 학문적으로 흠모했고 '경세치용'의 연암 학문이 당대까지 이어지지 못함을 늘 아쉬워하였다고 전한다. 다산 정약용의 서적도 탐독했는데 『목민심서』, 『흠흠신서』, 『방례초본』 등을 우리나라에서 전무후무한 작품이라고 평하였다. 황현 열사의 실학에 대한 관심은 당시 부패한 정치상을 공허한 성리학과 정도를 벗어난 세도정치에서 본 것이라 짐작해본다.

1888년 34세로 성균관 생원이 되었지만 당시 과거장의 폐해를 목격한 님은 낙향해 더 이상 관직에 연연하지 않았다. 이후 처사형 선비로 비판적인 지식인의 삶을 산다. 서울에서 추금(秋琴) 강위(姜瑋)를 스승으로 하여 영재(寧齋) 이건창(李建昌), 창강(滄江) 김택영(金擇榮) 등과 교유했고 이들과 정신적인 교류를 지속적으로 가졌다. 동생 황원은 "평생 문학적인 사귐은 영재, 창강 두 분이 제일이었지만 영재(寧齋)에게 더욱 쏠리어 꿈에도 1년에 늘 수십 번을 만났다. 늙어서는 조금 덜했다."고 기록하고 있다.

1886년 구례군 간전면 만수동으로 이사해 16년여 살면서 많은 시와 『매천야록』 등을 저술하는 데 몰두한다. 『매천야록』과 『오하기문』은 19세기 후반 흥선대원군 집권기부터 1910년 국권이 일제에 침탈되기까지 47년간의 정치, 경제를 비롯한 전 분야에 걸친 내용을 자신의 주관적 입장에서 서술한 근대사 관련 중요 자료로 평가된다. 『매천야록』은 당시의 역사전반을 서술한 것이라면 『오하기문』은 자신이 보고 들은 1894년 동학농민전쟁에 중점을 두어 기술했다.

1905년 을사조약 직후 민영환, 조병세, 홍만식 등 관리들이 잇달아 자결한 데 대해 「오애시(五哀詩)」를 지어 이들을 추모하였다. 1906년 작성한 다른 시에서는 일제의 앞잡이가 된 친일인사들이 준동하는 모습을 풍자하였다. 같은 해 민영환을 추모하는 「혈죽(血竹)」이라는 시를 지어 나라를 위해 목숨을 바친 민영환의 숭고한 생애와 혈죽으로 환생하는 모습을 표현하면서 후손들에게 나라를 사랑할 것을 강조하였다.

이와 함께 신학문을 배워 나라를 발전시키고자 하는 목적을 가지고 향리의 뜻있는 사람들과 의기투합하여 1907년부터 1908년에 걸쳐 의연금을 모집하여 구례군 광의면 지천리에 호양학교(壺陽學校)를 설립한 적도 있었다. 이후 중국에 망명했던 친구 김택영이 잠시 서울에 돌아오자 그를 만나기 위해 1909년 서울로 올라온 후 「입도(入都)」라는 시에서 망해 가는 나라의 현실을 표현하기도 하였다.

대한제국이 1910년 8월 29일 경술국치로 주권을 뺏기고 일본의 식민지가 되고 만다. 황현 열사는 9월 8일 「절명시」와 유서를 쓰기 시작해 9일 소주에 아편을 타서 마시고 다음 날인 10일 56세로 자결했다. 자식들에게 남기는 글, 유서에서 "나는 죽어야 할 의리는 없다. 다만 국가에서 500년이나 선비를 길러 왔는데, 나라가 망할 때에 국난을 당하여 죽는 사람이 하나도 없다는 것이 어찌 원통치 않은가? 나는 위로는 황천(皇天)이 상도(常道)를 굳게 지키는 아름다움을 저버리지 않고, 아래로는 평소에 읽은 글을 저버리지 않는다."라고 남겼다. 해방 후 황현 열사는 1962년 대한민국 건국훈장 독립장을 추서받았다.

**절명시**

난리 통에 어느새 머리만 희어졌구나
몇 번 목숨을 버리려 하였건만 그러질 못하였네
하지만 오늘만은 진정 어쩔 수가 없으니
바람에 흔들리는 촛불만이 아득한 하늘을 비추는구나.

요사한 기운 뒤덮어 천제성(天帝星)도 자리를 옮기니
구중궁궐 침침해라 낮 누수(漏水) 소리만 길고나
상감 조서(詔書) 이제부턴 다시없을 테지
아름다운 한 장 글에 눈물만 하염없구나.

새 짐승도 슬피 울고 산악 해수 다 찡기는 듯
무궁화 삼천리가 이미 영락되다니
가을 밤 등불 아래 책을 덮고서 옛일 곰곰이 생각해 보니
이승에서 지식인 노릇하기 정이 어렵구나.

일찍이 조정을 버틸 만한 하찮은 공도 없었으니
그저 내 마음 차마 말 수 없어 죽을 뿐 충성하려는 건 아니라
기껏 겨우 윤곡(尹穀)을 뒤따름에 그칠 뿐
당시 진동(陳東)의 뒤를 밟지 못함이 부끄러워라.

시 말미에 언급된 '윤곡'은 몽고 침입 때 자결한 사람이고, '진동'은 참형을 당한 인물로 황현은 무장투쟁의 항거 등 적극적 저항을 하지 못하고 자결하는 소극적인 형태의 죽음을 아쉬워했다 여긴다.

끝으로, 지사와 애국지사의 전범(典範)으로 거인 백범 김구 선생을 간략히 기술하고자 한다. 주지하듯이, 대한민국 임시정부의 주석을 지낸 애국지사 백범(白凡) 김구(金九, 1876~1949) 선생은 일제강점기 독립운동가이자 대한민국의 종교인, 교육자, 통일운동가, 정치인이다. 의열단체 한인애국단을 이끌었고 대한민국임시정부 주석을 역임하였으며 1962년 '건국훈장 대한민국장'을 추서받았다.

김구 선생의 숭고한 얼과 큰 발자취는 효창공원 한모서리에 2002년 세워진 백범김구선생기념관에 가 보면 알 수가 있다. 한민족의 전형적인 미소를 머금은 하얀 김구 선생의 좌상에서 남북전쟁을 승리로 이끈 16대 미국대통령 기념관의 동급의 링컨 좌상이 연상될 것이다.

김구 선생은 몰락 양반가의 후손으로 태어나 과거에 응시하였으나 실패, 이후 동학농민운동에 참가하였고, 한때 불교 승려로 활동했으며, 안동 김씨로 처음 이름은 창암(昌巖)이고, 호(號)는 백범(白凡), 연상(蓮上)이다. 호는 미천한 백성을 상징하는 백정의 '백(白)'과 보통 사람이라는 범부의 '범(凡)' 자를 따서 지었다고 한다. 19세 때 이름을 창수(昌洙)로 바꾸었다가, 37세(1912년)에 '거북 구(龜)'였던 이름을 '아홉 구(九)'로 바꾸었다. 그 밖에 환속 이후의 이름인 두래(斗來), 피난 시기에 사용한 가명인 장진(張震), 장진구(張震球)도 있었다.

을미사변이 일어나 명성황후(明成皇后)가 살해되자 심히 충격을 받고 1896년 2월 하포(河浦)에서 일본군 중위 쓰치다(土田壤亮)를 때려죽인 뒤 집에서 은신 중 체포되었다. 1897년 사형이 확정되어 집행되기 직전 고종의 특사로 집행이 정지되었으나, 일본공사 하야시[林權助]의 압력으로 출옥하지 못했다. 1898년 탈옥하여 삼남 일대를 떠돌다 하동 쌍계사(雙溪寺)에서 피신 생활을 하기도 했다.

젊어서는 동학교도였었고, 불교에 귀의해서 법명 원종(圓宗)을 얻은 승려였으며, 신민회에서 활동하면서 기독교 신자가 되었다. 양산학교, 보강학교 등에서 교육자로 교편을 잡기도 했고, 해서교육총회 학무총감으로도 활동했다. 교육 · 계몽 운동 중 일본 제국 경찰에 연행되어 수감되기도 하였다. 고려조 김방경의 25대손으로 황해도 해주 출신이다. 1919년 이후 상하이에서 대한민국 임시 정부에 참여하여, 의정원 의원, 경무국장, 내무총장, 국무총리 대리, 내무총장 겸 노동국 총판 등을 지냈다.

외교 중심의 독립운동이 성과를 얻지 못하자 1921년 임시정부 내

노선 갈등 이후 일부 독립운동가들이 임시 정부를 이탈하고, 만주 사변 이후에 일본의 중국 침략이 본격화되면서 중국 관내 여러 지역으로 임시 정부를 옮겨 다녔으며, 1924년에는 만주 대한통의부 박희광(朴喜光) 등을 통한 친일파 암살 및 주요공관 파괴, 군자금 모집 등을 비밀리에 지휘하였고, 이후 한인애국단을 조직하여 이봉창의 동경 의거, 윤봉길의 홍커우 공원 사건 등을 지휘하였다.

즉, 윤봉길은 1932년 4월 상해에서 열린 일왕의 생일 기념식에 도시락과 물통 모양의 폭탄을 던져 일제에 큰 피해를 입혔다. 윤봉길의 거사는 전 세계의 이목을 끌었으며, 특히 중국의 장제스는 이 사건을 계기로 대한민국임시정부를 적극적으로 지원하게 되었던 것.

1937년 중일전쟁이 발발하여 일본의 폭격이 심해지자 임시정부를 장쑤 성[江蘇省]의 전장[鎭江], 후난 성[湖南]의 창사[長沙]로 옮기는 한편, 임정에 군사위원회를 설치하고 6단체를 통합하여 한국광복전선을 결성했다. 이는 공세를 강화해 가는 일본과 최후 결전을 앞두고 여러 갈래로 갈라진 민족독립운동 진영을 통합하고 결전 태세를 갖추기 위한 작업의 일환이었다. 그해 가을 충칭[重慶]임시정부는 한국광복군을 조직하고 총사령관에 지청천(池靑天), 참모장에 이범석(李範奭)을 임명하고 일제를 무력으로 몰아낼 계획을 추진했었다.

1926년 12월부터 1927년까지 1930년부터 1933년까지 김구 선생은 임시정부 국무령을, 이후 국무위원, 내무장, 재무장 등을 거쳐 1940년 3월부터 1947년 3월 3일까지 임시정부 국무위원회 주석을 지냈다. 1941년 11월 25일 임시정부는 좌우합작의 이념적 통합을 실질적으로 보여 주는 '대한민국건국강령'을 제정 · 공포했다.

이것은 통합된 단일정당조직이 단순한 물리적인 결합에 의한 것이 아니라 이념적인 융합차원으로까지 진전되었다는 것을 보여 주는 결정체였다. 한국의 건국정신은 정치 · 경제 · 교육의 평등을 보장하는 삼균주의(三均主義)에 있으며, 3 · 1독립선언에 입각하여 수립된 정부는 민족자력으로 이민족의 전제를 물리치고 5천 년 군주정치의 낡은 껍질을 벗겨 새로운 민주제도를 확립하고 사회계급을 타파함을 목적으로 한다는 이 건국강령은 사회주의적 이념을 도입한 좌우합작 타협의 소산물이었다.

1945년 광복 이후에는 임시정부 법통 운동을 전개함과 동시에 님은 이승만, 김성수 등과 함께 신탁 통치 반대 운동과 미소 공동위원회 반대 운동을 맹렬히 추진하면서, 1948년 2월 '삼천만 동포에게 읍고(泣告)함'이란 글에서 "마음속의 38선이 무너지고야 땅위의 38선도 철폐될 수 있다."고 호소하고 "이 육신을 조국이 수요한다면 당장에라도 제단에 바치겠다."고 남한 단독정부수립에 반대하며 통일민족국가 건설운동을 전개, 완전자주독립노선을 주장했다.

또한, 1948년 1월부터 남북 협상에 참여하면서, 4월 19일 38선을 넘어 평양에서 열린 전조선 정당사회단체대표자연석회의와 남북요인회담, 김구 · 김규식 · 김일성 · 김두봉의 4자회담에 참석하고 5월 5일 서울에 돌아왔으나, 1949년 6월 26일 경교장 서재에서 육군 현역 장교 안두희가 쏜 총탄을 맞고 암살당했다. 저서로는 『백범일지』가 있다. 김구 선생이 남긴 명언을 음미해 보자.

나는 우리나라가 세계에서 가장 아름다운 나라가 되기를 원하지 가장 강한 나라가 되기를 원하지 않는다. 내가 남의 침략에 가슴이 아팠으니, 내 나라가 남을 침략하는 것을 원치 않는다. 우리의 부(富)력이 우리의 생활을 풍족히 할 만하고, 우리의 강(强)력이 남의 침략을 막을 만하면 족하다. 오직 한없이 가지고 싶은 것은 높은 문화의 힘이다. 문화의 힘은 우리 자신을 행복하게 하고, 나아가선 남에게 행복을 주기 때문이다.
눈길을 걸어갈 때 어지럽게 걷지 말기를, 오늘 내가 걸어간 길이 훗날 다른 사람의 이정표가 되리니.
네 소원이 무엇이냐고 하고 하느님께서 물으신다면, 나는 서슴지 않고 "내 소원은 오직 대한독립이오." 하고 대답할 것이다. 그다음 소원이 무엇이냐고 하고 물으시면 나는 또 "우리나라의 독립이오." 할 것이요, 또 그다음 소원이 무엇이냐고 하고 세 번째 물으셔도 나는 더욱 소리를 높여 "내 소원은 우리나라 대한의 완전한 자주 독립이오." 하고 대답할 것이다.

세 분 이외에도 적시(摘示)하여 기릴 분들은 많지만 필력이 달려 여기서 끝마치고자 한다. 우리 역사에 당연히 삼사가 있어야 하지만 최현대에 와서까지 삼사가 나오는 현상은 그리 반가운 일은 아니라고도 생각된다.

어찌 보면 순풍에 진수된 거함(巨艦) 대한민국 호(號)가 순항 중에 선상반란과 해적 출현 등 예기치 못한 돌발사태가 나고 더욱이 태풍과 해일까지 덮치는 최악의 국난(國難)을 당해 망망대해에서 정처 없이 표류한다는, 어둡고 어려운 국사(國事)로 점철된 역사라는 반증이 아닌가 하는 그러한 어쭙잖은 생각도 일기 때문이다.